문학의 이해

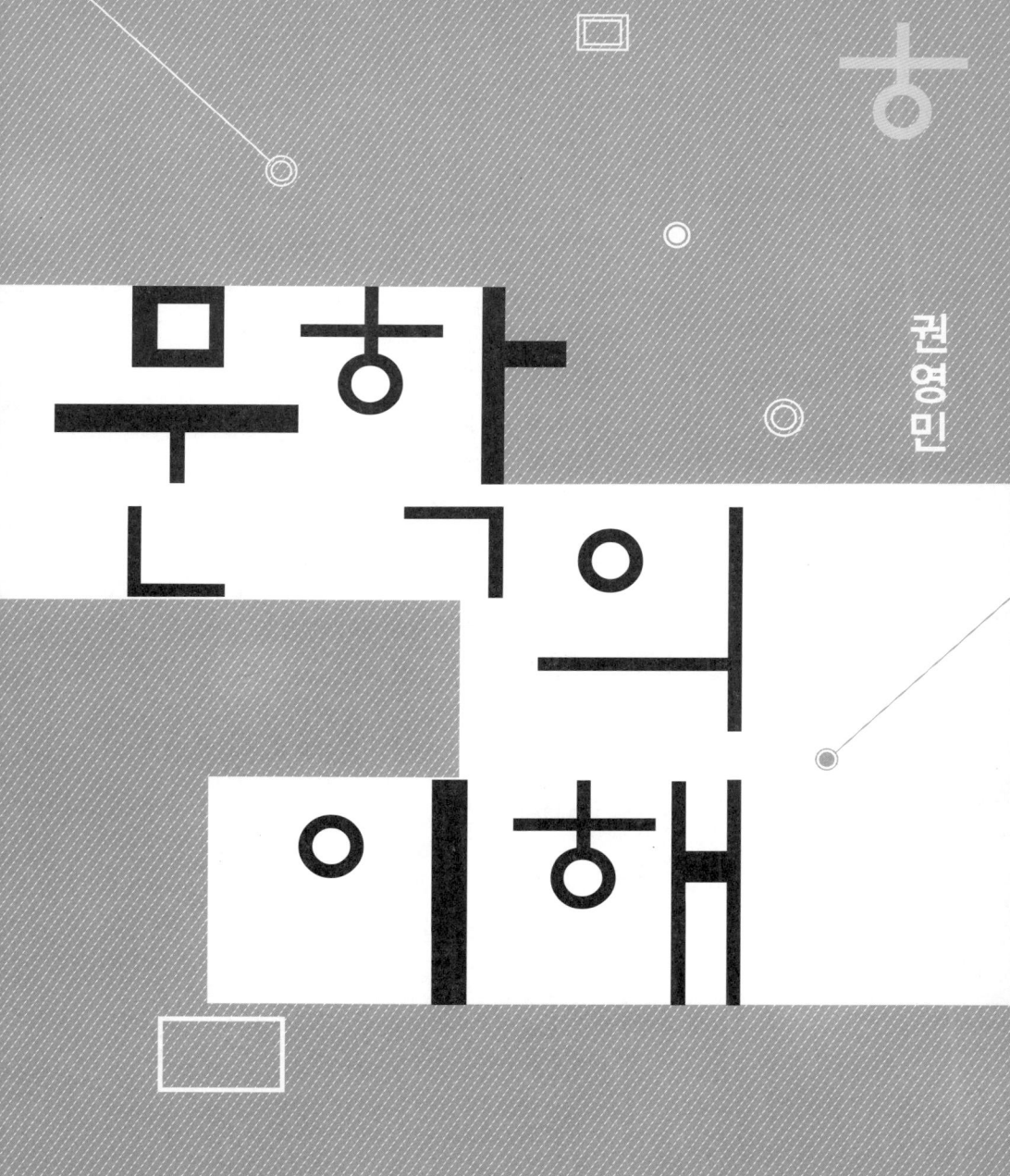

머리말 7

제1장 문학의 본질

1 문학의 개념 11
2 문학의 기능 18
3 문학의 구조 25

제2장 문학의 구성

1 문학과 언어 31
2 작가·작품·독자 37
3 텍스트로서의 작품 43

제3장 문학의 갈래

1 문학의 양식 49
2 한국 문학의 영역과 갈래 53

제4장 시

1 시의 본질 59
2 시의 리듬 72
3 시와 비유적 표현 84
4 시의 이미지 91
5 시와 상징 110
6 시의 어조 118

제5장 소설

1 허구와 서사 131
2 인물과 성격 138
3 이야기와 플롯 158
4 소설의 시간과 공간 173
5 소설의 서술 방법 185
6 소설의 주제와 문체 204

제6장 희곡

1 희곡의 본질   213
2 희곡과 연극적 관습   217
3 극적 인물   224
4 희곡의 시간과 공간   231
5 극적 구성   238
6 비극과 희극   242

제7장 문예사조와 문학 사상

1 고전주의   253
2 낭만주의   258
3 사실주의   262
4 상징주의   267
5 모더니즘   271

제8장 문학비평과 문학 연구

1 문학비평의 본질   283
2 문학을 보는 관점   288
3 문학비평의 방법   296

제9장 한국 문학의 양상

1 한국 문학의 영역   329
2 한국의 고전문학   334
3 한국의 현대문학   346

작품 찾아보기   363
인명 찾아보기   371
용어 찾아보기   377

일러두기

1 시, 단편소설 등의 개별 작품과 기사 제목은 「 」로, 시집이나 장편소설 등의 단행본과 전집 제목은 『 』로, 신문과 잡지 제목은 《 》로 묶어 표기하였다. 단, 판소리계 소설과 희곡의 제목은 단행본으로 출간된 경우에도 실제 공연된다는 점을 감안하여 「 」로 묶어 표기하였다.

2 개별 작품의 인용 부분은 원전 표기를 살리되 맞춤법과 띄어쓰기는 현행 맞춤법 규정을 따랐다. 단, 어감이 현저하게 달라질 경우를 고려하여 고어, 사투리, 뉘앙스가 있는 것들은 그대로 두었다.

머리말

　이 책은 문학에 대한 일반적 이해를 위해 만들어진 입문서다. 문학의 세계에 들어서기 위해서는 문학의 속성, 문학의 양식, 문학의 경향 등에 대한 폭넓은 이해가 필요하다. 이 책은 문학이라는 것이 언어적 산물이면서 동시에 상상적 산물에 해당한다는 사실의 인식에서부터 출발한다. 문학의 다양한 양식과 그 특질을 깊이 있게 제시하면서 그 경향과 시대적 양상을 이해할 수 있도록 한다는 것이 이 책의 목표다.

　이 책은 대학에서 이루어지고 있는 문학에 관한 입문 강좌의 특성에 맞춰 전체 내용을 모두 9장으로 구성하였다. 이 가운데 제1장, 제2장, 제3장에서는 문학에 대한 개괄적인 논의를 제공한다. 여기서는 문학의 개념, 기능, 구조를 이해하고, 문학 활동과 문학 텍스트에 관한 새로운 인식을 가지며, 문학의 다양한 갈래와 그 구분법을 이해하는 데 중점을 둔다. 제4장, 제5장, 제6장에서는 문학의 갈래 가운데 시, 소설, 희곡에 대한 논의를 중심으로 각각의 양식이 지니고 있는 속성과 그 특질을 다룬다. 제7장, 제8장, 제9장에서는 문학의 다양한 경향과 문예사조, 문학비평의 방법과 관점, 한국 문학의 특성 등을 간략하게 소개한다. 여기서는 문학을 보는 관점과 방법을 확립할 수 있도록 한다.

　이 책이 문학에 대한 관심과 이해를 넓히는 데 길잡이가 되기를 바란다. 이 책의 출판을 기꺼이 허락해 준 민음사 편집부에 감사드리며, 또한 초고 상태의 원고를 읽고 의견을 준 현대문학교실의 장두영 군과 색인 작성을 도와준 안서현 양에게 고마움을 표한다.

2009년 3월
관악에서 권영민

제1장 문학의 본질

1 문학의 개념

문학이란 무엇인가? 문학을 뜻하는 영어의 '리터러처 (literature)'라는 말은 원래 라틴어의 '리테라(litera)'에서 비롯된 것이다. 이 말은 '문자(letter)'라는 뜻을 담고 있다. 르네상스 시대부터 사용된 이 말의 의미는 물론 오늘날 문학이라는 말의 개념과는 거리가 멀다. 글로 쓴 것을 읽는다는 뜻을 표시하였을 뿐이다. 근대적 형태로서 문학의 개념은 18세기 이후에 확립되었다고 할 수 있다.

한국의 경우 조선 시대의 기록을 보면 문학이라는 말이 별로 사용되지 않았다. 넓은 의미의 '문(文)'이 있었을 뿐이다. 글쓰기와 글 읽기를 모두 포괄하는 '문'이라는 말은 좁게는 하나하나의 글자를 뜻하고 넓게는 교양과 지식 전반을 의미한다. 전통적인 의미에서 글을 읽고 쓴다는 것은 삶의 도리를 익히는 수양의 과정에 해당한다. 그렇기 때문에 '글이란 인간의 삶의 도리를 담아 놓는 그릇(文載道之器)'이라고 하였다. 글은 인간의 감성과 취향보다는 본질적인 가치의 영역에 해당한다. 전통 사회에서는 글을 읽고 쓴다는 것이 지배층의 전유물이었다. 양반 계층이 아니면 글을 읽지도 쓰지도 못하게 하였다. 그러므로 전통 사회에서는 글쓰기와 글 읽기가 모두 정치적 지배 전략에 얽혀 있었다. 글이라는 것이 지배층에게만 적용되는 정치 문화적 기호였기 때문이다.

한국 사회에서 이러한 전통적인 '문'의 개념이 변화하기 시작한 것은 19세기 중반 이후의 일이다. 개화 계몽 시대의 국어 국문 운동을 통해 누구나 쉽게 국문을 익힐 수 있게 되면서부

> 문(文)과 문학

터 글쓰기와 글 읽기가 자유로워진 것이다. 신문과 잡지라는 대중매체를 통해 새로운 정보가 널리 확산되고, 서적의 대량 인쇄가 가능해지면서 지식의 대중적인 확대도 이루어진다. 이 시기부터 글은 지배 계층의 전유물이 아니다. 누구나 쉽게 글을 읽고 쓸 수 있게 되면서 사람들은 자기 자신과 타자에 대한 구분을 분명하게 하고, 자기 정체성을 인식하게 되었다. 글을 통해 얻은 지식과 정보를 바탕으로 시간과 공간을 재조직하고 엄청난 지식과 정보를 스스로 획득하게 된 것이다.

이처럼 근대적 의미의 문학이라는 말은 전통적인 글의 개념이 새롭게 변화하는 과정에서 등장한다. 이광수는 「문학의 가치」(1910)라는 글에서 문학의 개념을 '정(情)의 분자를 포함한 문장'이라고 규정하면서, 자신이 쓰고 있는 '문학'이라는 용어가 영어의 '리터러처(literature)'라는 말을 번역한 것이라고 밝힌 바 있다. 이광수가 문학의 개념을 '정의 분자를 포함한 문장'이라고 한정한 것은 전통적인 글 또는 '문'의 개념을 정서 영역의 글쓰기로 국한하고 있음을 뜻한다. 이러한 이광수의 문학적 태도는 일본에서 습득한 서구 지식에 의해 형성된 것이다. 그리고 이 같은 관점의 변화는 가치와 윤리의 영역까지 포괄하고 있던 문의 개념을 정서와 취향의 영역에 자리하고 있는 새로운 문학 개념으로 전환시켜 놓았음을 의미한다. 문(文)과 사(史)와 철(哲)의 개념을 포괄하고 있던 전통적인 문의 개념이 새로운 담론의 분화 과정에서 독자적인 영역으로 분화된 것이다. 물론 이광수의 시대 이후에도 여전히 작가나 시인은 글을 읽고 쓰는 선비라는 뜻의 문사(文士)이기를 원한다. 이것은 전통적인 글쓰기의 담론적 공간에 포함되었던 가치와 윤리의 영역을 문학으로부터 분리시키는 경향에 대한 문인들의 일종의 정서적인 반응이라고 할 수 있다.

문학이 개인의 예술적 창조력과 상상력의 소산이라고 규정되는 과정을 정확하게 설명하는 것은 간단한 일이 아니다. 한국 사회에서 개화 계몽 시대부터는 언어와 문자가 사회적인 지위나 학식과 덕망을 상징하는 것이 아니라, 누구에게나 새로운 지식과 정보를 전달하는 합리적이고도 공공적인 매체로 인식되기 시작하였다. 이 시대에 직업으로서의 문필업이 등장한 것은 돈을 받고 그 대가로 글을 쓰는 일이 가능해졌음을 말해 준다. 글쓰기라는 것이 상업적 목적으로 이루어지는 노동이라는 특수한 직업 개념으로 범주화된 셈이다. 이 같은 변화를 보면 인간과 사회의 여러 관계가 인습에 따라 규정되는 것이 아니라, 정치적·경제적·문화적인 질서 내에서의 특수한 기능들로 규정될 수 있음을 확인하게 된다. 이러한 변화 속에서 문학은 인간에 대한 모든 제약을 벗어나는 충만하고도 해방감을 주는 상상력 혹은 창조성을 지향한다. 문학적 담론이라는 것이 상상력과 창조력의 소산이라는 특수 영역으로 구분되기 시작한 것이다. 이러한 인식의 변화는 심미적인 것이 하나의 새로운 인간적인 가치로 자리 잡기 시작하였음을 의미한다. 글쓰기와 글 읽기의 계급적 폐쇄성을 벗어나 일반 대중의 개방적인 언어 문자 생활이 가능해지기 시작한 새로운 글쓰기의 시대에 문학이라는 개념이 성립된 것이다.

언어예술로서의 문학

문학은 정서적인 언어를 통해서 인간의 감정을 표현하는 예술이다. 문학의 세계는 정치·사회·역사·종교·문화 등의 복잡한 대상들에 대한 지적인 인식보다 정서적인 느낌을 더욱 중요시한다. 말하자면, 문학은 구체적이며 감각적인 인상을 바탕으로 성립되는 정서 표현의 예술이라고 할 수 있다. 물론, 문학이 정서의 세계만을 다루고 지성을 외면하는 것은 아니다. 특히 오늘의 현대문학의 주조가 주지적인 경향을 나타내고 있는 점을 생각한다면, 문학의 속성이 매우 포괄적인 것임을 알 수 있다.

　문학은 개인적 정서를 바탕으로 하는 것이므로, 그만큼 주관의 세계를 강조하게 된다. 문학이 그 내용으로 받아들이는 사상이나 지식은 모두 작품으로 만들어지는 과정에서 구체적이고 특수한 사건이나 인상을 통하는 방법으로 재구성된다. 다시 말하면, 작가가 자신의 주관적인 판단과 느낌에 의해 그 사상이나 지식을 새롭게 정리한 다음에야 비로소 문학은 떳떳한 내용이 될 수 있는 것이다. 예를 들면, 한 작가가 어떤 종교적인 사상을 그의 작품에 담아 보려고 한다면, 그 작가는 우선적으로 그 종교의 신앙 세계에 대해 깊이 있게 이해하는 자세가 필요하며, 자기 나름의 판단을 가져야만 한다. 이러한 주관화의 과정을 거치지 않는다면, 그 사상은 참된 문학의 사상으로 자리 잡을 수 없다. 이 말은 문학이 주관적인 세계에 근거하여 성립된다는 것을 뜻한다.

　문학은 인간이 창조한 세계다. 개인의 정서가 문학의 바탕이라면, 상상은 문학 창조의 힘이다. 문학에서 상상의 힘은 지대하다. 그것은 문학의 내용을 풍부하게 하며, 새롭게 한다. 문학의 독창성이라는 것도 상상의 힘으로부터 나온다. 그러나 상상은 아무것도 없는 무의 상태에서 새로운 것을 만들어 내는 신비한 창조력이 아니다. 상상의 힘은 체험으로부터 나온다. 자신의 여러 가지 체험들을 결합하여 새로운 세계를 만들어 내는 것이 상상이다. 시인은 자신을 둘러싸고 있는 온갖 사물들을 무의미하게 넘겨 버리지 않는다. 오히려 그 사물들 속에서 새로운 의미를 발견하고자 하며, 그것들을 결합하여 보다 새로운 의미 있는 형상을 창조한다.

　문학은 인간 사상의 표현이 되기도 한다. 문학의 사상은 문학의 내면에 숨겨진 작가의 인생관과 세계관에 의해 구체화된다. 문학은 인간 정서의 표현에 그치는 것이 아니라, 인생의 의미와 그 가치를 깊이 있게 추구하는 심오한 사상을 담아야 한다. 문학의 위대성은 그 사상의 위대성에 좌우되는 것이다. 그러나 문학의 사상은 논리적인 사고나 추상적인 이념을 말하는 것이 아니다. 인생에 대한 관점이나 태도가 문학의 내용에 자연스럽게 녹아들고, 미적인 정서로 융해되어야만 감동을 자아낼 수 있는 것이다.

문학이 한 사회의 거울이며, 현실을 반영한 것이라는 말을 자주 듣는다. 이것은 문학의 내용을 잘 지적한 말이지만, 문학이 실제로 사회 현실의 어떤 모습을 있는 그대로 그려 낼 수는 없는 일이다. 문학은 사회 현실을 있는 그대로가 아니라 있을 수 있는 상태로 그려 낸다. 역사의 기록이 사실을 있는 그대로 그려 내는 데에 그 의미가 있음에 비한다면, 문학은 사실과는 다른 허구의 세계를 그리는 것이다. 문학의 내용은 엄밀히 말할 경우 오히려 현실과 대립되는 하나의 허구에 불과하다. 그러나 문학은 허구 속에서도 진정한 실재의 세계를 보여 준다. 비록 꾸며 낸 사실이라 할지라도 그 속에 참된 의미를 담고 있다는 점에서 허구 속의 진실이 숨 쉬고 있는 것이다.

학문으로서의 문학

문학이라는 말은 창조적인 예술의 영역을 의미하기도 하지만 문학 연구 자체를 뜻하기도 한다. 대학에서 문학을 전공한다고 할 경우 문학이라는 말은 두 가지 의미를 담는다. 하나는 예술적 창작 활동으로서의 문학이다. 이것은 이미 앞에서 언급한 대로 언어를 통한 예술적 창조 행위와 그 창조적 결과물로서의 문학작품을 의미한다. 이와는 달리 문학을 대상으로 하여 학문적 연구를 수행하는 것도 문학이라고 말한다. 여기서 학문으로서 문학을 새롭게 규정할 필요가 생긴다. 문학이라는 말을 문학 연구로서의 학문이라는 개념으로 사용하고자 할 경우에는 과학적 이론과 방법이 확립되어야 한다. 이를 위해 '문예학'이라든지 '시학'이라는 용어를 별도로 사용하는 경우도 있다.

예술적 창작으로서의 문학을 학문적으로 연구하기 위해서는 무엇보다도 먼저 문학에 내재하는 예술적 속성을 명확하게 이해하는 일이 필요하다. 문학의 매체가 되는 언어의 의미, 비유적 표현과 상징, 언어와 리듬에 대한 정밀한 분석과 이해가 이루어져야 한다. 문학의 양식과 그 관습적인 요건, 다양한 제시 방법과 문체 등에 대해서도 분명한 인식을 가져야 한다. 그러나 이러한 내재적 접근만으로 문학 연구가 만족스럽게 이루어지는 것은 아니다. 문학작품을 둘러싸고 있는 외재적 요건에 대해서도 폭넓은 관심을 가지고 있어야만 한다. 문학의 창조적 주체로서 작가에 대한 관심은 필수적이다. 작가가 어떤 환경에서 왜 그런 작품을 쓰게 되었는가를 밝혀내야 하고 작품 속에 그려진 현실과 역사에 대해서도 작가 이상으로 폭넓은 이해를 가져야만 한다. 문학작품이 독자들에게 어떤 영향을 미쳤으며, 독자들은 문학작품에 어떠한 반응을 보였는지도 살펴볼 필요가 있다. 결국 문학 연구는 문학 자체와의 유기적 상관관계 속에서 성립된다. 문학 연구는 미학, 언어학, 역사학, 사회학, 심리학, 종교학 등 모든 분야에 걸친 주변 학문의 다양한 방법론들을 포괄한다. 문학 연구는 엄밀한 과학적 방법을 따르는 것은 아니지만 문학의 속성에 대한 객관적인 이해를 가능하게 하는 독자적 방법을 추구한다.

문학 연구는 문학의 정확한 해석과 그 가치에 대한 객관적 판단을 목표로 한다. 그렇지만 문학을 문학의 자리에 온전히 남아 있게 하기 위하여, 문학 연구는 우선적으로 판단의 의미보다 식별의 의미에 더욱 주력할 필요가 있다. 최고의 문학 연구는 문학의 내용이나 의미에 대한 판단에 의해 수립되는 것이 아니라, 문학의 전체적인 모습을 있는 그대로 드러내 보여 주는 데 서 성립된다. 문학 연구가 의도하는 것은 문학을 다른 어떤 사상으로 대치해 놓는 일이 아니라, 문학으로서의 존재 의미를 가능하게 하는 여러 가지 속성들을 밝혀 주는 작업이라고 할 수 있을 것이다.

2 문학의 기능

문학의 역할

　모든 문학작품은 작가가 창작하고 독자가 그것을 읽는다. 작가에 의해 창작되었다 하더라도 독자에 의해 읽히지 않는 작품은 작품으로서의 본래적인 의미를 인정받기 어렵다. 문학의 창작과 독자에 의한 수용은 문학 활동이라는 커다란 일련의 과정에서 이루어지는 일이다. 문학은 창조자로서의 작가와 실체로서의 작품과 수용자로서의 독자의 상호 연관 속에서 그 존재 의미가 드러난다.

　문학은 독자의 독서 행위에 의해 사회적으로 수용된다. 여기서의 독서 행위는 작가가 만들어 낸 작품으로부터 독자가 무엇인가를 읽고 그것을 일방적으로 받아들이는 소극적인 행위가 아니다. 오히려 작가의 창작 못지않은 중요한 의미를 지닌다. 작품은 독자와의 만남을 통해서만 그 의미가 완성된다. 작가는 작품을 창작하면서 그 작품의 독자를 의식할 수밖에 없다. 독자도 역시 자기가 읽는 작품에 일정한 기대를 갖고 있으며, 그러한 기대 속에서 작품의 의미를 이해하고자 한다. 이러한 과정에서 작품의 의미가 완성된다고 할 수 있다.

　문학의 수용 문제는 문학의 기능과도 밀접한 관계가 있다. 문학은 그것을 수용하는 독자들에게 즐거움을 준다. 한 편의 소설을 읽고 그 속에서 재미를 느끼며, 한 편의 시를 통해 즐거움을 느끼기도 한다. 문학이 주는 즐거움은 작품에 따라 다르며, 그것을 읽는 독자에 따라서도 달라질 수 있지만, 문학이 즐거움을 준다는 사실만은 부인할 수 없다. 아름다운 시의 리듬을 통해 마음을 가다듬을 수 있고, 해학이 담긴 소설을 읽으면서 유쾌한 웃음을 지을 수 있다. 또한 복잡한 추리소설이 호기심을 충족시킬 수도 있다.

문학이 주는 즐거움은 순간적인 흥미나 관능적인 쾌락과는 구별된다. 문학의 즐거움은 정서를 자극함으로써 이루어지며, 그 정서는 미를 매개로 하여 촉발된다. 문학의 즐거움은 예술적인 미의 감각과 서로 통한다. 그러므로 무질서한 일상적인 경험에서 오는 충동적인 감정이나 자극과는 구별되는 것이다. 그러나 문학이 반드시 즐거움만을 선사하는 것은 아니다. 문학은 그것을 읽는 독자에게 끊임없이 감동을 준다. 문학은 단순히 즐겁다든가, 슬프다든가, 무섭다든가 하는 느낌만을 전달하는 것이 아니라, 무엇인가를 느끼고 생각할 수 있도록 만들어 준다. 문학이 주는 감동이란 독자의 마음속에 어떤 변화를 불러일으킨다는 말이다. 예를 들면, 김소월의 시「진달래꽃」을 읽고 이별의 슬픔을 느꼈다거나, 심훈의 소설『상록수』를 읽고 봉사 정신을 키우고자 결심하였다고 말할 수 있는 것이다.

문학은 독자에게 어떤 느낌을 주기도 하고, 무엇인가를 가르쳐 주기도 한다. 문학작품을 읽는 독자는 비록 그 내용이 분명하지는 않지만, 자신의 정신문화를 어느 정도는 감지할 수 있다. 이러한 문학의 영향은 흔히 교화라는 말로 설명되기도 한다. 독자가 문학을 통해 얻어 내는 정신적인 교훈을 생각한다면, 문학은 언제나 교화의 기능을 담당하고 있는 셈이다. 물론, 위대한 사상이나 새로운 지식이 반드시 문학만을 통해서 전달되는 것은 아니다. 철학은 사상을 전달하고, 과학은 새로운 지식을 가르친다. 문학은 철학이나 과학처럼 직접적으로 어떤 지식을 전달하지는 않지만, 풍부한 내용을 통하여 감동적인 교훈을 남겨 준다.

문학의 교훈

동양의 대표적 고전인 『논어』에 다음과 같은 구절이 있다. '공자가 말하기를 시 300수를 한마디로 말한다면 거짓이 없다고 할 수 있다.(子曰 詩三百 一言而蔽之 曰 思無邪)'라는 말이다. 여기서 말하는 시는 중국에서 가장 오래된 시집 『시경(詩經)』에 수록된 것으로 춘추시대의 민요를 중심으로 한 305편의 작품을 뜻한다. 『시경』의 작품들은 크게 풍(風), 아(雅), 송(頌)으로 분류된다. '풍'은 여러 나라의 민요로, 주로 남녀 간의 정과 이별을 다룬 내용이 많다. '아'는 공식 연회에서 쓰는 의식요며, '송'은 종묘의 제사에서 쓰는 악시(樂詩)를 말한다. 『시경』의 시편들은 옛사람들의 여유로운 삶의 정서를 노래한 것이 대부분이며, 그 문학사적 가치가 높이 평가된다. 공자의 말 가운데 '거짓[邪]'이란 곧 '속임'을 뜻한다. 『시경』의 시는 모두 사람의 지극한 감정이 넘쳐서 나온 것으로, 마음의 깊은 곳까지 직접 묘사한 것이기에 조금이라도 거짓되거나 속이는 뜻이 없다는 것을 뜻한다. 여기서 시라는 것을 거짓 없이 진실된 것으로 규정한 『논어』의 구절은 공자가 지닌 공리적이면서도 효용적인 문학관을 잘 보여 준다. 문학이 도덕적이어야 하고 교훈적인 기능을 지녀야 한다는 생각은 이처럼 오랜 역사를 지닌다.

한국 근대문학의 성립기인 개화 계몽 시대에 소설의 교훈적 기능을 강조하면서 소설 개혁을 주장한 사람으로 신채호가 있다. 다음 논설을 보자.

① 위미음탕(萎靡淫蕩)적 소설이 다(多)하면 기 국민도 차(此)의 감화를 수(受)할지며 협정강개(俠情慷慨)적 소설이 다할지면 기 국민이 차의 감화를 수할지니, 사유(四儒)의 운(云)한 바 소설은 국민의 나침반이라 함이 성연(誠然)하도다. 한국에 전래하는 소설이 태반 상원박토(桑園薄土)의 괴담과 숭불(崇佛) 걸복(乞福)의 괴화로다. 차역 인심 풍속을 패괴(敗壞)케 하는 일

단이니 각종 신소설을 저출(著出)하여 일소함이 역(亦) 급급(汲汲)하다 운(云)할지로다. (중략) 근금 신소설이라 운하는 자 간출(刊出)이 희한(稀罕)할 뿐더러 우(又) 기 간출자(刊出者)를 관한 즉 지시(只是) 일시 모리적(牟利的)으로 초초(草草) 찬출(撰出)하여 구소설에 비함에 경시(更是) 백보 오십보의 간(間)이라 족히 신사상을 수입할 자가 무하니. 희(噫)라, 여(余)가 차(此)를 개(慨)하여 관견을 진(陳)하여 소설 저자에게 경(警)하노라.
──「근금 소설 저자의 주의」(1908)

② 오호(嗚呼)라 소설은 국민의 나침반(羅針盤)이라 기(其) 설(說)이 이(俚)하고 그 필(筆)이 교(巧)하여 목불식정(目不識丁)의 노동자라도 소설을 능독(能讀)지 못할 자이 무(無)하며, 우(又) 기독(嗜讀)지 아니할 자이 무(無)하므로, 소설이 국민을 강(强)한 데로 도(導)하면 국민이 강하며 소설이 국민을 약(弱)한 데로 도(導)하면 국민이 약하며 정(正)한 데로 도(導)하면 정하며 사(邪)한 데로 도(導)하면 사하나니, 소설가가 된 자이 마땅히 자신(自慎)할 바이늘 근일 소설들은 회음(誨淫)을 주지(主旨)로 삼으니 이 사회가 장차 어찌하리오.
──「소설가의 추세」(1909)

신채호는 소설을 '국민의 혼' 또는 '국민의 나침반'이라고 규정하였다. 소설은 누구나 좋아하고 누구나 읽기 쉽고 누구나 이해할 수 있기 때문에, 신분 계층이나 남녀노소를 불문하고 누구에게나 영향을 미쳐 인심을 전이시킬 수 있는 능력을 갖는다는 것이다. 그는 소설의 대중적 요건을 중시하였기 때문에, 어떤 정치적 경륜이나 학식이나 종교보다도 직접적으로 자연스럽게 인간의 생활 감정에 접근할 수 있는 소설의 감화력을 대중 계몽 수단으로 이용해야 한다고 주장하였다. 신채호가 지닌 소설 내용의 윤리성에 대한 관심은 소설의 대중성에 대한 새로운 인식으로부터 비롯된 것이다. 소설은 일반 대중에게 널리 읽히는 것이기 때문에, 그 자체를 배격할 것이 아니라 계몽적 수단으로 이용해야 한다는 것이 신채호의 견해이다. 신채호는 소설의 윤리성 회복과 새로운 시대사상의 적극적인 수용을 강조하였다.

문학이 도덕적 교훈을 담아야 하고 독자들을 올바른 삶의 방향으로 계도할 수 있어야 한다는 생각은 동서양에 널리 퍼져 있다. 그러나 문학의 교훈적 기능을 지나치게 확대해석하거나 편협하게 이해해서는 안 된다. 문학의 교훈적 기능은 단순한 윤리 도덕적 가치나 사회 정치적 이념을 선전하는 것이 아니다. 문학을 통해 어떤 구체적인 지식을 전달하는 것도 아니다. 문학이 삶의 진실된 모습을 그려 내면서 위대한 사상성을 표현하면 자연스럽게 사람들을 감동시키고 교훈을 주게 되는 것이다.

문학의 즐거움

문학은 독자들에게 재미와 즐거움을 준다. 여기서 말하는 즐거움이나 재미는 대체로 관능적이거나 감각적인 체험을 통해서 이루어진다. 우리는 「심청전」을 읽으면서 어린 심청의 고통과 희생을 함께 아파하다가 그녀의 환생을 보며 환호하고 즐거워한다. 이러한 이야기의 반전에서 느끼는 즐거움이 없다면 여기에 흥미를 느낄 수 없게 됨은 물론이다. 하지만 문학의 즐거움이 이러한 일차원적인 정서적 반응만을 의미하는 것은 아니다.

조선 시대를 대표하는 시가 문학으로 시조를 손꼽는다. 시조는 성리학의 새로운 가치와 윤리를 바탕으로 절제된 형식과 전아한 기풍, 그리고 완결된 미학을 세련되게 구현하면서 널리 성행하였다. 그런데 조선 후기에 들어서면서 평시조의 균제미를 탈피하기 위한 파격적 형식의 사설시조가 등장한다. 사설시조는 평시조가 보여 주었던 자연과 인간에 대한 영탄의 경지를 완전히 탈피하고, 현실에 대한 적나라한 묘사와 상징적인 암유(暗喩)를 통해 남녀 간의 애정, 부패 관료의 수탈, 인간의 패륜 행위 등과 같은 일탈된 주제까지 과감하게 수용하여 특유의 파격적인 미를 살려 내고 있다. 다음 작품을 보자.

나무도 바위도 돌도 없는 뫼에서 매에게 쫓기는 까투리 안과
대천 바다 한가운데 일천 석 실은 배에 노도 잃고 닻도 잃고 용총도 끊고 돛대도 꺾고 키도 빠지고 바람 불어 물결 치고 안개 뒤섞여 자욱한 날에 갈 길은 천리만리 남은데 사면이 거머어득 저물어 천지 적막 까치놀 떴는데 수적 만난 도사공 안과
엊그제 님 여읜 내 안이야 어디다 가을하리오

앞의 작품은 조선 후기의 사설시조로 지은이를 알 수 없지만, 평시조의 품격과 형식을 파괴함으로써 보다 절실한 삶의 경험과 욕구를 자유롭게 표현하였다. 이 작품은 해학적이고 풍자적인 시선으로 인하여 그 재미를 더한다. 시적 화자는 임과 이별한 자신의 심정을 서로 다른 두 가지 대상과 견주어 보고 있다. 첫 번째 대상은 까투리다. 까투리는 지금 매에게 쫓기고 있다. 들판에는 몸을 숨길 바위도 나무도 돌도 없다. 까투리는 이제 꼼짝없이 매에게 잡힐 것이다. 이러한 절박한 처지에 놓인 까투리의 심경을 헤아려 자신의 애타는 마음과 견주었다. 두 번째 대상은 대천 바다 한가운데 떠 있는 배의 도사공이다. 이 배에는 천석의 곡식이 실려 있다. 갈 길은 천리나 남아 있는데 모진 바람으로 풍랑이 심하고 배는 여기저기 파손되었다. 게다가 해는 저물어 사방이 어두운데 도적 떼가 배를 노리고 덤빈다. 이런 위기 상황에 애를 태우고 있는 도사공의 심경은 어떠할

까? 이 작품을 읽는 재미는 바로 이러한 상황 묘사와 그 대조의 솜씨에서 나온다.

아리스토텔레스는 그의 『시학』에서 비극은 관객들에게 공포와 연민의 감정을 불러일으키고 궁극적으로는 고양된 정서를 정화하는 '카타르시스(katharsis)' 기능을 가진다고 말하였다. 아리스토텔레스가 주장한 '카타르시스'라는 말의 진의에 대해서는 예로부터 이론이 적지 않다. 그러나 비극에서 그려 내는 영웅적 주인공의 비참한 운명이 관객의 마음속에 두려움과 가여움의 감정을 격렬하게 유발하고, 그 과정에서 이러한 인간적 정서가 어떠한 형태로든지 순화된다고 하는 주장은 충분히 납득할 수 있다. 이것은 문학 또는 예술이 지니는 일종의 정신적 순화 작용을 뜻하는 것으로 해석할 수 있기 때문이다.

문학이 주는 즐거움은 예술적이며 미적인 감각이다. 이 감각은 무질서한 일상적 체험에 질서를 부여하고 균형을 부여하는 문학 내적인 요소들의 조화를 통해 가능해진다. 그러므로 이것은 통속적인 흥미나 관능적인 쾌락과는 거리가 있을 수밖에 없다.

3 문학의 구조

문학은 언어라는 매체를 통해 그 외형적 틀이 만들어진다. 그리고 이 외형적 틀을 통해 작가가 말하고자 하는 내용이 표현된다. 그러나 이 요소들을 서로 떼어 놓고 보면 문학을 이루는 여러 가지 요소들은 예술적인 의미에서의 미의 개념과는 거리가 먼 것이 대부분이다. 김소월의 시 「진달래꽃」에서 볼 수 있는 이별의 장면이라든지, '영변의 약산 진달래꽃'이라든지 하는 것은 그 자체가 미를 나타내지 않는다. 아버지의 눈을 뜨게 하기 위해 몸을 파는 심청의 이야기도 그 자체는 미와 아무런 관계가 없다. 그런데, 이런 요소들이 하나의 작품으로 완결되어 「진달래꽃」이라는 시가 되고, 「심청전」이라는 소설이 되었을 때, 우리는 그 속에서 문학의 예술적인 미를 발견하게 된다. 문학은 여러 가지 소재들이 모여서 어떤 미적 효과를 획득할 수 있도록 조직된다. 여기서 어떤 내용과 형식이 미적인 목적을 위해 조직되는 것을 문학의 구조라고 한다.

문학의 구조는 내용과 형식을 포괄하는 개념이다. 문학은 그 형식과 내용이 미적인 목적을 위해 조직되는 하나의 예술적인 구조물이기 때문에, 내용과 형식을 이분법적으로 구분할 수 없다. 이 경우에 구조라는 개념은 그 구조를 이루고 있는 부분과 전체의 관계로만 설명이 가능하다. 문학의 구조는 전체로서의 작품을 이루기 위해 그 구성 요소가 내적인 규칙에 따라 조직되는 것이다. 예를 들면, 하나의 집을 짓기 위해서는 여러 가지 자재들을 그 용도에 따라 배열하고 조직한다. 단순히 그 자재들을 뒤섞어 놓는다고 해서 집이 되는 것은 아니다. 문학의 경우도

구조의 개념

마찬가지다. 한 편의 시를 쓰는데, 문장 몇 토막을 적당히 섞어 놓을 수는 없는 일이다. 시라는 양식이 요구하는 요건에 따라서 언어를 조직하여 하나의 구조물을 만들어야 한다.

문학의 구조는 내용과 형식의 통일성을 지향하며, 부분과 부분의 상호 관계에 의해 전체성을 확립한다. 문학의 구조는 이러한 통일성과 전체성의 원리를 통하여 해명될 수 있다. 한 편의 소설을 놓고, 그 인물이 어떠하다든지, 배경이 어떻게 설정되어 있다든지, 이야기의 구성이 어떤 방식으로 이루어졌다든지 하는 것을 설명하는 것은 그 소설의 구조를 해명하는 것이 아니다. 소설을 이루고 있는 여러 가지 요소들을 부분적으로 분석해 놓은 것에 불과하다. 소설의 구조를 이해하기 위해서는 이 같은 요소들이 전체의 이야기를 위해 서로 어떤 관계를 유지하면서 결합되어 있는가를 밝혀야 한다. 그리고 각 부분들이 전체적인 결합을 통하여 어떤 미적인 성과를 거두고 있는지를 해명해야 한다. 시의 경우도 마찬가지다. 시의 형태적인 특성과 리듬을 지적하고, 그 시에서 활용된 비유의 방법이나 상징적 수법을 밝혀내고, 여러 가지 이미지를 찾아낸다고 해서 시의 구조가 해명되는 것은 아니다. 시의 구조는 이 같은 여러 가지 요소들의 상호 관계를 이해하고, 그것들이 어떻게 하나의 작품 속에 통합되어 완결된 미적인 구조를 실현하고 있는가를 해명함으로써, 그 특성이 밝혀질 수 있는 것이다.

구조의 역동성과 자율성

문학의 구조는 흔히 말하는 유기적 형태라는 개념으로 오인하기 쉽다. 문학의 구조와 유기적 형태로서 문학이라는 개념은 서로 다르다. 문학에서 유기적 형태라는 개념은 문학의 예술적 독자성과 자율성을 강조하기 위해 도입된 것이다. 이 개념의 핵심은 문학이 독자적인 생명력을 가진 생물체와 같다는 주장으로 요약된다. 그러므로 이 견해에 따른다면 문학의 형성과 발전, 문학의 쇠퇴와 소멸을 모두 생명체의 생성과 성장, 쇠퇴와 소멸의 과정으로 설명해야 한다. 그러나 문학은 스스로 생명을 가지고 탄생하는 것이 아니므로 이러한 관점을 크게 강조할 수는 없는 일이다.

물론 하나의 유기적 생명체에서 그것을 이루고 있는 어느 한 부분을 제거할 경우 제대로 생명체로서 구실을 할 수 없는 것처럼, 문학의 경우에도 그것을 구성하고 있는 부분들은 결코 분리하여 설명할 수 없다. 그렇기 때문에 문학작품의 존재 방식을 정확하게 설명하기 위해서는 문학을 하나의 생명을 지닌 유기적 형태라기보다는 언어적 규범과 질서에 의해 조직화된 구조의 개념으로 이해해야 한다.

문학의 구조라는 개념은 전체성, 역동성, 자율성이라는 요건을 통해 설명이 가능하다. 우선 전체성이라는 개념을 생각해 보자. 문학을 이루는 요소들은 수없이 많다. 이 다양한 요소들은 문학이라는 하나의 전체를 만들어 내기 위해 서로 긴밀하게 결합된다. 이때 요소와 요소의 결합은 단순한 모둠이나 집합을 의미하는 것이 아니다. 시인은 한 편의 시를 쓰기 위해 수많은 언어를 선별하고 이미지와 상징을 결합한다. 그리고 자신의 호흡에 맞춰 이들을 배열하여 자연스러운 리듬을 만들어 낸다. 적당히 언어를 배열하고 행간을 구분하여 놓는 것이 아니라 전체적인 통일성과 조직성을 드러낼 수 있도록 텍스트를 구성한다. 문학의 구조는 불변하는 고정적인 형태로 존재하지 않는다. 구조를 이루는 부분과 전체가 끊임없이 상호작용하는 역동성을 지닌다. 하나의 구조를 이루는 부분들은 부분들끼리 서로 밀접하게 작용하면서 자체의 구조를 지탱하고자 하며, 완결된 구조를 유지하고자 한다. 끝으로 문학작품이 예술적으로 완성되었다든지, 미적으로 완결성을 보이고 있다든지 하는 것은 작품 구조의 독자적인 완결성을 말하는 것이다.

   그러므로 문학작품을 제대로 이해하기 위해서는 문학의 구조를 파악해야 한다. 전체가 어떤 부분으로 나누어지며, 각 부분들은 어떤 원리에 의해 하나의 전체를 이루도록 구조화되어 있는가를 이해하지 못한다면, 문학의 미적인 구조를 밝혀낼 수 없는 것이다.

제2장 문학의 구성

1 문학과 언어

문학은 언어로 이루어진다. 언어는 문학을 구성하는 유일한 재료며 매개물이다. 음악에서는 소리가 재료가 되고, 그림에서는 색채와 선과 면이 재료가 되는 것처럼, 문학은 언어를 통해 성립된다. 언어 없이는 문학의 창작과 수용이 모두 불가능하다. 그러므로 문학과 언어의 관계는 본질적인 것이다.

여기서 한 가지 주목해야 할 것은 문학만이 언어를 재료로 하는 것은 아니라는 점이다. 철학, 역사, 과학 등 모든 학문이 언어를 수단으로 삼고 있다. 언어를 수단으로 삼고 있는 문학이 이러한 학문과 구별되는 가장 근본적인 이유는, 그 언어의 성질이 전혀 다르기 때문이다. 역사나 과학의 언어는 정확한 개념과 내용을 전달하는 데에 힘쓴다. 그러므로 그 언어는 하나의 의미를 정확하게 표시하는 것이 중요하다. 학문이 지향하는 바가 진리의 추구라는 점을 생각한다면, 학문의 언어 역시 그러한 목적에 따라 기술적(記述的)이며 개념적이다.

문학의 언어는 이와 다르다. 문학은 개인적인 경험과 느낌을 강조하기 때문에 그 언어가 정서적이며 구체적인 데에 특징이 있다. 문학은 언어를 통해 사물에 대한 체험과 느낌을 구체적으로 표현한다. 여기서 말하는 구체적인 표현이란 사물의 의미를 개념적으로 전달하는 것을 뜻하는 것이 아니라, 개별적인 체험을 여실하게 전달하는 것을 말한다.

그런데 언어를 통해 사물을 정확하게 파악한다는 것은 쉬운 일이 아니다. 사물에 대한 모든 감각은 주관적인 것이므로 그것을 언어로 완벽하게 그려 낸다는 것은 불가능하다. 하지만 문학

언어의 구체성

은 이러한 언어의 한계에 도전한다. 문학은 개인적인 정서를 구체화하기 위해 언어의 모든 가능성을 동원한다. 언어의 음성적인 요소를 통하여 음악성을 살리기도 하고, 언어의 기호적인 속성과 시각적인 요소를 통해 사물의 영상을 창조하기도 한다. 언어의 의미의 함축성을 통해 사물의 깊은 의미를 드러낼 수도 있다. 문학에서의 구체적 표현이란 언어적인 세부 묘사를 뜻하는 것이 아니라, 언어를 통해 감각의 구체성을 드러내는 일이다.

언어의 함축성

일상생활에서 사용하는 언어는 의미의 정확한 전달을 중시한다. 여기서 말하는 언어의 의미는 두 가지 차원에서 그 속성을 이해할 필요가 있다. 예를 들어서 붉은 장미꽃이 피어 있다고 하자. 그 꽃이 장미꽃인지 아닌지, 그 꽃의 색깔이 붉은색인지 노란색인지 하는 것은 경험 대상으로서의 장미꽃이 의식에 부딪혀 인식되는 순간에 결정된다. 그러므로 장미꽃이 붉다는 말은 객관적인 사실에 근거한 기술적 의미를 드러낸다. 그러나 붉은 장미를 보고 아름답다든지 열정적이라든지 하는 느낌을 가지거나 사랑의 감정을 떠올린다면 이 말은 개인적 반응에 따른 서로 다른 의미를 내포한다. 경험 대상에 대하여 사람마다 다른 개인적 차원의 감수성이 작용하기 때문이다.

이러한 언어에 의한 대상의 의미화 현상은 외연적인 의미(denotative meaning)와 내포적인 의미(connotative meaning)로 구분된다. 외연적인 의미는 이성을 지닌 사람이라면 누구나 서로 합의를 볼 수 있는 객관성을 지닌다. 장미꽃이 붉다는 진술은 실제로 붉은 장미꽃이 피어 있다는 객관적이고도 지시적인 의미를 드러낸다. 이러한 지시적 의미를 사전적 의미 또는 일차적 의미라고도 한다. 그러나 붉은 장미가 환기하는 열정이라든지 사랑이라든지 하는 것은 감성을 가진 사람이 개인적으로 느끼는 주관적인 의미에 해당한다.

일반적인 학문에서 언어는 사전적인 의미를 바탕으로 사실의 진위 여부에 초점을 둔다. 그만큼 언어의 지시적인 기능이 중요시되는 것이다. 그러나 문학의 언어는 이와 다르다. 문학의 언어는 지시적 의미만이 아니라 함축적 의미를 함께 활용한다. 문학의 언어는 작가의 창의력에 의해 독자들의 상상력을 자극할 수 있는 방향으로 사용된다. 사전적인 의미에 만족하지 않고 새로운 언어의 의미를 동원한다. 비유적인 표현, 생략과 비약, 상징 등의 방법을 통해 그 언어에 함축되어 있는 의미를 활용하는 것이다.

문학이 인간의 정서를 표현하는 것이라고 할 때, 인간의 정서는 언어를 통해 표현되며 언어를 통해 전달된다. 예술가는 자신이 가진 풍부한 정서를 창작에 쏟아 넣기 위해 노력한다. 그리고 그것은 언어를 통해 순화되고 미화되어 작품으로 실현된다. 그것은 어떤 불변의 지식을 제공하는 것이 아니라 영원한 감동을 준다. 문학의 언어는 개인적 정서의 기반을 떠나서는 그 의미를 생각하기 어렵다.

비유적 언어

문학의 언어는 일상적으로 사용되는 말과는 달리 어떤 특별한 의미나 효과를 위해 새로운 의미가 부여되거나 새로운 방식으로 배열된다. 이러한 언어적 장식은 문학작품에서 필수적인 것으로 인식된다. 문학의 언어가 보여 주는 비유적 언어(figurative language)로서의 특징은 일상 언어에서도 흔하게 볼 수 있는 것들이다. 그러나 문학에서의 비유적 언어는 문학작품이 목표로 하는 특별한 의미나 효과를 이루기 위해 고안된 것들이다. 그렇기 때문에 일상 언어의 사용법과는 다른 방식으로 작용한다.

문학의 언어는 비유적 표현을 위한 언어가 많다. 비유적 표현이란 문학에서 사용되는 언어가 그것이 지닌 사전적 의미 또는 축어적 의미와는 현저하게 다른 암시적이고도 함축적인 의미를 강조하는 것을 말한다. 이것은 말하고자 하는 대상을 다른 대상에 견주어 표현하는 방법이다. 이 경우 표현하고자 하는 주체를 '원관념'이라 하고, 원관념에 비유되는 것을 '보조관념'이라 부른다. 비유적 표현에는 표현 대상과 그것에 비유되는 대상 사이에 어떤 연관성을 발견하는 것이 필요하다. 이러한 연관성의 발견은 인간의 무한한 지적 능력의 산물이다. 인간의 인식 세계는 바로 이와 같은 방법에 의해 확대되어 왔다고 할 수 있다. 인간은 새로운 대상이나 사물에 부딪혔을 때에 그 새로운 대상을 맹목적으로 받아들이기보다는, 그 대상과 비슷한 다른 대상을 자신의 선험적 세계 속에서 끌어다 견주어 봄으로써 새로운 인식을 가능하게 한다. 이런 점에서 비유적 표현은 대상에 대한 일종의 인식 방법으로 발생한 것이라고 할 수 있다. 비유적 표현에서 가장 중요한 요건은, 그 비유가 강렬한 인상을 불러일으킬 수 있는 개성적인 것이어야 한다는 것이다. 비유의 방법에 의해 평범한 문장 표현에 명확한 인상과 구체적인 의미를 덧붙여 놓을 수 있다. 비유적 표현의 성패는 비유의 적절성과 참신성에 달려 있다.

그런데 비유적 표현은 시적 문장에서 주로 사용된다고 생각하는 이들이 많다. 시적 표현에서 가장 중요시되는 것이 비유의 방법이긴 하지만, 산문의 경우에도 적절한 비유적 표현을 사용함으로써 훨씬 생동감 있고 참신한 맛을 살릴 수 있다. 비유적 표현에서 가장 일반적인 형태로 직유와 은유, 그리고 풍유와 의유 등이 있다.

문학의 언어는 다양한 수사적 표현 방법을 활용한다. 수사적 표현이란 문장 속에서 언어의 배열이나 진술 방식에 변화를 부여함으로써 특별한 효과를 얻어 내는 방법이다. 비유적 표현이 새로운 의미의 생성과 그 표출에 목표를 두고 있다면, 수사적 표현은 의미의 강조와 문장의 변화에 목표를 두고 있다. 수사적 표현은 의미의 전환을 유도하지 않고 문장 자체의 변화를 통해 뜻을 강조하는 방법이다.

수사적 표현

문장의 내용이나 의미를 특별히 부각해 강렬하게 표현하는 수사적 표현을 강조의 방법이라 하고, 문장 자체의 변화를 통해 다양한 효과를 얻는 것을 목표로 하는 것을 변화의 방법이라고 한다. 강조는 말하고자 하는 내용을 보다 명확하고 강렬하게 표현하기 위해 취하는 표현 방식이다. 실제의 사실보다 과장하여 말하거나 더욱 아름답게 고쳐서 표현하는 방식도 강조의 방법에 속한다. 내용을 강조하기 위해 동일한 사실을 거듭 반복하여 말하거나, 유사한 사례들을 많이 연결하거나, 서로 반대되는 사실을 대치하는 방법도 생각할 수 있다. 다시 말하면 과장, 미화, 반복, 열거, 대조의 방법이 모두 강조법에 속한다. 이 밖에도 영탄, 점층, 억양, 연쇄의 방법을 들 수 있다.

문장이 단조롭고 평범하게 흘러가면 읽는 이에게 신선한 느낌을 주기 어렵다. 게다가 독자들이 흥미를 갖기 어려운 내용일 경우에는 더욱 지루한 글이 될 것은 뻔하다. 그러므로 문장의 표현에 변화를 주어 독자들의 주의를 환기하고 나아가 문장을 생동감 있게 만드는 것은 매우 중요한 일이다. 언어의 배열 순서를 바꾸거나 문장의 길이에 변화를 주고, 문장의 서술 방식을 달리한다면, 독자에게 새로운 인상을 심어 줄 수 있을 뿐만 아니라 그 이상의 표현 효과도 거둘 수 있다.

그러나 변화 있는 문장이 수다스럽거나 번잡한 문장을 말하는 것은 아니다. 문장의 전체적인 흐름과 호흡에 알맞게 적절한 변화를 추구해야만 짜임새 있는 글이 만들어진다. 문장을 변화 있게 표현하는 방법에는 도치, 인용, 설의, 반어, 문답, 생략, 현재, 명령 등 여러 가지 방식이 있다. 변화법은 문장의 순서를 바꾸어 변화를 주기도 하고, 필요한 사례를 끌어들여 내용을 풍부하게 하기도 한다. 물음의 형식으로 문장을 끝냄으로써 독자들의 반응을 유도할 수도 있고, 문장의 형식을 빌려서 말하고자 하는 사실을 더욱 명료하게 드러낼 수도 있다. 이 밖에도 함축적인 효과를 고려하여 문장을 생략하기도 하고, 생생한 느낌을 주기 위해 현재형으로 서술하기도 한다.

2 작가·작품·독자

문학의 세계에서 작가는 작품을 창조하고 독자는 작품을 읽는다. 모든 작품은 작가의 창조적 상상력의 산물이지만 현실 세계를 그 대상으로 삼고 있다. 문학의 세계는 구체적인 작품을 중심으로 그 창조적 주체인 작가와 수용 계층인 독자의 관계에 의해 성립된다. 작가가 없는 작품이 존재하기 힘든 것처럼 독자가 없는 작품도 그 존재 의미를 인정받기 어렵다.

문학의 세계

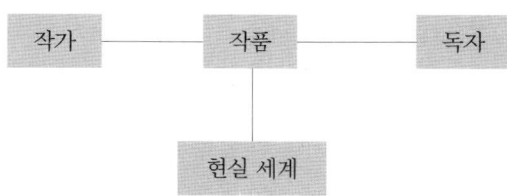

문학은 개별적인 작품으로 존재한다. 그리고 각각의 작품은 하나의 구조적인 완결성을 지니며 독자적인 의미와 가치를 드러낸다. 그러나 엄밀하게 따져 보면, 모든 문학작품은 인간 생활의 산물이다. 인간의 언어에 의해 그 범주가 규정되고, 삶의 방식과 태도에 의해 그 방향이 결정된다. 그러므로 문학이 개별적인 작품으로 존재한다고 하더라도 그것이 인간의 현실을 떠나서 존재한다는 뜻은 아니다. 문학작품은 하나의 예술적 창조물로서 독자적 의미를 지닌다. 문학작품은 그것이 드러내는 양식적 특성에 따라 비슷비슷한 방식에 의해 인간 경험을 예술적으로 형상화한다. 특정한 문학적 관습과 규범이 어떤 문학 형태에 공통적으로 드러나기도 한다. 어떤 문학작품은 특정한 문학적 관습과 기법을 그 내용에 따라 공유하기도 한다. 그 결과 비슷한 특성을 지닌 문학작품들이 공존할 수 있게 되는 것이다.

문학작품은 작가에 의해 창조된다. 작가는 자신의 경험에 근거하고 상상력에 힘입어 하나의 문학작품을 만들어 낸다. 문학작품은 작가가 드러내고자 하는 인간 경험의 특징에 따라서 의미와 형태가 달라지기도 하며, 예술적인 형상화 방법에 따라서 서로 다른 형태로 나타나기도 한다. 그러나 작가들이 새로운 작품을 창작할 경우에는 문학의 관습과 규범이 작용하기 때문에, 기존 문학작품의 형태와 특징이 새로운 문학작품에 변용되어 나타나기도 한다. 이처럼 문학작품은 그 자체의 독자적인 의미를 지탱하고 있다 하더라도, 여러 가지 문학적 관습과 전통, 경험과 욕구의 결합에 의해 이루어지는 것이다.

창조적 주체로서의 작가

모든 문학작품은 누군가에 의해 창작된 것이다. 작가는 문학의 창조적 주체로서 문학 활동의 중심에 자리한다. 낭만주의 시대 이후 작가는 작품의 위대성을 창조하는 천재적 상상력의 소유자로 인정받곤 하였다. 작가의 천재적인 창조 능력이 작품의 위대성을 가능하게 하였다는 생각은 문학이라는 세계의 창조자로서 작가의 존재를 강조하는 것이다. 그러므로 작가의 창조적 능력은 흔히 만물의 창조주로서 신의 능력에 비견되곤 한다. 그러나 창조적 상상력이라는 것에 신비성을 부여하는 순간 작가와 작품에 대한 논의는 더 이상 진전되기 어렵다.

작가의 존재는 작품이라는 문학적 실체를 생산하는 생산자로서 의미를 지닌다. 예술로서의 문학작품의 생산자가 되는 작가는 작품이라는 결과를 만들어 낸 요인에 해당한다. 이 경우 문학작품의 생산을 위해 동원되는 것들은 모두 작가의 삶과 관련되어 있다. 작가가 사용하는 언어는 일상적 삶의 과정에서 사용하는 언어며, 작가가 그려 내는 이야기는 자신의 체험과 직접 간접적으로 연결된다. 작가의 사상이나 이념은 삶의 과정에서 습득한 지식과 교양에 근거하여 성립된 것들이다. 작가가 지닌 개인적인 취향이나 습관도 문학작품의 생산에 어떤 영향을 미치게 마련이다.

하나의 문학작품을 이해하기 위해서 작가에게 관심을 기울이는 것은 당연한 일이다. 모든 사물의 현상에는 원인과 결과가 있는 것처럼 작품이라는 결과를 만들어 낸 근원 또는 원인으로서의 작가를 밝히는 것은 문학 연구에서 필수적이다. 그렇기 때문에 작품 속에 그려진 인간상의 특징이나 작품에 담겨진 주제와 그 사상을 이해하기 위해 작가의 삶을 확인하고 작가의 정신을 심리학적으로 분석하고자 한다. 이광수의 소설 『무정』에 등장하는 주인공의 사고방식을 이해하기 위해 이광수의 계몽주의적 태도와 문명개화에 대한 신념을 확인하는 것은 자연스러운 일로 받아들여진다. 이상의 시에서 볼 수 있는 초현실주의적 감각을 이해하기 위해서는 그가 어떤 경로를 통해 서구 모더니즘의 예술적 경향에 접근하였는가에 관심을 가지게 된다.

그러나 작가의 생애를 밝히고 작가의 개인적 취향이나 정신상태를 확인한다고 하여 문학작품 자체의 특징이 그대로 밝혀지는 것은 아니다. 작가가 아무리 고상한 윤리적 가치와 바람직한 의도를 가지고 작품을 창작한다 하더라도 작품 자체에 그러한 작가의 윤리 의식이나 의도가 그대로 반영된다고는 할 수 없는 일이다. 미국의 신비평 이론가들이 제안한 '의도의 오류(intentional fallacy)'라는 개념이 바로 이에 해당한다. 윔샛(W. K. Wimsatt)와 비어즐리(M. C. Beardsley)가 강조한 의도의 오류라는 명제는 작품의 독자성을 강조하기 위한 비평 방법과 관점의 문제에 속하는 것이지만, 작품으로부터 작가의 존재를 별개의 것으로 분리시켜 놓을 수 있는 논리적 근거를 제공한다. 작가가 작품을 쓰려고 계획을 세우면서 가졌을 것으로 짐작할 수 있는 어떤 의도와 목적은 물론 의미 있는 것이지만 실제의 작품 내용을 평가하는 자리에서는 그리 중요한 것이 되지 못한다. 작가의 의도나 목적은 작품을 통해 아주 훌륭하게 살아날 수도 있지만 작품 안에서 얼마든지 다른 방향으로 나타날 가능성이 크기 때문이다.

작가에 대한 관심은 작품의 의미에 대한 해석과 평가에 어느 정도 빛을 더해 줄 수 있는가에 따라 그 가치가 결정된다. 작가의 창조성을 지나치게 과장하거나 신비화하는 것은 문학을 이해하는 데 큰 도움을 주지 못한다. 작가의 개인적인 성격, 생활 태도, 의식과 사상 등을 놓고 작품의 성패 요인을 찾으려는 것도 바람직한 일이 아니다. 작가에 대한 관심은 작품을 중심으로 생산자로서의 작가와 수용자로서의 독자를 연결하여 원활한 정신적 교류가 가능하도록 하는 데에 우선적인 의미를 두어야 할 것이다.

수용자로서의 독자

문학작품의 존재와 의미는 그것을 수용하는 독자들에 의해 결정된다. 문학작품은 독자와 만남으로써 하나의 사회 문화적 현상으로 인식된다. 문학작품은 독자와 만나지 못하면 그 실체를 인정받기 어렵다.

시인 윤동주는 일본 식민지 시대 말기에 일본에 유학하였던 인물이다. 그는 국내에서 전문학교를 다니는 동안 평소에 써 두었던 시들을 모아 시집을 간행하려고 계획한다. 그러나 일본 총독부가 강행한 '조선어 말살 정책'으로 인하여 우리말로 쓴 그의 시들은 햇빛을 볼 수 없게 된다. 그는 자신의 시들을 적어 둔 원고와 노트를 후배인 정병욱에게 넘겨주고는 일본으로 유학을 떠난다. 그후 윤동주는 일본 경찰에 검거되었고 해방 직전 일본 감옥에서 목숨을 거둔다. 그의 시들은 그의 죽음이 알려진 후에야 한 권의 시집으로 발간된다. 그것이 바로 유명한 『하늘과 바람과 별과 시』(1946)다. 이 시집이 발간되지 못하였다면 독자는 윤동주의 시를 접할 수 없었을 것이며, 시인 윤동주의 존재가 제대로 세상에 알려지지 못하였을 것이다. 윤동주의 시는 해방 후에야 비로소 독자와 만남으로써 그 빛을 발할 수 있게 된다.

문학작품의 창조적 주체가 작가라는 사실은 누구나 인정한다. 작가는 자기 경험과 상상에 바탕을 두어 작품을 만든다. 그리고 자신의 인생관이나 세계관에 따라 어떤 의미의 주제를 작품 속에 담고자 한다. 그리고 이러한 작가의 관심과 태도가 문학작품을 통해 독자에게 어떤 교훈을 주기도 하고 흥미를 불러일으키기도 한다. 그러나 독자가 일방적으로 작품을 통해 어떤 교훈을 얻고 영향을 받는다고만 생각해서는 안 된다. 독자는 누구나 어떤 문학작품을 읽고 나서 여러 가지 느낌을 이야기할 수 있다. 어떤 사람은 그 내용을 가리켜서 "과연 뛰어난 상상력을 보여 주는구나."라고 말하기도 하고, 어떤 사람은 "정말 재미있었어."라고 말하기도 한다. 물론 "너무 형편없어."라고 깎아내리기도 한다. 이렇게 독자는 자신의 입장에서 문학작품의 의미를 찾아내고 새로운 의미를 덧붙인다. 그리고 그 작품의 좋은 점이나 잘못된 점에 대한 평가를 내리게 된다. 문학에 대한 평가는 문학을 보는 관점에 따라 달라지는 것이지만 이러한 독자의 평가에 의해 작품의 가치가 결정되기도 한다.

물론 문학작품에 대한 독자의 정서적 반응이 작품 자체의 의미를 뜻하는 것은 아니다. 이 문제와 관련해서는 '감정의 오류(affective fallacy)'라고 하는 명제를 생각해 볼 필요가 있다. 이 용어는 '의도의 오류'라는 명제를 주장한 윔샛과 비어즐리가 시 비평에서 작품이 독자에게 미치는 영향 또는 독자의 정서적 반응 자체를 기준으로 삼아서는 안 된다는 점을 지적한 것이다. 독자의 정서적 반응을 중시할 경우 시 자체는 사라지며 비평이 인상주의로 전락할 우려가 있기 때문이다. 문학작품은 그것이 독자에게 미치는 영향이나 효과에 대한 설명에 의해서가 아니라 그러한 영향과 효과를 가능하게 하는 텍스트의 내적 구조와 특성에 대한 분석과 해석을 통해서 그 가치가 규정되어야 한다.

문학작품의 독자는 시간과 공간의 제약을 받지 않는다. 하나의 작품은 그것이 발표된 시대의 독자들만 만나는 것이 아니다. 문학은 시간과 공간을 넘어서 새로운 독자와 만나며 새로운 의미를 부여받는다. 고전소설 「홍길동전」은 수백 년이 지난 오늘날까지도 많은 새로운 독자들에 의해 읽히고 있다. 김소월의 시는 1920년대의 독자에게만 의미가 있는 것이 아니다. 요즘도 서점에는 김소월의 시집이 진열되어 있으며 그의 시는 여전히 독자들이 찾는 명시로 손꼽힌다. 그리고 근래에는 외국에도 번역되어 널리 소개되고 있다. 마찬가지로 셰익스피어(W. Shakespeare)의 비극이나 톨스토이(L. N. Tolstoi)의 소설이 우리말로 번역되어 독자들에게 꾸준히 읽히고 있다. 이처럼 문학작품은 시간과 공간을 초월하여 새로운 독자와 만남으로써 그 가치와 의미를 유지한다.

3 텍스트로서의 작품

문학작품은 창조적 주체로서의 작가와 수용자로서의 독자 사이에 놓여 있다. 그러나 작품은 작가의 손을 떠나는 순간 독자적으로 존재한다. 문학작품은 흔히 '텍스트(text)'라고 지칭된다. 여기서 말하는 텍스트는 '원전(原典)'이라는 의미를 가지지만 이러한 사전적 의미만을 가지고서는 그 속성을 정확하게 이해하기 어렵다.

문학작품은 소설『무정』이라든지 시「진달래꽃」과 같은 구체적인 실체로 존재한다. 그리고 이것은 책이라는 인쇄물로 만들어져서 서가에 진열된다. 문학작품이라는 말 속에는 은연중에 그 작품 속에 포함되어 있는 가치의 중요성이 담겨 있다. 위대한 정신을 표현한 걸작이라든지 흔히 볼 수 있는 평범한 졸작이라는 말들은 모두 작품과 관련된 것이다. 그러나 텍스트라는 말은 이와 다르다. 이 말은 가치중립적으로 사용된다. 텍스트는 작품을 구성하고 있는 언어적 요소와 그 내적 구성 원리 등을 염두에 둔 말이다. 그러므로 텍스트라는 말은 구체적인 실체로서의 작품과는 달리 그 작품을 지배하고 있는 언어적 또는 기호적 차원의 질서와 체계를 의미한다.

문학작품은 특정한 양식의 체계나 장르적 질서 속에서 존재한다. 그러나 텍스트라는 말은 이러한 양식 구분이나 장르 체계에 근거하는 것이 아니다. 시 작품이든 소설 작품이든 모두가 하나의 텍스트다. 문학작품으로서의 소설에는 등장인물이 나오고 어떤 시간과 공간 배경 속에서 사건이 일어난다. 그러나 텍스트로서의 소설에는 오직 그 텍스트를 구성하는 기호로서의 언어가 배열되어 있을 뿐이다. 일찍이 롤랑 바르트(R. Barthes)가 「작품에서 텍스트로(From Work to Text)」(1971)라는 글에서 규정한 바 있는 텍스트에 관한 일곱 가지 명제는 다음과 같이 요약할 수 있다.

① 전통적 의미의 작품과 달리 텍스트는 전적으로 언어 생산 활동의 한가운데에서 경험된다.
② 텍스트는 모든 장르와 관습적 위계질서를 넘어서며 그 제약과 규칙에 대항한다.
③ 텍스트는 중심이 정해지거나 종결되지 않으며, 기표들의 자유로운 활동을 통해 기의를 무한정으로 연기시킨다.
④ 텍스트는 그 연원을 추적하기 어려울 정도로 수많은 다른 텍스트와의 사이에 상호텍스트성을 드러내며 하나의 고정된 진리가 아니라 숱한 의미의 산종을 낳는다.
⑤ 작가는 더 이상 텍스트의 기원이 아니다. 그저 하나의 손님으로 텍스트를 방문할 수 있을 뿐이다.
⑥ 텍스트는 독자와 만남으로써 열리고 숨을 쉰다.
⑦ 텍스트는 유토피아로 통한다.

바르트가 주장한 텍스트의 속성에서 가장 주목되는 것은 텍스트의 자율성에 대한 신념이다. 바르트는 텍스트로부터 작가라는 권위를 제거한다. 그리고 작품이라는 고정된 틀을 벗겨 냄으로써 작품이 지켜 내고 있는 양식의 틀이나 규범으로부터 텍스트를 개방시킨다. 그러므로 텍스트는 하나의 의미로 고정되어 있는 것이 아니라 다른 텍스트와의 상호텍스트적 관계 속에서 새로운 의미를 만들어 낸다. 그러나 이러한 텍스트의 개념은 텍스트의 자율성이나 텍스트 연구의 과학성에 대한 새로운 가능성을 열어놓고 있음에도 불구하고 텍스트와 텍스트 외적인 요소와의 관계를 지나치게 제약하는 약점을 노출하게 된다는 점을 간과해서는 안 된다.

제3장 문학의 갈래

1 문학의 양식

모든 문학작품은 여러 갈래로 나누어 볼 수 있다. 언어를 사용하는 방법에 따라 운문문학과 산문문학으로 나눌 수도 있고, 말과 글 중 어느 것을 택하였느냐에 따라 구비문학과 문자문학으로 갈라 볼 수도 있다. 또 작품이 창작된 시간적 배경에 따라 고전문학과 현대문학을 구분하기도 하고, 작품의 형태에 따라 시와 소설 및 희곡을 구분하기도 한다. 이 밖에도 창작의 동기나 목적, 작품의 제재, 작가와 독자의 관계 등등 문학의 갈래 설정 기준이 될 수 있는 요소는 다양하다.

문학의 갈래는 민족마다 다르고, 언어에 따라서도 다르다. 그리고 시대에 따라 달라지기도 한다. 문학의 갈래는 고정 불변하는 것이 아니라, 새롭게 형성되어 어느 일정한 기간 동안 존속하다가 다른 형태로 변모하거나 소멸된다. 그러므로 문학의 갈래를 구분하기 위해 모든 작품들을 하나의 완전한 규범이나 질서로 묶을 수 있는 원리를 발견하는 것은 불가능하다.

문학에서 갈래의 구분은 다양한 문학 형태의 등장과 변화를 규범적으로 범주화하고 그 전반적인 윤곽을 밝히기 위한 일종의 질서화 작업이라고 할 수 있다. 그렇기 때문에 문학의 갈래를 일정한 기준에 의해 몇 가지로 구분하는 것뿐만 아니라, 문학의 다양한 변화를 그러한 몇 가지 중요한 갈래로 구분함으로써 문학의 양상을 보다 체계적으로 이해하는 것이 중요하다. 이러한 사실을 올바르게 인식하고 문학의 갈래를 나누어 문학 양식의 개념을 설정할 때, 진정한 문학의 이해가 이루어질 수 있을 것이다.

문학의 종류와 갈래

문학에서 양식론은 문학 연구의 기초 개념이면서 동시에 문학적 현상에 대한 역사적 기술의 핵심을 이룬다. 문학의 속성을 이해하는 데에 있어서 문학의 양식 개념이 없다면 우리는 문학의 보편적 성격과 공통된 경향을 갖는 총체적인 문학사를 서술할 수 없다. 문학의 흐름 속에 등장하는 수많은 문학작품과 작가들의 활동을 놓고 그들이 어떤 공통적인 경향을 드러내고 있음을 확인할 수 있는 것도 우선적으로 양식 개념에 기초한다. 문학의 양식 개념은 구체적이며 개별적인 수많은 작품들을 하나의 관념 속으로 끌어들여 논의할 수 있는 유일한 논리적 실체이기 때문이다.

문학 양식과 큰 갈래

문학의 양식은 인간 존재의 근본적인 가능성에 대한 문예학적 명칭으로 내세워지고 있는 '서정적', '서사적', '극적'이라는 세 가지 개념으로부터 출발한다. 이 세 가지 개념은 인간의 내면에서 형성된 대상에 대한 본질적인 태도를 말하는 것이다. 이러한 구분법은 인간 존재의 본질과 관련하여 설명되기도 하고, 역사 철학적인 관점에서 논의되기도 한다. 서정은 주관적인 것, 서사는 객관적인 것, 희곡은 주관과 객관이 합일되는 것이라는 설명이 바로 그것이다. 이 기본적인 태도를 바탕으로 하나의 목소리로 읊조린다든지, 등장인물의 행위를 통해 보여 준다든지, 이야기를 말해 준다든지 하는 일종의 제시 방법이 연결된다. 그리고 여기서 기본적인 문학 양식으로서의 서정적 양식·서사적 양식·극적 양식이 각각의 표현 범주를 드러내는 것이다. 예술적인 형태와 그 제시 방법의 면에서 본다면, 서정적인 것에는 사건이 없지만 서사적인 것이나 극적인 것에는 사건이 있고, 극적인 것은 무대에서 공연되지만 서정적인 것이나 서사적인 것은 그렇지 않다는 기준 등이 첨가된다. 또한 수필 같은 종류의 문학이 이 셋 중 어느 것에도 소속될 수 없다는 난점이 지적되기도 하며, 복합적인 성격을 지닌 문학 형태를 어디에 넣어야 할 것인지를 고려하기 힘든 경우도 없지 않다. 시대와 지역에 따라 다르게 작은 갈래들을 중심으로 성장하고 발달해 온 문학을 세 가지 큰 갈래로 묶어서 이해한다는 것 자체가 매우 어려운 일인지도 모른다.

문학 장르와 작은 갈래

문학에서 서정 양식, 서사 양식, 극 양식이라는 세 가지 큰 갈래는 각 시대와 여러 문화에 걸쳐 가장 보편적이며 지속적인 유형으로 이해되고 있다. 그러므로 그 역사적, 사회 문화적 범위가 매우 넓다. 이들 문학 양식은 여러 가지 다양한 하위 역사적 장르로 형상화되고 구체화되어 문학사에 등장한다. 문학 양식의 하위 부류에 해당하는 장르는 문학의 사회 문화적 또는 역사적 실체로 등장하는 여러 가지 작은 갈래의 문학 형태를 말한다. 문학의 장르는 그 소재와 형식의 구성 방법에 따라 각각의 특징이 규정된다. 이것은 고정 불변하는 것이 아니라 시대적으로 변화하며, 공간적으로 특정 지역이나 민족에 따라 그 형태나 구조가 달라지기도 한다. 특히 사회사적인 환경에 절대적인 영향을 받는다. 그러므로 문학의 하위 장르의 개념과 속성은 보편적인 문학 연구의 방법에 의해 규정되기보다는 그 장르가 존재하였던 당시의 역사적 조건에 의해 해명되는 것이 보통이다. 문학의 하위 장르의 범주와 그것들이 보여 주는 여러 가지 양상은 문학사 연구에서 특정 시대의 문학적 경향을 이해하는 데에 있어서 가장 주목되는 요소다.

문학의 작은 갈래는 특정한 나라나 시대의 문학을 바탕으로 한 개별성이 강조되는 개념이다. 작은 갈래에 속하는 여러 가지 문학 형태는 특정 언어를 매체로 하여 특정 나라나 시대에 따라서 구체적인 문학의 형태로 나타난다. 그리고 이것들은 그 본질적인 특징에 따라서 문학의 큰 갈래로 묶이게 된다. 예컨대, 한국 문학에서 향가, 고려가요, 시조와 현대시는 그 시대와 배경이 다르고 작가가 다르지만, 여러 가지 공통점을 지니고 있다. 이들은 우선 작가의 눈에 비친 대상과 그 자신의 주관적인 정서와 사상을 관련시킴으로써 새로운 의미를 부각시킨다는 공통점이 있다. 이들은 또 말의 가락, 나아가서는 마음의 가락을 느끼게 하며 그 길이가 짧다는 공통점이 있다. 이러한 공통점들이 이들을 서정적인 큰 갈래로 묶을 수 있게 한다. 이와 같이 큰 갈래의 구분은 작은 갈래들의 특징과 개별성을 이해하는 데 도움이 될 뿐만 아니라, 문학을 하나의 전체로서 이해하는 기초가 된다.

2 한국 문학의 영역과 갈래

한국 문학은 오랜 역사적 전통을 지니고 있기 때문에, 매우 다양한 문학 형태들이 존재해 왔다. 이들을 문학의 큰 갈래로 분류하여 각각의 특징을 규정하기 위해서는 여러 가지 문제들을 두루 고려할 필요가 있다. 우선 문학의 표현 언어와 전승 방식에 관련하여 다음과 같은 두 가지 문제점들을 검토해 보자.

첫째는 문학의 전승 방식과 관련하여 문자 이전의 구비문학을 문학의 영역에서 어떻게 다루느냐 하는 문제가 제기된다. 한국 문학은 문자로 기록되기 이전 구전에 의해 이루어진 구비문학과 문자 사용 이후에 문자로 기록된 기록문학으로 크게 구분된다. 구비문학은 비록 문자로 기록된 것은 아니라 하더라도, 그 자체의 독특한 표현 방식을 구비 전승에 힘입어 발전시켜 온 예술 형태다. 구비문학과 기록문학은 문자에 의한 기록성 여부에 의해 구별되는 것이지만, 문학 행위 자체의 본질적인 특징이 다르다고 할 수 있다. 오늘날까지 구전으로 전해 내려오고 있는 이야기나 민요 등이 지니는 여러 가지 특징들에서 이를 쉽게 확인할 수 있다.

둘째는 문자 사용 이후의 기록문학이 한문 문학과 국문 문학으로 나누어지고 있음을 주목해야 한다는 점이다. 한자는 중국의 문자이기 때문에, 한문 문학은 한국 문학의 범주에서 제외해야 한다는 주장도 있었던 적이 있다. 그러나 한자 사용 자체가 고유 문자를 가지기 전부터 문자 생활의 관습으로 굳어져 있었고, 조선 시대 이전까지 한문이 지배 계층의 문자 생활의 주류를 이루었던 점을 고려해 볼 때, 한문으로 된 모든 문학적인 기

문학의 전승과 갈래

록을 한국 문학의 범주에서 배제하는 것은 부당하다. 물론 한문 문학은 중국의 그것이 지켜 내려온 문학적 관습과 무관하지는 않지만, 한국인들의 정서와 사상을 대변하였던 것임을 부인할 수는 없는 일이다. 그러므로 한국 문학은 표현 언어와 문자의 기록성을 기준으로 할 경우 한문 문학과 국문 문학으로 구분할 수 있다.

이상에서 검토한 두 가지 문제를 고려하여 한국 문학의 전체적인 범주와 그 영역을 도식화하면 다음과 같다.

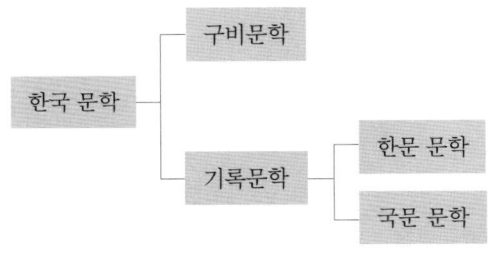

한국 문학은 앞의 도식에서 볼 때, 각각의 영역별로 일정한 규범에 의해 문학의 갈래가 구분될 수 있다. 구비문학은 전승 방식과 문학적 행위 자체의 특질에 의해 구분되는 갈래를 상정해 볼 수 있고, 한문 문학은 한문 문학대로 고유의 갈래 체계를 인정할 수 있을 것이다. 그러나, 문학의 큰 갈래를 서정적인 것, 서사적인 것, 극적인 것으로 구분하고자 할 경우, 각각의 영역에 속하는 여러 문학 형태들을 이 세 가지 큰 갈래 속에 포함시킬 수 있을 것이다.

한국 문학의 갈래

한국 문학에서 구비문학은 전승 방식과 문학적 행위 자체의 특질에 의해 독자적인 갈래의 체계를 유지하고 있다. 구비문학의 여러 가지 형태들은 기억에 의존하여 입으로 전승되면서 그 자체의 독특한 표현 방식을 발전시켜 왔다. 그러나 이러한 구비문학의 특징들은 구연되는 순간 소멸하기 때문에 문자로 채록되어야만 그 형태를 알 수 있다. 한국의 신화와 여러 가지 설화는 문자로 채록된 대표적인 구비문학 양식들이다. 구비문학은 설화가 고전소설로 발전된 것처럼 기록문학의 원천으로 변용되기도 하지만, 판소리나 무가와 같이 구비 전승의 특징을 유지하면서 계승되는 경우도 있다. 민요는 구비문학 가운데 서정 양식을 대표하는데, 그것이 불리는 지역과 시대에 따라 형태가 변화하기도 한다.

　한국 한문 문학은 중국에서 오랜 역사를 거쳐 발전해 온 한문 문학의 전통을 그대로 수용한 것이 대부분이다. 그러므로 중국 한문 문학의 양식과 그 특질이 대체로 유지되었다. 하지만 한국의 한문 문학은 한국어와는 무관하게 이루어진 중국 문언(文言)으로서의 한문에 기초하고 있기 때문에, 중국의 한문 문학과는 일정한 거리를 두고 한국 문학으로서의 독자적인 특징을 살리게 된다. 특히 한글의 등장 이후 한문 문학은 국문 문학과 서로 교섭하면서 기록문학으로서의 위상을 지키게 된다. 한국 한문 문학은 크게 시와 문(文)으로 구분되는데, 그 아래로 여러 가지 형태의 작은 갈래가 존재한다. 특히 한국 한문 문학에서는 서정 양식을 대표하는 한시뿐만 아니라 한문 단편으로 명명되는 야담, 한문 소설, 몽유록 등의 서사 양식이 독자적인 전통을 유지하고 있다.

　한국 문학의 본류에 해당하는 국문 문학은 한문 문학과 공존해 온 고전문학과 한문 문학의 소멸과 함께 독자적인 영역을 발전시킨 현대문학으로 크게 구분된다. 그리고 각각 다른 작은 갈래의 여러 문학 형태들이 여기에 포함되어 있다. 예컨대, 향가, 고려가요, 시조는 고전문학의 서정 양식을 대표한다. 현대문학에서는 현대시가 서정 양식에 해당한다. 고전소설이 고전문학의 서사 양식을 대표한다면 현대문학에선 현대소설이 이에 해당한다. 극 양식의 경우에는 고전문학의 경우 구비문학의 형태로 존재하는 탈춤과 같은 형태가 있지만 현대문학에는 희곡이라는 새로운 극문학이 존재한다.

    그런데 여기서 한 가지 주목해야 할 것은 문학의 큰 갈래를 서정 양식, 서사 양식, 극 양식으로 구분하고자 할 경우, 이러한 구분법이 제대로 적용되지 않는 변형된 작은 갈래들이 존재한다는 사실이다. 예컨대, 여행기의 형태를 띤 조선 시대 후기의 기행 가사는 시간과 공간의 이동에 따라 일련의 행위를 연결해 놓았다는 점에서는 서사적인 것에 가깝고, 갈등을 내포한 사건 없이 작가의 주관적인 감상을 위주로 한다는 점에서는 서정적인 것에 가깝다. 그렇지만, 이 경우에는 운문 형식에 착안하여 일반적인 분류법에 따라 가사를 서정적인 것에 포함시켜 볼 수 있을 것이다. 문학의 갈래는 갈래의 구분 자체가 목적이 아니라, 문학의 역사적인 변화와 그 다양한 양상을 체계적으로 이해하기 위한 방법으로서 더욱 중요한 의미가 있는 것이므로, 각각의 문학 갈래들이 지니는 상호관계를 중시해야 한다. 한국 문학의 갈래 구분은 다양한 문학 형태의 등장과 변화를 규범적으로 범주화하고 그 전반적인 윤곽을 밝히기 위한 일종의 질서화 작업으로서 한국 문학 연구의 기초에 해당한다고 할 수 있다.

제4장 시

1 시의 본질

시는 인간의 정서와 상상을 언어로 표현하는 예술이다. 소설이나 수필도 언어를 표현 수단으로 하지만 시는 언어에 절대적인 비중을 두고 있다. 시는 운문으로 이루어지는 것이 보통이며, 율조의 언어로써 독특한 예술미를 창조한다.

시는 인간의 정서와 상상을 통하여 빚어진다. 시의 근본적인 특질은 인간의 정서와 상상에 있으며, 인간 정서의 표현이 시 정신의 본질에 해당된다. 모든 사물을 감성을 통해 받아들이고, 감성으로 표현하며, 감성을 자극하는 것이 시다. 물론 현대시는 인간의 다양한 체험과 사상과 관념을 모두 포괄하고 있다. 그러나 여기서 중요한 것은 감성을 통해 받아들인 체험, 정서화된 사상만이 시를 통해 표현될 수 있다는 점이다. 시는 삶의 다양한 경험과 충동에 정서적 균형을 부여하고, 인간의 삶을 보다 높은 존재의 차원으로 끌어올리고자 하는 초월의 힘을 발휘한다. 인간은 시를 통해 정서의 풍요를 누리며 살아갈 수 있다. 그러므로 시는 인간의 감성 그 자체를 내용과 형식으로 하여 만들어지는 예술이다.

시는 인생의 표현이며, 삶에 대한 새로운 해석이라고 한다. 시를 통해 인간의 삶을 노래하고, 인간의 꿈을 그릴 수 있기 때문이다. 인생을 표현하고 여기에 새로운 의미를 부여하는 일이야말로 시의 영원한 과제. 시가 자연을 소재로 하든지 현실을 노래하든지 간에 그것은 어디까지나 궁극적인 인간의 표현이라고 할 수 있다. 생명의 내면과 영혼을 울려 주는 것이라는 점에서 시는 인생을 떠날 수 없다. 그런데 여기서 한 가지 주의할 것

시의 의미

은 시의 정신이 예술적으로 형상화되어야 한다는 점이다. 시는 어떤 관념이나 사상을 단순히 전달하는 것이 아니라, 정서와 상상에 의해 새로운 의미를 창조하는 것이다. 시는 어떤 무엇을 위해 존재하는 것이 아니다. 오직 인간 삶의 본질적인 표현이며, 그 새로운 창조라고 할 수 있다.

그런데 시를 인간 정서의 표현이라고 하는 표현론적 관점에 서게 될 경우 시적 진술과 그 의미의 주관성을 어떻게 해석할 것인가 하는 점이 문제다. 시에서 그려 내고 있는 것이 객관적인 대상으로서의 사물이 아니라 시인의 주관적인 감정이나 정서이기 때문이다. 김소월의 시 「산유화」에 '산에서 우는 적은 새요/ 꽃이 좋아/ 산에서/ 사노라네'라는 구절이 있다. 산에서 울고 있는 작은 새가 꽃이 좋아서 산에 산다고 하는 진술은 그럴 듯하게 들리기는 하지만 논리적인 설명은 아니다. 새가 꽃이 좋아 산에서 산다는 것은 객관적으로 입증할 방법이 없다. 이 구절은 객관적인 사실을 묘사하려고 한 것이 아니라 시인이 자기 자신의 주관적 감정을 표현한 것이기 때문이다. 시인은 자신의 주관적 감정에 근거하여 새가 꽃이 좋아 산에서 살고 있다고 표현한 것이다. 이러한 시적 진술은 사실의 진위를 판단하기 위한 것이 아니다. 이러한 진술의 의미는 어떤 대상을 지시하고 서술하여 생겨나는 것이 아니라 그 대상에 관한 주관적 감정을 나타냄으로써 얻어지는 것이다. 이를 달리 말한다면, 객관적 대상의 의미가 아니라 주관적 주체의 의미가 된다는 말이다. 여기서 주목해야 할 것이 대상에 대한 하나의 인식 형태로서 시의 본질이다. 시적 진술은 분명 주관적 정서에 근거하는 것이지만 사실은 시적 대상에 대한 주관적 인식의 방법에 기초하는 것이다. 산에서 울고 있는 작은 새가 꽃이 좋아 산에서 살고 있다는 진술은 분명 과학적으로 설명하기 어려운 것이지만 사물의 현상에 대한 주관적인 인식을 담고 있다. 그리고 이러한 인식에는 과학과는 다른 차원에서 논의할 수 있는 어떤 진리가 담겨 있다. 그리고 이러한 진리는 과학의 경우보다 더욱 본질적인 의미를 지닐 수도 있다.

시의 대상이 되는 시적 소재는 무수히 많이 있다. 자연과 인생과 사회가 모두 시의 대상이 된다. 그러나 이 소재들이 모두 시가 될 수 있는 것은 아니다. 시인의 개인적인 체험과 상상을 통해 시의 주제가 성립되는 것이다. 그것은 시적 대상과 소재에 대한 시인의 새로운 해석이며, 의미 부여라고 할 수 있다. 시의 주제는 그 범위를 정하기 어려울 정도로 다양하고 폭이 넓다. 시인은 주관적인 정서와 감성을 중시하기도 하고, 인간의 지성적인 면모를 중시하기도 하고, 역설과 풍자와 기지를 통해 삶의 내면을 통찰하기도 한다. 그러므로 시의 주제는 감성과 지성의 조화를 통해 더욱 심오한 의미를 창출할 수 있다.

시의 언어

시의 존재를 가능하게 하는 것은 언어다. 시에서 사용되는 언어는 시어라는 개념을 부여받고 있다. 물론 시의 언어가 일상의 언어와 다른 별개의 언어로 존재하는 것은 아니다. 시의 언어와 일상의 언어를 확연하게 구별할 수도 없다. 일상생활에서 쓰이는 말이 시에서도 쓰일 뿐만 아니라, 시에서 쓰일 법한 말이 일상생활에서도 흔히 쓰이고 있다. 일상의 언어를 시의 본질에 알맞도록 시에서 활용할 경우 그것이 시의 언어가 되는 것이다. 그러므로 시의 성질을 알기 위해서는 시에서 언어가 어떻게 쓰이고 있는지를 살펴볼 필요가 있다. 다음의 예를 보자.

①
진달래는 진달랫과에 속하는 낙엽성 관목이다. 봄이면 잎보다 먼저 가지 가득 진분홍빛 꽃이 핀다. 다섯 장의 꽃잎이

한껏 벌어져 있지만 아래는 한데 붙은 통꽃으로 가지 끝에 3~6개의 꽃송이가 모여 달린다. 잎은 철쭉과 달리 뾰족한 타원형이며 광택이 있다.

②
날더러 진달래꽃을 노래하라 하십니까?
이 가난한 시인(詩人)더러 그 적막(寂寞)하고도 가냘픈 꽃을,
이른 봄, 산골째기에 소문도 없이 피었다가
하루아침에 비바람에 속절없이 떨어지는 꽃을,
무슨 말로 노래하라 하십니까?

노래하기에는 너무도 슬픈 사실이외다.
백일홍(百日紅)같이 붉게붉게 피지도 못하는 꽃을,
국화같이 오래오래 피지도 못하는 꽃을,
모진 비바람 만나 흩어지는 가엾은 꽃을,
노래하느니 차라리 붙들고 울 것이외다.
　　　　　　　　　——박팔양, 「너무도 슬픈 사실
　　　　　　　　　　—봄의 선구자 진달래를 노래함」

앞의 두 가지 문장은 모두 우리가 이른 봄 산골짜기에서 흔히 볼 수 있는 진달래꽃에 대해 말하고 있다. 그러나 두 글 사이에는 서로 구별되는 점이 있다. ①의 경우에는 진달래라는 나무의 형태와 그 꽃의 모양을 설명한다. 낙엽성 관목으로서의 특성이라든지, 이른 봄에 잎보다 먼저 피어나는 꽃의 모양이라든지 광택이 나는 타원형 잎의 모양 등을 상세하게 설명하고 있는 것이다. 다시 말하면, 이 글은 어떤 사실을 있는 그대로 알기 쉽게 정리하여 전달하고 있다. 이에 비하여 ②의 경우에는 글쓴 사람이 진달래꽃에 대해 느낀 점이나 생각하고 있는 점을 표현하고

있다. 진달래꽃을 두고 '가냘핀 꽃' 또는 '가엾은 꽃'이라고 말한 것은 실제의 사실과는 관계가 없다. 그것은 이 글을 쓴 사람만이 느끼는 주관적인 느낌이며 생각일 뿐이다. 이와 같이 어떤 사실을 객관적으로 전달하기 위한 ①과 같은 글은 과학적이며 사실적인 의미를 중시한다. 그러나 ②의 경우에는 그 의미가 전혀 다르다. 대상에 대한 주관적 표현을 중시하기 때문이다. 봄에 산골짜기에 피어나는 진달래꽃이 '가냘프다'든지 '가엾다'라고 하는 것은 과학적이고도 객관적인 사실과는 거리가 멀다. 이것은 이 글을 쓴 시인의 주관적 감정이며 시인만이 느낀 심정일 뿐이다. 그러므로 이러한 표현이 논리적일 수는 없는 일이다.

시의 언어는 사실을 전달하는 기능보다는 느낌을 표현하는 기능을 중시한다. 그리고, 그 의미가 함축적이며, 간접적이요, 개인적이다. 시의 언어가 함축적이라는 것은 언어의 지시적 의미 이외에도 암시와 연상과 상징과 여운을 중시하고 있기 때문이다.

> 한 송이의 국화꽃을 피우기 위해
> 봄부터 소쩍새는
> 그렇게 울었나 보다.
>
> 한 송이의 국화꽃을 피우기 위해
> 천둥은 먹구름 속에서
> 또 그렇게 울었나 보다.
>
> 그립고 아쉬움에 가슴 조이던
> 머언 먼 젊음의 뒤안길에서
> 인제는 돌아와 거울 앞에 선
> 내 누님같이 생긴 꽃이여.

> 노오란 네 꽃잎이 피려고
> 간밤엔 무서리가 저리 내리고
> 내게는 잠이 오지 않았나 보다.
>
> ──서정주,「국화 옆에서」

앞의 시에서 사용된 언어는 일상의 언어와 다를 바가 없다. '국화꽃'이라는 말은 누구나 쉽게 알 수 있는 식물을 가리킨다. 그러나 이 시에서 '국화꽃'은 시인만이 지니고 있는 주관적인 감정을 담고 있다. 그리고 '국화꽃'이라는 대상에 대한 인식 방법 또한 주관적이라고 할 수 있다. 이와 같은 의미는 논리적으로 따질 수도 없고 보편성을 지닐 수도 없는 것이다. 이 시에서 '국화꽃'은 지시적인 의미에 한정되지 않고, 보다 고양된 함축적인 기능을 발휘하고 있다. 시의 각 연마다 '한 송이의 국화꽃'을 중심으로 여러 가지 의미들이 서로 연결되어 있음을 보게 된다. '국화꽃'의 향기와 색채 뒤에는 봄의 소쩍새와 여름의 먹구름 천둥과 가을의 무서리가 함께 이어진다. 그것은 오랜 시간의 흐름을 말하기도 하고, 그 긴 시간을 견디는 고통을 보여 주기도 한다. 그리고 하나의 세계가 아름답게 창조되는 신비의 과정을 말하기도 한다. 그러므로 이 시에서의 '국화꽃'은 일상의 언어가 지시하는 '국화꽃'이라는 대상을 넘어서서 정서적이고도 함축적인 새로운 창조의 의미를 담고 있다.

시의 언어는 그 의미와 기능만이 아니라, 언어의 조직에 있어서도 보통의 언어와는 구별된다. 시의 언어는 말의 뜻이나 논리에 의존하는 경우에도, 일상의 언어보다는 비약적이거나 날카로운 것이 보통이다. 이것은 앞의 시에서도 쉽게 확인할 수 있다. '국화꽃'과 연결된 여러 가지 의미들은 일상의 언어에서는 그 연관성을 생각하기 어려운 것들이다. '국화꽃'과 '봄부터 우는 소쩍새'는 시적 상상의 세계를 통해서만 그 연관성을 생각할 수 있다. 이처럼 시의 언어는 일상의 언어에 바탕을 두지만, 일상의 언어가 지닌 지시적인 기능을 넘어서 정서적으로 그 의미를 확대한다. 그러므로 함축적인 기능이 살아나고 상징적인 의미의 공간을 새롭게 창조하게 되는 것이다. 시의 언어는 일상의 언어를 보다 높은 차원의 정서적인 영역으로 끌어올려 그 의미를 심화하고 확장한 것이라고 할 수 있다. 따라서 한 편의 시가 의미하는 바를 완전히 풀이하기는 쉽지 않다. 한 편의 시 작품 속에 형상화된 중심 사상을 시적 주제라고 하는데, 그것은 언어를 통해 어떤 이미지로 구체화되고, 정서의 형태로 자리 잡은 것이다. 시의 주제가 경우에 따라서 하나의 느낌이나 분위기로 설명되는 이유가 여기에 있다.

시의 구조

시는 다른 어떤 문학 형식보다 잘 짜인 구조를 지닌다. 시적 언어의 절제, 형식의 균형, 리듬의 조화 등은 모두 시가 추구하는 형식미를 말해 주는 요건이다. 시의 형식은 곧 시의 구조를 말한다. 시의 구조는 시를 만드는 데에 동원되는 모든 요소들의 총체적 관계를 보여 준다.

시의 구조를 논할 경우 먼저 생각할 수 있는 것이 시의 짜임새다. 시적 텍스트는 언어로 이루어지는데, 시의 언어는 산문의 경우보다 더욱 함축적이면서도 감각적인 특성을 지닌다. 그리고 압축적이고도 집중적인 형태미를 추구한다. 시의 언어가 시적 의미의 형성과 리듬의 전개를 위해 결합된 하나의 단위가 시의 행이다. 시에서 행은 시적 리듬의 기본 패턴을 결정한다. 그리고 시적 의미의 통사적 진술 단위가 되기도 한다. 그러므로 시의 짜임새에서 가장 중요한 것은 시행의 구분과 그 배열이다. 물론 산문시 형식에서는 행의 구분을 전혀 고려하지 않는 경우도 있지만, 시의 행은 시 형식의 전체적인 짜임새를 결정한다.

시의 짜임새에서 기본이 되는 몇 개의 행이 한 덩어리를 이루어 연을 구성한다. 시의 텍스트에서 연의 구분은 일정한 공백으로 나타나지만 실상은 반복되는 리듬의 규칙이라든지 시적 의미의 전개 과정에 따라 달라진다. 마치 산문 문장에서 단락을 구분하듯 시의 연 구분이 생겨난다고 할 수 있다. 서구의 시에서는 행의 수효나 각 행에 드러나는 율격의 특징을 들어서 연의 형식에 이름을 붙이기도 한다. 예컨대 네 개의 약강격으로 구성된 8음절의 시행 두 개가 결합된 연의 형식을 '8음절 2행연'이라고 하고, 행의 수효에 따라 3행연, 4행연, 7행연 등의 명칭을 붙이는 것이다. 그러나 한국의 현대시는 이러한 연의 명칭이 구분되어 있지 않으며, 시인에 따라 작품의 내적 질서를 고려하여 연을 구분한다.

①
엄마야 누나야 강변 살자,
뜰에는 반짝는 금모래 빛,
뒷문 밖에는 갈잎의 노래
엄마야 누나야 강변 살자.

—— 김소월,「엄마야 누나야」

②
접동
접동
아우래비 접동

진두강(津頭江) 가람 가에 살던 누나는
진두강 앞마을에
와서 웁니다

옛날, 우리나라
먼 뒤쪽의
진두강 가람 가에 살던 누나는
의붓어미 시샘에 죽었습니다

누나라고 불러 보랴
오오 불설워
시새움에 몸이 죽은 우리 누나는
죽어서 접동새가 되었습니다

아홉이나 남아 되던 오랩동생을
죽어서도 못 잊어 차마 못 잊어
야삼경(夜三更) 남 다 자는 밤이 깊으면
이 산 저 산 옮아 가며 슬피 웁니다

——김소월, 「접동새」

③
   오오 내 님이어! 당신이 내게 주시려고 간 곳마다 이 자리를 깔아 놓아 두시지 않으셨어요. 그렇겠어요 확실히 그러신 줄을 알겠어요. 간 곳마다 저는 당신이 펴 놓아 주신 이 자리 속에서 항상 살게 됨으로 당신이 미리 그러신 줄을 제가 알았어요.
   오오 내 님이어! 당신이 깔아 놓아 주신 이 자리는 맑은 못 밑과 같이 고조곤도하고 아늑도 하였어요. 흠싹흠싹 숨치우는 보드라운 모래 바닥과 같은 긴 길이 항상 외롭고 힘없는 제의 발길을 그립은 당신한테로 인도하여 주겠지요. 그러나 내 님이어! 밤은 어둡구요 찬바람도 불겠지요. 닭은 울었어도 여태도록 빛나는 새벽은 오지 않겠지요. 오오 제 몸에 힘 되시는 내 그립은 님이어! 외롭고 힘없는 저를 부둥켜안으시고 영원히 당신의 믿음성스러운 그 품 속에서 저를 잠들게 하여 주셔요.
　　당신이 깔아 놓아 주신 이 자리는 외로웁고 쓸쓸합니다마는 제가 이 자리 속에서 잠자고 놀고 당신만을 생각할 그때에는 아무러한 두려움도 없고 괴로움도 잊어버려지고 마는대요.
　　그러면 님이여! 저는 이 자리에서 종신토록 살겠어요.
　　오오 내 님이여! 당신은 하로라도 저를 이 세상에 더 묵게 하시려고 이 자리를 간 곳마다 깔아 놓아 두셨어요. 집 없고 고단한 제 몸의 종적을 불쌍히 생각하셔서 검소한 이 자리를 간 곳마다 제 소유로 장만하여 두셨어요. 그리고 또 당신은 제 엷은 목숨의 줄을 온전히 붙잡아 주시고 외로이 일생을 제가 위험 없는 이 자리 속에 살게 하여 주셨어요.
　　오오 그러면 내 님이어! 끝끝내 저를 이 자리 속에 두어 주셔요. 당신이 손수 당신의 그 힘 되고 믿음성 부른 품 속에다 고요히 저를 잠들려 주시고 저를 또 이 자리 속에 당신이 손수 묻어 주셔요.

——김소월, 「꿈자리」

　　앞에 인용한 시들은 모두 시인 김소월의 작품이다. 그러나 시적 짜임새가 각각 서로 다르다. ①의 경우에는 작품 자체가 아주 단순한 짜임새를 보여 준다. 네 개의 시행이 결합되어 이루어진 한 개의 연으로 되어 있기 때문이다. 그러나 ②의 경우는 시행의 구분과 연의 구성이 시의 리듬과 시상의 전개 과정을 따라 이루어진다. ③의 경우는 엄밀한 의미에서 시행의 구분이 없다. 산문을 써 내려가듯 줄글로 이어져 있다.
　　시의 행과 연의 구분은 외형상으로 시적 텍스트의 짜임새를 시각화한다. 행과 연의 구분이 없으면 시적 텍스트의 외형적 특성을 설명하기 어렵다. 시조의 고정적인 형태는 초장 중장 종장이라는 3장 형식의 행의 구분에 의해 그 정형성을 유지한다. 고정적 형태를 가지지 않는 자유시의 경우에도 각각의 시 작품이 추구하는 외형적인 틀은 모두 행과 연의 구분을 통해 가능해진다.

시의 행과 연의 구분은 리듬 조성에 필수적이다. 시행은 율격 구성의 기본 단위로서 작품 전체에 흐르는 리듬의 연결을 가능하게 한다. 연의 경우도 마찬가지다. 시행을 통해 드러나는 리듬의 반복적 특성을 보여 줄 수 있는 것이 바로 연이다. 시의 행과 연은 리듬에 따라 시적 의미의 전개를 가능하게 한다. 특히 행과 연의 구분은 시적 이미지의 공간적 배치와 역동적인 변화를 가능하게 함으로써 시적 형식과 의미의 균형을 긴장감 있게 살려 낸다. 시의 행과 연은 변화가 있으면서도 서로 균형을 이루어야 한다. 그리고 시의 리듬 감각을 살리면서 시적 의미를 통합시켜 주는 조화의 미를 지녀야 한다. 시의 형태에 아무런 규제를 두지 않는 자유시의 경우에도 시적 형태의 전체적인 균형과 조화를 외면하는 것은 아니다.

시의 유형

시는 언어의 조직을 통하여 일정한 형식미를 창조한다. 시의 구조는 언어의 압축되고 응결된 형식으로 이루어진다. 시의 형태는 시인에 의해 창조되는 것이며, 새롭게 발견되는 것이다. 한국의 전통 시가인 시조와 같이 그 형태가 이미 고정되어 있는 것이라 하더라도, 시인은 자신의 언어로 자기만의 새로운 시 형태를 창조하고자 노력한다.

시의 형태는 시의 행과 연의 구분을 기반으로 하여 결정된다. 시어들이 모여서 행을 이루고, 몇 개의 행이 모여서 연을 이룬다. 정형시의 경우는 행과 연의 구성에 일정한 규칙을 부여하며, 시의 형태가 그러한 규칙들에 의해 고정된다. 자유시는 행과 연을 시인의 의도대로 자유롭게 구분하지만, 산문시의 경우에는 행의 구분이 없이 줄글로 이어진다. 그러므로 시의 형태에서 가장 파격적인 것은 산문시다. 산문시는 시적인 내용을 산문의 형식으로 표현하는 것이다. 정형시와 자유시는 외형상으로든지 내면적으로든지 시의 리듬과 정서의 흐름을 중시하지만, 산문시는 이보다 훨씬 자유분방한 시 정신을 보여 준다. 그러나 산문시에서도 시적인 의미의 압축과 응결이 필요하다.

시는 내용에 따라 서정시, 서사시, 극시로 나누어 볼 수 있다. 서정시는 원래 서양에서 악기에 맞춰 노래를 부르던 것이었지만, 지금은 서정적 양식의 기본적인 갈래로서의 시를 말한다. 짤막한 시 형태를 통해 인간의 개인적인 정서를 표현한다. 한국 문학에는 신라 시대의 향가, 고려 시대의 고려가요, 조선 시대의 시조와 같은 전통적인 서정시 형태가 있었고, 오늘의 현대 시조나 현대시도 모두 서정시에 속하는 것이다. 그러므로 서정시라는 말은 일반적인 의미의 시 자체를 뜻하는 것이라고 할 수 있다.

서사시는 어떤 줄거리를 가진 이야기를 객관적으로 서술해 가는 시다. 서양의 서사시(epic)라는 말은 원래 '이야기' 혹은 '말'이라는 의미를 지니고 있다. 그리고, 서사시의 첫 단계를 이룬 호머(Homer)의 「일리아드」나 「오디세이」와 같은 작품들은 신화적인 영웅들의 행위를 중심으로 하여 역사적인 사건을 웅대하게 서술하고 있다. 오늘날에는 이러한 영웅의 이야기를 그리지 않더라도 역사적인 사건이나 어떤 이야기를 길게 서술한 시가 많은데, 서사시와는 달리 '이야기 시' 또는 '서술시'라고 지칭되기도 한다. 서사시의 가장 중요한 특성으로는 주관적인 정서를 표현하는 서정시와 비교하여 볼 경우, 객관적인 사건이나 이야기를 서술한다는 점을 지적할 수 있다. 그리고 그 사건이나 이야기가 과거의 것이라는 점도 특이하다. 물론 운문 형식을 통해 표현한다는 점은 서정시와 다를 바가 없다. 한국 문학에는 서사시의 전통이 남아 있지 않다. 조선 초기의 「용비어천가(龍飛御天歌)」에서 서사시적 성격을 찾아보고자 하는 사람도 있고, 그 이전의 한문 문학 전통 속에서 그 형태를 찾고자 하는 사람도 있지만, 그것이 문학적인 전통으로 이어져 내려온 흔적은 찾아보기 어렵다. 근대시 형성 이후 김동환의 「국경의 밤」이나, 해방 이후의 신동엽의 「금강(錦江)」 등이 나왔지만, 이 같은 시의 형태는 오히려 서사적인 장시의 하나로 볼 수 있다.

극시는 희곡의 내용을 시적 형식으로 표현한 것이라고 하겠다. 극의 중심을 이루는 등장인물의 대사를 모두 시적인 형식으로 구성하는 것이다. 이러한 전통은 고대 그리스의 극에서부터 셰익스피어의 연극에 이르기까지 지속된 바 있다. 우리나라의 경우는 이 같은 형태에 대한 창작적인 시도가 그리 흔하지 않다.

2 시의 리듬

시의 언어와 리듬

시는 언어로 이루어진다. 언어는 소리와 의미의 결합체다. 언어에서 소리와 의미는 서로 떨어질 수 없다. 모든 언어의 소리는 그 자체로 고유한 요소와 상관적 요소를 지닌다. '사랑'이라는 말의 소리는 음량과는 아무 관계없이 'ㅅ'이라는 자음과 'ㅏ'라는 모음이 결합되어 '사'라는 소리를 이루고 'ㄹ'이라는 자음과 'ㅏ'라는 모음에 'ㅇ'이라는 받침소리가 결합되어 '랑'이라는 소리를 이룬다. 여기서 각각의 자음과 모음이 지닌 고유의 특질이 그대로 드러난다. 시의 언어는 이러한 소리가 지닌 고유의 특질만으로 이루어지는 것이 아니다. 소리의 고저, 강세, 장단, 지속, 반복 등과 같은 음성적 자질이 함께 작용한다. 시인은 미적 효과를 살리기 위해 시의 언어가 지닌 이러한 소리의 요소들을 활용한다. 시를 운문이라고 할 때 이것은 결국 언어의 음성적 요소에 대한 조직을 의미한다고 할 수 있다.

리듬은 언어적인 현상에만 국한되는 것이 아니다. 인간의 삶을 둘러싼 일반적인 자연 현상 가운데 봄, 여름, 가을, 겨울의 계절 순환, 밤과 낮의 반복은 모두 자연의 리듬이다. 규칙적으로 반복되는 인간의 호흡과 맥박은 삶의 리듬이다. 이러한 리듬에 맞춰서 일할 때, 노동의 리듬이 생기고, 규칙적인 호흡과 조화를 이루며 음악의 리듬도 만들어진다. 시를 통해 느낄 수 있는 언어의 음악적 효과를 흔히 시의 리듬이라고 한다. 시의 리듬은 시의 매체가 되는 언어의 소리에서 비롯된다. 시의 리듬은 시 속에서 규칙적으로 반복되는 일정한 언어적인 특성을 말한다. 그리고 그것은 시의 형식과 의미를 규제하는 독특한 미적 기능을 수행한다.

　시의 리듬은 언어가 지닌 음성적 요소들을 규칙적으로 배열하고 이를 반복하여 다양한 패턴의 음악적 효과를 만들어 낸다. 이때 나타나는 음성적 요소의 규칙적인 반복은 시적 텍스트 내에서는 하나의 시행(詩行)을 단위로 하여 동일한 시간적 지속을 드러낸다. 그러므로 시의 리듬의 기본적인 패턴은 언제나 하나의 시행을 중심으로 이루어진다고 할 수 있다. 이러한 원리는 시적 체험을 조직하고 새롭게 질서화할 때에도 그대로 적용된다. 시는 음악적 리듬에 맞춰 시의 언어를 배열하기 때문에 전체적인 시적 텍스트의 통일성과 연속성과 동일성의 감각이 여기서 가능해지는 것이다.

　그런데 여기서 주의해야 할 것은 시의 리듬이 반드시 규칙성만을 따르는 것은 아니라는 점이다. 시의 리듬을 규칙적인 것으로만 생각하여, 시에서 외형적으로 드러나는 언어적인 요소만을 리듬이라고 생각하기 쉽다. 그러나 이것은 잘못된 생각이다. 리듬이란 것이 원래 규칙적인 것은 사실이지만, 시에서는 불규칙적 요소가 얼마든지 포함될 수 있다. 더구나 시의 리듬은 언어의 음성적인 요소와 그것의 일정한 배열에만 의존하는 것이 아니라, 작품 안에서 의미를 규제하는 보이지 않는 힘으로 작용하기도 한다.

　시의 리듬은 시적 언어의 다양한 음성적 자질의 배열을 통해 이루어진다. 이때 가장 중요한 요소가 음의 반복, 율동의 반복이다. 그리고 이 두 가지 요소 이외에 중간 휴지, 행갈이, 연의 구분, 후렴구의 활용 등이 리듬의 구성에 함께 작용한다.

　다음의 시에서 시적 리듬이 어떻게 형성되고 있는지 살펴보자.

　　　머언 산(山) 청운사(青雲寺)

낡은 기와집

　　　산은 자하산(紫霞山)
　　　봄눈 녹으면

　　　느릅나무
　　　속잎 피어나는 열두 굽이를

　　　청(靑)노루
　　　맑은 눈에

　　　도는
　　　구름
　　　　　　　　　──박목월, 「청(靑)노루」

　　앞의 작품은 간결한 언어와 단순한 짜임새를 보여 준다. 외형상으로는 모두 10행으로 되어 있고, 그것이 다섯 연으로 나뉘어 있다. 그러나 이 같은 외형적인 행과 연의 구분과는 달리, 이 시는 '머언 산/ 청운사/ 낡은 기와집// 산은/ 자하산/ 봄눈 녹으면'에서처럼 각각 세 토막의 단위로 나누어 호흡을 맞춰 읽어 나갈 수 있다. 이 작품이 균제된 리듬감을 드러내는 것은, 이러한 세 토막 형식이 리듬의 기본 단위를 이루며 반복되고 있기 때문이다. 그런데, 이 시에서 3연은 '느릅나무/ 속잎 피어나는/ 열 두 굽이를'에서처럼 '속잎 피어나는'의 음절 양이 늘어나면서 율조에 약간의 변화가 나타난다. 이러한 변화는 1연과 2연으로 자연스럽게 이어지는 리듬에 제동을 걸어 줌으로써 독자들의 호흡에 긴장감을 부여하고, 4연과 5연의 구성에 관심을 집중하도록 요구한다. 4연과 5연은 '청노루/ 맑은 눈에/ 도는 구름'

과 같이 세 토막의 단위로 읽히지만, 외형적으로는 두 개의 독립된 연으로 구분되어 있다. 이러한 형식적인 배려는 시적인 심상의 원근법적인 배치를 고려한 것으로, 시상의 압축과 여운을 동시에 가능하게 한다. 결국, 이 작품은 외형적으로는 행과 연의 구분에 규칙성을 별로 두고 있지 않지만, 전체적으로 시의 리듬은 일정한 틀을 유지하고 있다고 할 것이다.

시의 리듬과 압운

시의 리듬을 결정하는 요소 가운데 특정한 위치에서 특정한 소리의 반복을 활용하는 방법을 압운(押韻)이라고 한다. 압운은 주로 서구의 시나 중국의 한시에서 널리 쓰이지만 우리나라의 시에서는 이러한 운율의 방식이 적용되지 않기 때문에 특별한 역할을 하지 못한다.

압운의 방법에는 각운(脚韻), 두운(頭韻) 등이 있다. 영시의 경우 각운은 시행의 끝에 마지막으로 악센트가 있는 모음과 자음을 반복적으로 배열하는 방법으로 나타난다. 여기서 운을 결정하는 것은 물론 소리다. 중국의 한시에서도 운을 표시하는 글자를 운자(韻字)라고 하며 시행의 끝에 배열한다. 두운은 시행에 배열되는 각 단어의 첫머리에 동일한 자음의 소리를 가진 말을 배열하는 방식이다. 물론 여기서 반복적인 소리가 한 단어의 첫머리나 단어 내의 강세 음절 첫머리와 같이 특정한 위치에서 나타날 경우에 한정된다.

다음의 시를 보자.

    산에는 꽃 피네
    꽃이 피네
    갈 봄 여름 없이
    꽃이 피네

산에
산에
피는 꽃은
저만치 혼자서 피어 있네

산에서 우는 작은 새요
꽃이 좋아
산에서
사노라네

산에는 꽃 지네
꽃이 지네
갈 봄 여름 없이
꽃이 지네

―김소월, 「산유화」

앞의 인용된 시에서 각 연의 어두에 '산'이라는 단어를 규칙적으로 배열하고 시행의 종결 어미가 '―네'로 끝나는 규칙성을 부여한 것은 압운법을 의도한 것이다. 하지만 이것들이 어떤 뚜렷한 음악적 효과를 거두고 있다고는 말하기 어렵다. 한국어로 된 시에서는 시행의 첫 음절이나 끝 음절의 소리가 시의 리듬을 결정할 만큼 뚜렷한 음상을 유지하지 못한다. 말하자면 이 첫 음절이나 끝 음절의 소리가 어조라든지 강세를 뚜렷하게 드러내지 못하는 것이다. 그러므로 이것은 시의 리듬과는 별로 상관없는 단순한 소리의 반복에 불과하다. 한국의 현대시에서 압운의 방법이 발전하지 못한 이유가 여기 있다.

시의 율격

시의 리듬에서 율격이란 강한 악센트가 있는 음절과 강세가 없는 음절, 소리가 길게 나는 음절과 짧게 나는 음절, 소리가 높은 음절과 낮은 음절이 서로 짝을 이루어 규칙적으로 반복되는 가운데 성립된다. 말하자면 음의 강약, 장단, 고저가 규칙적으로 반복되면서 리듬을 형성한다.

강약률은 강세 또는 악센트가 있는 음과 그것이 없는 음이 하나의 단위를 이루어 규칙적으로 반복되는 율격을 말한다. 영시의 경우에는 강약률에 의해 율격이 구성된다. 이때 반복되는 기본적인 단위를 음보(foot)라고 한다. 소리의 강세 또는 악센트에 의해 약강격, 강약격, 약약강격, 강약약격 등으로 그 단위가 이루어짐을 볼 수 있다. 그런데 이러한 음보는 시행 내에서 배열되는 방식이 제한되어 있는데, 시행 안에서 반복되는 음보의 수에 따라 1보격, 2보격, 3보격, 4보격, 5보격, 6보격, 7보격, 8보격 등으로 구분된다. 이를 결합해 놓으면 약강 2보격, 강약약 3보격, 강약 4보격 등으로 율격의 특징을 표시할 수 있게 되는 것이다. 여기서 주의할 것은 이러한 율격의 분석에서 음보의 구분이 반드시 단어의 구분과 일치하는 것은 아니라는 점이다.

음의 고저에 의해 율격적 패턴이 결정되는 고저율은 음의 성조 또는 평측(平仄)에 의해 율격의 특징이 드러난다. 중국의 한시에서 이러한 율격적 패턴을 볼 수 있다. 음의 장단에 의해 율격이 결정되는 장단률은 고대 그리스나 로마 시대의 시가에서 볼 수 있다.

그런데 한국 시에서는 이러한 율격의 패턴과 관계없이 시의 리듬이 형성된다. 전통적인 시조나 가사의 경우를 보면 각각의 시행 안에서 3~4음절로 구성되어 있는 어절이 서로 짝을 이루어 반복되고 있음을 볼 수 있다. 이를 3·4조 또는 4·4조라고 부른다. 이러한 음절 수의 규칙적 반복으로 이루어지는 율격을 음수율이라고 한다. 그러나 음절 수의 계산만으로는 시의 리듬의 미적 속성을 제대로 헤아린다는 것이 불가능하다. 특히 시조나 가사의 경우에도 각각의 시행에 반복되는 음수율이 3·4조 또는 4·4조라는 고정적인 틀을 지키는 경우는 거의 없다. 각 단위가 2~5음절까지 변화가 많고 가변적이기 때문에 음수의 고정과 그 규칙적 반복을 설명할 수 없다.

여기서 새로이 생겨난 율격 분석 방법이 바로 음보율이다. 음보율에서 음보라는 개념은 서구 시에서 사용되는 음보 개념을 그대로 차용한 것이다. 그러나 율격의 기본 단위로서의 음보는 2~5음절이 결합되어 이루어지는 것으로서, 음수율의 규칙성에 기반을 둘 수밖에 없다. 음보율에 의거하면 하나의 시행 안에 2~5음절로 구성되는 음보가 시간적으로 동일한 길이로 인식된다. 2음절로 이루어진 음보든 4음절로 이루어진 음보든 그것이 하나의 시행 안에서 실현될 때에는 그 시간적 길이가 동일하다. 그리고 동일한 시간 양을 지닌 음보가 하나의 시행 안에서 규칙적으로 배열되면서 율격의 패턴이 결정된다. 이때 하나의 시행에 세 개의 음보가 규칙적으로 배열되면 3음보격, 네 개의 음보가 규칙적으로 배열되면 4음보격이 된다. 3음보격과 4음보격의 율격적 패턴은 전통 시가 형태에서부터 근대시에 이르기까지 널리 활용되고 있다.

①
내 님을/ 그리사와/ 우니다니
산(山)접동새/ 난 이슷/ 하요이다
　　　　　　　　　── 고려가요,「정과정곡」

아리랑/ 아리랑/ 아라리요
이리랑/ 고개를/ 넘어가네
　　　　　　　　　── 민요,「아리랑」

산에는/ 꽃 피네/
꽃이 피네

갈 봄/ 여름 없이/

꽃이 피네
— 김소월, 「산유화」

②
엊그제/ 겨울 지나/ 새 봄이/ 돌아오니
도화(桃花)/ 행화(杏花)는/ 석양리(夕陽裏)예/ 피어 있고
녹양(綠陽)/ 방초(芳草)는/ 세우중(細雨中)에/ 푸르도다
칼로/ 말아 낸가/ 붓으로/ 그려 낸가
조화(造化)/ 신공(神功)이/ 물물(物物)마다/ 헌사롭다
— 정극인, 「상춘곡」

청산리(靑山裏)/ 벽계수(碧溪水)야/ 수이 감을/ 자랑마라
일도(一到)/ 창해(滄海)하면/ 돌아오기/ 어려우니
명월(明月)이/ 만공산(滿空山)하니/ 쉬어 간들/ 어떠리
— 황진이

꽃이/ 지기로소니/
바람을/ 탓하랴.

주렴 밖에/ 성긴 별이/
하나 둘/ 스러지고

귀촉도/ 울음 뒤에/

머언 산이/ 다가서다.

　　　　　　　　　　　　── 조지훈, 「낙화」

　앞에 인용한 ①의 경우 고려가요나 민요에서 볼 수 있는 3음보격의 율격적 패턴이 김소월의 시에서도 그대로 발견된다. ②의 경우 시조와 가사는 모두 4음보격의 리듬을 실현한다. 그리고 이러한 특징은 현대시에도 일부 살아남아 있다.

　그런데 여기서 한 가지 주의해야 할 것이 정형시로서 시조가 지니고 있는 율격적 패턴이다. 조선 시대의 시조는 노래로 불렸지만 현대시조는 그렇지 않다. 그러나 그 시적 형식은 오늘날까지 변함없이 고정적 틀을 유지하고 있다. 시조는 외형상 초장, 중장, 종장 3행으로 구분된다. 3행시로서 시조의 특징은 불변한다고 볼 수 있다. 그리고 각 장의 구성에도 서로 짝을 이루고 있는 어구의 음절 수가 3 · 4조 또는 4 · 4조와 같이 규칙적으로 배열되어 있다. 이 규칙적인 음수의 배열에 의해 음보의 기본 단위가 형성되고, 각 행에 4음보가 규칙적으로 배열되는 4음보격의 율격적 패턴을 유지하게 된다. 이처럼 전통적인 시가 형태인 시조는 3행의 구조와 4음보격의 율격을 지키는 고정적 형식을 유지하고 있다. 시조를 외형률을 지닌 대표적인 정형시로 지목하는 까닭이 여기 있다.

　　이 몸이/ 죽어 가서// 무엇이/ 될꼬 하니
　　봉래산(蓬來山)/ 제일봉에// 낙락장송(落落長松)/ 되어 이셔
　　백설(白雪)이/ 만건곤(滿乾坤)할 제// 독야청청(獨也青青)/ 하리라

　앞의 예에서 볼 수 있는 것처럼, 시조는 3장으로 구분되며, 각 장은 4개의 음보로 이루어진다. 그리고, 각 음보는 3 · 4와

3·4로 대구(對句)를 이루는 일정한 음절 수를 지키고 있다. 이러한 규칙과 반복이 시조의 유장한 가락을 가능하게 하는 리듬을 형성하는 것이다.

자유시와 리듬

한국의 현대시는 전통적인 시가 형태인 시조나 가사에 유지된 형식의 고정성을 벗어나는 데에서 출발한다. 율격의 규칙성과 형태적 고정성을 벗어나는 것은 시적 형식의 자유로움과 그 개방성을 지향하는 것으로 볼 수 있다. 최초의 신시 형태로 지목되어 온 최남선의 「해에게서 소년에게」와 같은 작품을 보면 기존의 가사나 시조가 지니고 있는 고정적인 형식에 비해 파격적인 율조와 산문화된 자유로운 형식이 두드러지게 나타난다.

①
텨—ㄹ썩, 텨—ㄹ썩, 텩, 쏴—아
때린다, 부순다, 무너 버린다.
태산(泰山) 같은 높은 뫼, 집채 같은 바윗돌이나,
요것이 무어야, 요게 무어야,
나의 큰 힘, 아느냐, 모르느냐, 호통까지 하면서,
때린다, 부순다, 무너 버린다.
텨—ㄹ썩, 텨—ㄹ썩, 텩, 튜르릉, 콱

②
텨—ㄹ썩, 텨—ㄹ썩, 텩, 쏴—아
내게는, 아무것, 두려움 없어,
육상(陸上)에서, 아무런, 힘과 권(權)을 부리던 자(者)라도,
내 앞에 와서는 꼼짝 못하고,

아무리 큰, 물건도 내게는 행세하지 못하네.
내게는 내게는 나의 앞에는.
텨—ㄹ썩, 텨—ㄹ썩, 텩, 튜르릉, 콱.

③
텨—ㄹ썩, 텨—ㄹ썩, 텩, 쏴—아
나에게, 절하지, 아니한 자가,
지금(只今)까지, 없거든, 통기하고 나서 보아라.
진시황, 나팔륜, 너희들이냐,
누구누구누구냐 너희 역시 내게는 굽히도다,
나하고 겨룰 이 있건 오너라.
텨—ㄹ썩, 텨—ㄹ썩, 텩, 튜르릉, 콱

— 최남선, 「해에게서 소년에게」

앞의 인용에서 볼 수 있는 것처럼 「해에게서 소년에게」는 가사라든지 시조와 같은 시가 형식에 볼 수 있는 어떤 형식적인 틀에 얽매여 있지 않다. 각각의 작품 자체 내에서 일정한 행과 연의 구분을 시도하면서 그 자체가 지향하는 새로운 시 형식을 창조하고 있다. 이 작품은 전체 6연으로 이루어져 있으며, 각 연이 7행으로 구성된 형태적인 균형을 취하고 있다. 그러나 고정된 율격의 규칙성을 벗어남으로써 시적 형식의 자유로움을 어느 정도 획득하고 있다.

「해에게서 소년에게」는 시행의 구성이나 연의 구분에서 기존의 율격적인 패턴이나 관습을 벗어나 있다. 시적 텍스트에서 행이나 연의 구성이 기존의 관습적인 틀을 지키는 것이 아니라 그 틀을 무너뜨린다. 이 과정에서 가장 주목되는 것이 시행의 발견이다. 시적 텍스트에서 행을 구분하여 놓는 일을 시조나 가사에서는 찾아보기 어렵다. 이 작품에서 의도적으로 구분해 놓은 시행의 구성과 그 배열은 이 작품이 지향하고 있는 자유시라는 새로운 시 형식에 상응하는 본질적인 의미를 가진다.

자유시는 행의 구성에 있어서 음보나 율격의 어떤 고정 패턴을 따르지 않는다. 그러나 자유롭게 구분되어 있는 행을 따라 표현되는 시상이나 정서가 어떤 리듬의 흐름을 따르고 있음을 알 수 있다. 이를 흔히 자유시의 내재율이라고 말한다. 시적 형태에서는 외형상 리듬을 이루는 요소를 발견하기 어렵다. 그러나 시를 차분히 음미하면 행의 구분에 따라 그 의미의 단락들이 서로 자연스럽게 이어지면서 어떤 흐름을 형성하고 있는 것을 느낄 수 있다. 이렇듯, 작품 내에서 형성되는 의미의 흐름과 그 질서를 내재율이라고 한다. 자유시는 그 시적 형식에 있어서 외형적인 규칙은 무시된다. 오히려 시상의 흐름 자체가 의미의 단락을 이루면서 그것이 곧 하나의 리듬을 이룬다. 앞에서 예시한 「해에게서 소년에게」의 경우에서도 이러한 특징을 쉽게 발견할 수 있다.

시의 리듬은 시적 의미의 자연스러운 전개와 그 결합을 가능하게 한다. 리듬이 없는 시는 생명이 없는 것과 마찬가지다. 자연스러운 인간의 호흡과 서로 조화를 이룰 수 있는 리듬을 가져야만, 시의 참다운 완성에 도달할 수 있는 것이다.

3 시와 비유적 표현

직유와 은유

시는 비유적 언어로 표현된다. 비유적 표현은 하나의 사물을 다른 사물에 견주어 설명하는 방식으로, 일상적인 언어생활에서도 널리 사용된다. 예를 들면, '꽃같이 예쁘다.'라든지, '장대 같은 빗줄기'라는 말들은 일상생활에서 자주 듣는 비유적인 언어다. 그러나 이러한 비유가 모두 시적인 표현이 되는 것은 아니다. 시인의 개인적인 체험과 상상이 언어적 직관에 의해 새롭게 결합될 때, 창조적인 시적인 비유가 가능해지는 것이다.

비유적 표현 가운데 가장 대표적인 것으로 직유와 은유를 들 수 있다. 직유는 원관념에 해당하는 하나의 사물 또는 관념을 보조관념에 해당하는 다른 사물 또는 관념과 직접적으로 비교하는 방법이다. 그렇기 때문에, '— 같이, — 처럼, — 마냥' 등 비교의 기능을 가진 조사가 함께 쓰이며, 비유하고자 하는 내용이 겉으로 드러난다. 은유는 직유의 방법을 축약해 놓은 형태다. '— 같이, — 처럼' 등의 조사 없이, 비교되는 두 가지 사물이나 관념이 동일 관계로 이어진다. 이때 서로 연결되는 두 가지 사물 또는 관념 사이에 비유적인 의미가 숨어 있다.

비유적 표현은 시에서 구체적인 이미지를 나타내기 위하여 사용된다. 그러므로, 비유 자체가 온당하면서도 새롭고 신선한 느낌을 주어야 한다. '태양처럼 빛나는'이라든지, '꽃처럼 아름다운'과 같은 직유는 너무 흔한 것이기 때문에, 새로운 느낌을 주지 못한다. 은유의 경우는 그 표현이 암시적이므로, 숨어 있는 비유적인 의미를 제대로 이해하기 어려운 경우도 많다. 비유적인 표현이 생명력 있는 시적 언어의 원리가 되기 위해서는 의

미의 함축성과 이미지의 구체성을 동시에 살릴 수 있는 것이어
야 한다.
  다음의 예를 보자

    ①
    바람 센 오늘은 더욱 너 그리워
    진종일 헛되이 나의 마음은
    공중의 깃발처럼 울고만 있나니
    오오 너는 어디메 꽃같이 숨었느뇨
                    ──유치환, 「그리움」

    ②
    나의 마음은 고요한 물결
    바람이 불어도 흔들리고
    구름이 지나도 그림자 지는 곳

    돌을 던지는 사람
    고기를 낚는 사람
    노래를 부르는 사람

    이 물가 외로운 밤이면
    별은 고요히 물 위에 나리고
    숲은 말없이 잠드나니

    행여 백조가 오는 날
    이 물가 어지러울까
    나는 밤마다 꿈을 덮노라
                    ──김광섭, 「마음」

앞의 ①은 직유의 기법을 통해 울고 있는 '마음'을 공중에 매달려 흔들리는 깃발의 이미지로 표현하였다. ②의 경우는 시의 첫 행 '나의 마음은 고요한 물결'에서 사용된 은유가 전체적인 시상의 전개를 주도하고 있다. 이러한 비유적인 표현은 단순한 표현 기교가 아니라 시의 의미를 더욱 구체화하면서 그것을 확장하고 심화함을 알 수 있다.

 은유는 시의 언어에서 흔히 볼 수 있지만, 인간의 사고방식과 언어 표현 자체가 은유적이라는 것은 널리 알려진 사실이다. '내 마음은 잔잔한 물결'이라고 하는 진술은 은유에 해당한다. 은유는 이미 익숙한 어떤 체험이나 대상에 의해서 익숙하지 않은 체험이나 대상을 부분적으로 이해할 수 있도록 해 주는 기호 체계로 규정된다. 이를 도식화하면 'A=B'라고 표시되는데, 은유의 구조에서 A는 원관념, B는 보조관념에 해당한다. '내 마음은 잔잔한 물결'이라는 표현에서 원관념에 해당하는 '마음'은 추상적이고도 관념적이다. 이를 구체화하기 위해 보조관념인 '물결'이라는 구체적인 대상을 끌어들인다. 이 두 가지 관념은 연상(聯想) 법칙에 의해 서로 결합된다. '물결'은 잔잔하고 맑고 빛이 난다. 이러한 '물결'의 감각적이고도 구체적인 요소들이 '마음'이라는 추상적인 원관념의 의미 차원으로 그대로 옮겨진다. 그러므로 '마음'은 넓고 잔잔하고 맑고 깊은 것이 된다. 여기서 '마음'은 연상적 치환의 방식에 의해 '물결'로 은유적 변신을 한다.

 은유는 두 관념의 유사성과 차별성을 동시에 이용하는 방법이다. 원관념인 '마음'과 보조관념인 '물결'은 그 성질이 전혀 다르다. 그러나 어떤 면에서 두 가지 관념은 서로 유사한 요소를 공통적으로 지니고 있다. 은유에서는 연상 법칙에 의해 결합된 두 가지 관념의 공통적인 요소만을 돋보이게 한다. 각각의 관념이 가지는 서로 다른 요소는 되도록 감춘다. 시에서는 바로 이러한 속성을 활용하여 하나의 관념에 새로운 의미를 덧붙여 놓는다. 은유는 서로 전혀 다른 두 가지 관념을 어떤 유사한 요소에 근거하여 결합시키기 때문에 공상적이고도 초현실적인 효과를 불러일으킨다. 이것이 바로 은유의 힘이라고 할 수 있다.

직유나 은유와 유사한 비유적 표현으로 환유(換喩)와 제유(提喩) 방식이 있다. 직유와 은유가 유추와 연상 법칙에 의한 두 관념의 결합으로 이루어지는데 비하여, 환유는 시간 공간의 인접성과 연속의 법칙에 의거하는 방식이다. 환유는 하나의 관념이 그것과 연관되는 다른 어떤 것을 대표하게 한다. 말하자면 대상을 대치한다. 제유는 그것이 속해 있는 전체를 대표하게 한다.

환유와 제유

다음의 예를 보자.

①
의(義) 있는 사람은 옳은 일을 위하여는 칼날을 밟습니다.
― 한용운, 「나의 길」

②
흰 저고리 치마가 슬픔 몸집을 가리고
흰 띠가 가는 허리를 질끈 동이다.
― 윤동주, 「슬픈 족속」

앞의 예문에서 ①의 '칼날'은 '자기희생'이라든지 '고통' 같은 관념을 대치한 말이다. ②의 경우 '흰 저고리 치마', '흰 띠'는 '백의민족', 다시 말하면 우리 '한국인'을 말한다. 이처럼 하나의 관념이 그것과 연결되는 다른 관념을 대치하는 것을 환유라고 한다. 환유는 어떤 사물 또는 관념을, 그것의 속성과 밀접한 관계가 있는 다른 사물 또는 관념을 빌려서 표현한다. '하이힐'이라면 '숙녀'를 말하고, '넥타이 부대'라고 하면 '사무직원'을 표현하는 것은 모두 환유에 해당한다. 이러한 표현은 직접적이며 구체적인 현실적 효과를 불러일으키기 때문에 일상생활에서도 흔히 볼 수 있다.

제유는 환유의 구조와는 그 성격이 다르다. 어떤 대상의 특징적인 부분을 들어서 그것으로 하여금 그 대상 전체를 대표하도록 하는 표현 방식이다. '그리우면 그리운 대로/ 책장처럼 넘어가는 푸른 조석(朝夕)인데도'(유치환, 「구름」)와 같은 구절에서 '조석'은 제유의 좋은 예다. '시간'이라든지 '세월'이라는 말 대신에 '조석'이라는 하루를 표시하는 아주 작은 단위의 시간을 쓰고 있다. '나는 빵만으로는 살 수 없다.'라고 말할 때 '빵'도 마찬가지다. 여러 가지 음식들 가운데 하나지만 먹는 것 전체를 뜻하기 때문이다.

환유와 제유의 표현 방식은 그것이 표현하고자 하는 대상이나 관념이 직접적으로 실체와 연관되기 때문에 실질적인 효과를 드러낸다. 그리고 이 표현 방식에 드러나지 않은 나머지 부분을 독자들에게 메워 나가도록 유도한다. 다시 말하면 환유의 표현 뒤에 숨겨진 부분들을 상상으로 채우도록 하는 것이다. 이것이 바로 환유와 제유의 힘이라고 할 수 있다.

의유적 표현

의유는 흔히 의인법, 의성법, 의태법 등으로 구분한다. 의인법은 활유법이라고도 하는데, 생명이 없는 무생물을 생명이 있는 것처럼 표현하거나, 인격이 없는 동식물에게 인격을 부여하여 인간처럼 그려 내는 방법이다. 이러한 표현에서는 대상의 본질과 그 특성에 대한 치밀한 관찰이 요구된다.

①
산은 사람과 치나고 싶어서
기슭을 끌고 마을에 들어오다가도
사람 사는 꼴이 어수선하면
달팽이처럼 대가리를 들고 슬슬 기어서
도로 험한 봉우리로 올라간다.
─ 김광섭, 「산」

②
꽃이여, 네가 입김으로
대낮에 불을 밝히면
환히 금빛으로 열리는 가장자리,
빛깔이며 향기며
화분(花粉)이며…… 나비며 나비며
축제의 날은 그러나
먼 추억으로서만 온다.
─ 김춘수, 「꽃의 소묘」

앞의 예에서 ①의 '산'과 ②의 '꽃'은 모두 의인화 과정을 거치면서 생동감을 획득한다.

시에서 많이 활용되는 활유 또는 의인화의 방법은 은유적 표현의 한 변형에 해당한다. '나즈막히 속삭이는 비'라든지, '푸른 들녘을 달려오는 바람'같이 생명이 없는 것을 살아 있는 것으로 그리거나, 자연물을 인간화하여 그 움직임과 성질을 구체화하여 보여 주는 방법이다. 의성법은 소리를 그대로 모사하여 실감을 드러내는 표현 방식이며, 의태법은 자태와 움직임을 그대로 모사하는 방식이다. 이 방법은 표현에 생동감을 불어넣기 위해 필요하지만, 남용할 경우 표현의 안이성에 빠져들기 쉽다.

4 시의 이미지

시는 언어를 통해 구체적인 느낌을 전달한다. 시에서 가장 기본적인 것은 리듬이다. 리듬을 통해 시상의 전체적인 흐름을 느낄 수 있기 때문이다. 그러나 시의 리듬과 음악성만으로는 다양한 시적 체험을 구체적으로 표현하기 어렵다. 그러므로 시는 리듬만이 아니라 이미지를 중시하여 언어적 표현 기교를 통해 고도의 감각성을 드러낸다. 시의 이미지는 언어를 통해 감각적인 체험을 재현한 것이다.

시적 언어와 이미지

일반적으로 이미지라는 말은 심상이라고 한다. 마음속의 그림이라는 뜻이다. 생활 속에서 이루어지는 다양한 인간의 경험은 일차적으로 오관을 통해 지각된다. 이러한 경험의 내용을 감각적 지각이라고 한다. 이 감각적 지각은 인간의 머릿속에 강한 인상으로 남아 있기도 하고 재생되기도 한다. 이미지란 바로 이 감각적 인상을 뜻하는 말이다.

시의 이미지는 주로 비유적 언어 표현을 통해서 더욱 구체적인 시적 의미를 전달한다. 비유는 일상적인 언어생활에서도 흔히 볼 수 있는 언어 표현 방식이다. '꿈 같은 시간'이라든지, '단잠을 자다.'와 같은 표현은 모두 비유에 해당한다. 그러나 이런 말들은 너무 자주 사용되어 이미 그 표현 자체가 굳어져 버린 듯한 느낌이다. 시적 이미지를 드러내는 비유는 감각적인 구체성을 드러낼 뿐만 아니라 새롭고 선명한 인상을 심어 주어야 한다.

다음에 인용한 작품은 정지용의 시 「바다 2」다. 이 시의 서두에 '바다는 뿔뿔이 달아나려고 했다.// 푸른 도마뱀 떼같이 재재발랐다.'라는 표현이 등장한다. 이 구절은 바다라는 시적 대상을 섬세한 감각으로 그려 냄으로써 하나의 새로운 생명체로 승화한 것이다. 푸른 바닷물이 작은 물결을 이루며 도마뱀 떼처럼 재빠르게 밀려오고 밀려 나간다. '꼬리가 이루 잡히지 않았다.'는 표현은 물결이 끊이지 않고 반복적으로 밀려오고 밀려 나가는 모습을 순간적으로 포착한 말이다. '도마뱀 떼'를 비유의 보조관념으로 사용하였기 때문에 도마뱀 꼬리를 다시 비유로 동원한다. 시인의 날카로운 언어적 재기가 번뜩인다. 바다가 살아 움직인다는 것을 느낄 수 있다.

바다는 뿔뿔이
달아나려고 했다.

푸른 도마뱀 떼같이
재재발랐다.

꼬리가 이루
잡히지 않았다.

흰 발톱에 찢긴
산호(珊瑚)보다 붉고 슬픈 생채기!

가까스로 몰아다 붙이고
변죽을 둘러 손질하여 물기를 씻었다.

이 앨쓴 해도(海圖)에
손을 씻고 떼었다.

찰찰 넘치도록

돌돌 굴르도록

휘동그란히 받쳐 들었다!
지구(地球)는 연(蓮)잎인 양 오므라들고…… 펴고……
— 정지용, 「바다 2」

　이 시에서 바다는 감각적인 인식의 대상으로서 섬세하게 묘사된다. 여기서 묘사라는 말은 물론 언어적인 압축과 긴장을 수반하는 시적인 표현 방법을 일컫는다. 이 시는 바다라는 시적 대상의 지배적 인상을 예리하게 포착하기 위해 다채로운 묘사적 언어를 동원한다. 이 시의 텍스트를 구성한 각각의 연들은 모두 이미지의 덩어리들이다. 이 재기발랄한 이미지들을 통해 바다는 새로운 시적 공간으로 창조된다. 이 시를 통해 그려 낸 바다는 넓고 크고 깊은 바다가 아니다. 바다의 아주 작은 부분이다. 이 시의 화자는 바닷가 모래밭에 앉아 있다. 바닷물이 모래톱을 이루며 밀려왔다가 밀려 나간다. 하얗게 작은 물결을 이루며 모래톱을 그리는 바다의 작은 물결. 밀려오고 밀려 나가는 물결이 소묘적 언어에 의해 정교하고도 섬세하게 그려진다.
　이 시의 마지막 구절은 시적 상상력의 극치를 보여 준다. 시적 화자는 바로 눈앞에서 하얗게 물결을 이루며 모래톱을 만들어 내고 밀려 간 바닷물을 멀리 거리를 두고 바라본다. 이 거리감을 감지하기 위해서는 묘사적 관점의 이동을 파악해야 한다.

　　　찰찰 넘치도록
　　　돌돌 굴르도록

　　　휘동그란히 받쳐 들었다!
　　　지구(地球)는 연(蓮)잎인 양 오므라들고…… 펴고……

이 대목의 해석이 문제가 되는 것은 시적 진술에서 나타나는 동작의 주체가 바뀌었기 때문이다. 이 대목에 이르기 전까지는 모든 동작의 주체가 바다였음을 주목하자. 그러나 이 대목에선 바다가 동작의 주체가 아니다. 누가 무엇을 '휘동그란히 받쳐 들었다!'는 것인가? 여기서 '찰찰 넘치도록/ 돌돌 굴르도록'이라는 동작의 주체는 바다임에 틀림없다. 바닷물이 찰찰 넘치고 돌돌 구른다는 말이 성립된다. 그러나 '받쳐 들었다'는 말의 주어를 바다라고 할 수는 없다. 이 대목에서 주어는 지구다. 땅 위에 있는 바다가 아닌가?

시적 화자는 바다의 작은 물결을 보다가 그 시선을 넓게 확대한다. 바닷가에서 수평선 멀리 바다를 바라보면, 바닷물이 둥긋이 펼쳐져 보인다. 시인은 그 장면을 '휘동그란히'라는 부사로 묘사한다. 땅 위에 바닷물이 휘동그라니 받쳐져 있는 것처럼 보인다. 바다를 지구가 받치고 있다! 바닷물이 땅 위로 찰찰 넘치도록 돌돌 구르도록 그렇게 휘동그라니 받쳐 들었다. 이 순간 시적 화자는 어느새 연꽃 잎을 떠올린다. 비가 온 뒤 연꽃 잎 위에 돌돌 구르고 찰찰 넘치는 물방울을 연상해 보라. 땅(지구) 위에서 찰찰 넘치고 돌돌 구르는 바닷물이 마치 연잎 위의 물방울처럼 생각된 것이다. 지구는 연꽃 잎이고, 바다는 연꽃 잎 위에서 돌돌 구르는 물방울이다. 시적 화자는 바다의 모든 움직임을 땅의 이치로 풀이한다. '연잎인 양 오므라들고…… 펴고……' 하는 지구의 움직임을 바닷물의 모습을 통해 연상해 낸다. 바닷물이 땅 위에서 찰찰 넘치고 돌돌 구른다. 이것은 비가 온 후 연잎 위에 얹힌 물방울이 돌돌 구르는 모양과 흡사하다. 지구가 연잎인 양 그렇게 오므라지고 펴지고 하는 동안 바닷물도 지구 위에 얹혀서 그렇게 돌돌 구르고 찰찰 넘치는 것이다. 이렇게 시적 묘사의 관점이 땅 위의 바다와 연잎 위의 물방울을 연결하는 사이에 바다는 가장 넓고 큰 물에서 아주 조그맣게 꾸며 낸 물방울로 변화한다. 이것은 바다의 단편적 인상을 시인의 내면으로 긴장감 있게 끌어 모아 하나의 새로운 공간으로 창조하는 상상력의 힘을 보여 준다. 지구가 휘둥그라니 받쳐 들고 있는 바다. 이 새로운 인식의 세계는 시인만이 창조해 낸 시적 공간으로 통한다.

시의 이미지는 대상에 대한 감각적 체험에 의존한다. 감각적 인식이란 인체에 속해 있는 감관(感官)에 가해진 외적 자극에 의해 생겨나는 정신 현상이다. 눈을 통해 대상의 형태와 움직임을 볼 수 있고, 귀를 통해 그 소리를 감지할 수 있다. 그리고 입으로 그 맛을 음미할 수 있으며, 손으로 더듬어 그 감촉을 느낄 수 있다. 이처럼 대상에 대한 감각적 체험과 관련되는 정신 작용을 바탕으로 이루어지는 시의 이미지를 심적 이미지(mental image) 또는 정신적 이미지라고 한다. 이 경우 이미지는 신체적 지각에 의해 일어나는 감각이 마음속에서 재생되는 것을 의미한다. 그러므로 심적 이미지는 감각의 구분에 따라 이미지의 유형학이 성립된다. 주로 시각적 이미지가 중심을 이루지만, 청각적 이미지, 후각적 이미지, 미각적 이미지, 촉각적 이미지 등으로 구분해 볼 수 있다.

심적 이미지

그런데 시의 이미지는 한 가지 감각에 의해서만 이루어지는 것은 아니다. 여러 가지 감각들이 서로 어우러져서 시의 이미지를 형성한다. 흔히 볼 수 있는 시각적 이미지나 청각적 이미지 이외에도 여러 가지 감각적인 체험이 언어를 통해 구체화되는 경우를 볼 수 있다.

하이얀 모색(暮色) 속에 피어 있는
산협촌(山峽村)의 고독한 그림 속으로

파―란 역등(驛燈)을 달은 마차가 한 대 잠기어 가고

　　　바다를 향한 산마룻길에
　　　우두커니 서 있는 전신주(電信柱) 위엔
　　　지나가던 구름이 하나 새빨간 노을에 젖어 있었다.

　　　바람에 불리우는 작은 집들이 창을 내리고
　　　갈대밭에 묻히인 돌다리 아래선
　　　작은 시내가 물방울을 굴리고

　　　안개 자욱―한 화원지의 벤치 위엔
　　　한낮에 소녀들이 남기고 간
　　　가벼운 웃음과 시들은 꽃다발이 흩어져 있다.
　　　외인 묘지(外人墓地)의 어두운 수풀 뒤엔
　　　밤새도록 가느다란 별빛이 내리고,

　　　공백(空白)한 하늘에 걸려 있는 촌락(村落)의 시계가
　　　여윈 손길을 저어 열 시를 가리키면
　　　날카로운 고탑(古塔)같이 언덕 위에 솟아 있는
　　　퇴색한 성교당(聖敎堂)의 지붕 위에선
　　　분수처럼 흩어지는 푸른 종소리.
　　　　　　　　　　　―― 김광균, 「외인촌(外人村)」

　이 시에서 느낄 수 있는 전체적인 정조는 적막함이라고 할 수 있다. 황혼 무렵 외인촌의 정경이 한 폭의 그림처럼 펼쳐져 있는 이 시에서 시적 정서를 구체화하기 위해 활용된 것이 바로 다양한 색채어들이다. '하이얀 모색', '파―란 역등', '새빨간 노을' 등으로 구체화된 시각적인 감각은 '잠기어 가고', '젖어 있었다.', '별빛이 내리고' 등에서 정태적인 서술어들과 만남으로써, 시적인 정조의 형성에 기여한다. 이러한 분위기를 더욱 고조시키는 것은 이 시의 마지막 연에서 듣게 되는 '분수처럼 흩어지는 푸른 종소리'다. 어둠이 짙어 가는 하늘로 퍼져 가는 종소리의 파장을 시인은 귀로만 듣는 것이 아니라, 외인촌의 정경을 그려 보던 눈으로 직접 그려 보고 있다. 시인은 밤의 고요를 깨치는 종소리가 적막감에 감싸여 있는 이 시의 전반적인 분위기와 조화를 이루게 하기 위해, '분수처럼 흩어지는'이라는 말로써 형태를 부여하고, '푸른'이라는 색채어를 동원하여 색감을 넣어 준다. 이 감각적인 표현은 시각적인 감각과 청각적 감각을 서로 통합해 새로운 공감각(共感覺)적인 이미지를 생성해 낸 시인의 상상력에 의해 가능해진 것이다.

　이처럼 시의 이미지는 하나의 작품 속에서 서로 유기적으로 연결되어 새로운 시적인 정서를 만들어 낸다. 그리고 여러 가지 다양한 감각적 표현들이 이를 위해서 동원된다. 시의 이미지는 시에서 의미의 공간을 확대하고, 시인의 감각적인 체험을 더욱 구체화하는 힘이 있다. 다음의 예들에서 시의 이미지를 형성하는 여러 가지 감각적인 요소들을 찾아보기로 하자.

　　①
　　보리피리 불며
　　봄 언덕
　　고향 그리워
　　피―ㄹ 닐니리.

　　보리피리 불며
　　꽃, 청산
　　어린 때 그리워

피—ㄹ 닐니리.

— 한하운, 「보리피리」

②
내 마음은 호수(湖水)요
그대 노 저어 오오.
나는 그대의 흰 그림자를 안고
옥(玉)같이 그대의 뱃전에 부서지리다.

— 김동명, 「내 마음」

③
순이 뒷산에서 두견이 노래하는 사월 달이면
비는 새파란 잔디를 밟으며 온다

비는 눈이 수정(水晶)처럼 맑다
비는 하이얀 진주 목걸이를 자랑한다.

비는 수양버들 그늘에서
한종일 은색 레—스를 짜고 있다.

비는 대낮에도 나를 키스한다.
비는 입술이 함쑥 딸기물에 젖었다.

— 장만영, 「비」

앞의 예에서 ①의 경우에는 '피—ㄹ 닐니리'라는 의성어 자체가 하나의 훌륭한 청각적인 심상으로 자리 잡고 있다. 일상의 현실로부터 떨어져 나온 사람의 외로운 심사를 특이한 감각으로 살려 내고 있는 보리피리 소리는 애상의 정조를 대변한다.

②의 경우, 시적 대상인 '내 마음'은 구체적으로 그 형상을 그려 낼 수 없는 것이다. 그러나, 시인은 그것을 호수에 비유하고 있다. 그러므로 '그대'가 저어 올 수도 있으며, '나는' '그대'의 뱃전에 부서질 수도 있다. 이와 같이 시의 이미지를 통해 구체적으로 서술하기 어려운 마음의 상태를 시각적인 이미지로 바꾸어 효과적으로 나타낼 수 있다. ③에서는 '비'에 대한 모든 느낌이 여러 가지 비유적인 표현들을 통해 구체화되고 있다. '한종일 은색 레―스를 짜고 있다.'는 표현에서는 비가 내리는 모습이 시각적인 이미지로 구체화되고 있으며, '비는 대낮에도 나를 키스한다.'에서는 감미로운 비의 촉감이 잘 표현되어 있다.

이처럼, 시의 이미지는 한 편의 시를 구성하는 시적 심상으로, 감각적인 체험의 언어적인 재현을 통해 시적인 대상을 더욱 구체화한다. 그러나 시의 이미지는 단순한 감각적인 체험의 재생이 아니라, 시의 전체적인 주제와 조화를 이루어야 하며, 신선하고도 독창적인 감각을 살려야 한다. 이를 위해서는 시의 이미지가 비유적인 언어의 감각적 표현을 통해 독특한 의미를 창출할 수 있어야 한다. 일상적인 감각이나 평범한 체험을 그대로 표현한다면, 시의 이미지로서의 기능을 발휘할 수 없다.

비유적 이미지

시의 이미지는 언어로 전달되는 감각적 체험이라고 할 수 있다. 사물에 대한 감각적 인식은 마음속에 강한 인상으로 남아 있다가 언어를 통해 되살아난다. 그러므로 시적 이미지는 그 표현의 감각성과 구체성을 위해 비유적 언어에 의존한다. 이처럼 비유적 언어 표현을 통해 구체화되는 시적 이미지를 비유적 이미지(figurative image)라고 한다. '빨간 장미꽃이 아름답다.'라고 하는 말은 어떤 사실에 대한 단순한 진술에 불과하다. 그러나, '빨간 장미처럼 아름다운 그 모습'이라는 말은 이미지를 포함하고 있다. 아름다운 자태를 장미꽃에 비유함으로써, 그 화사한 아름다움을 느끼게 하기 때문이다. 그러나 '같다'라든가 '처럼'이라는 말을 사용하는 직유보다도, 그러한 말을 사용하지 않고 비유하는 은유가 비유로서는 한층 발전된 것이다.

다음의 시에서 볼 수 있는 비유적 표현과 이미지의 특징을 생각해 보자.

> 돌담에 소색이는 햇살같이
> 풀 아래 웃음짓는 샘물같이
> 내 마음 고요히 고운 봄길 위에
> 오늘 하루 하늘을 우러르고 싶다.
>
> 새악시 볼 위에 떠오르는 부끄럼같이
> 시의 가슴 살포시 젖는 물결같이
> 보드레한 에메랄드 얇게 흐르는
> 실비단 하늘을 바라보고 싶다.
> ─ 김영랑,「돌담에 소색이는 햇살같이」

앞의 시는 아주 단순한 직유의 방법을 통해 이미지를 살려 내면서 전체적인 시상의 전개를 가능하게 하고 있다. 이러한 비유적인 표현은 단순한 표현 기교가 아니라 시적 이미지로 작용하면서 시의 의미를 더욱 구체화해 그것을 확장하고 심화하는 것임을 알 수 있다. 그리고 이 시에서 많이 활용된 활유 또는 의인화의 방법은 은유적인 표현의 한 변형에 해당한다. '돌담에 소색이는 햇살'이라든지, '풀 아래 웃음짓는 샘물' 등과 같이 생명이 없는 것을 살아 있는 것으로 그리거나, 자연물을 인간화하여 그 움직임과 성질을 구체화하여 보여 주고 있다.

그런데 이러한 비유적 이미지는 대개 언어를 통해 감각적 체험을 그대로 재현하거나 이미지 그 자체를 조성하는 데에 목표를 둔다. 이러한 이미지의 속성을 놓고 본다면, 비유적 이미지는 대개 대상에 대한 구체적이며 감각적인 묘사를 위해 구성된다는 것을 알 수 있다. 이러한 이미지를 순수 이미지 또는 묘사적 이미지라고 한다.

시에 있어서 상징은 매우 중요한 미적 기능을 수행한다. 상징은 비유와 마찬가지로 일상 언어 속에서도 흔히 볼 수 있다. 예를 들면 태양은 열정을 상징하고, 하늘은 꿈과 희망을 상징한다. 그리고 장미가 사랑을 상징한다면 비둘기는 평화를 의미한다. 언어의 표현에 있어서 상징은 형식적으로 은유와 비슷하다. 은유는 서로 다른 두 가지 사물 사이에 내재하는 유사성 또는 동일성에 근거하여 성립된다. 태양이 '열정'이라는 말과 동일성의 관계를 유지할 수 있는 근거는 전혀 없다. 이러한 표현은 오랜 경험 속에서 한 사물의 의미를 특정의 방향으로 고정해 무의식적으로 그 뜻이 굳어진 경우에 해당한다. 태양은 열정과 함께 생명력을 지닌 것으로 이해된다. 어둠은 공포와 죽음을 의미한다.

시에 있어서 상징적 표현은 시인의 창조적인 상상력과 예술적인 의도에 의해 결정되며, 작품의 의미 구조와 언어 속에서 만들어진다. 다음에 인용한 김소월의 시 「진달래꽃」은 이별의 정한을 노래한 것으로 알려져 있다. 그러나 이 시에서 시적 상징으로 활용된 '진달래꽃'의 의미를 시적 문맥에 따라 정밀하게 검토해 보면 이 시가 전혀 새로운 의미로 읽힌다는 점을 알 수 있다.

상징적 이미지

　　나 보기가 역겨워

가실 때에는
말없이 고이 보내 드리우리다

영변(寧邊)에 약산(藥山)
진달래꽃
아름 따다 가실 길에 뿌리우리다

가시는 걸음 걸음
놓인 그 꽃을
사뿐히 즈려밟고 가시옵소서

나 보기가 역겨워
가실 때에는
죽어도 아니 눈물 흘리우리다

―김소월, 「진달래꽃」

「진달래꽃」에는 떠나는 사람과 보내는 사람 사이의 이별 장면이 시적 정황으로 설정되고 있다. 그런데 여기서 주목해야 하는 것은 이러한 이별의 상황 자체가 현재 일어나고 있는 실제의 상황이 아니라는 점이다. 이 시에서 이별은 실제의 일이 아니라 가능성의 상황일 뿐이다. 이 시의 첫 연에서 시적 화자는 사랑하는 사람을 앞에 두고 사랑과는 정반대되는 극단적 상황으로서 이별이라는 비극을 가정한다. 괴롭고 슬픈 이별의 장면을 사랑 앞에서 그려 보고 있는 것이다. 그리고 그러한 상황이 실제로 일어난다면, 떠나지 못하게 붙잡고 늘어지지도 않고 아무 원망도 없이 고이 보내 드리겠다고 말한다. 그리고 이 시의 2연에서 시적 화자는 자신을 버리고 떠나가는 사람 앞에서 오히려 자신의 변함이 없는 사랑을 드러내고자 한다. 여기서 사랑의 상징으로 선택한 것이 '진달래꽃'이다. '영변에 약산'에 피어 있는 연분홍빛 진달래꽃은 시인에게는 일상의 체험 속에 자리 잡고 있는 것이다. 시인은 이 같은 일상적 체험 영역에 근거하여 자기 정서를 표현하고, 그 표현에서 새로운 시적 감응력을 끌어낸다. 봄이면 '영변에 약산'에서 보았던 아름다운 진달래꽃은 이제 영변 약산에만 피어나는 것이 아니라, 시인의 상상력에 의해 사랑의 의미로 채색되어 새로운 상징적 이미지로 창조된다.

이 시에서 진달래꽃이 사랑을 표상하는 상징적 이미지라면, 그 사랑이라는 시적 의미가 내면적으로 확대되는 과정은 '아름 따다 가실 길에 뿌리우리다'라는 구절을 통해 확인해 볼 수 있다. 떠나가는 길 위에 뿌리는 한 아름의 진달래꽃은 사랑의 크기를 나타내며, 사랑의 깊이를 보여 주기 때문이다. 한 아름이라는 말은 두 팔을 벌려 껴안은 둘레의 길이를 나타낸다. 이것은 인간의 육체를 통해 드러낼 수 있는 가장 크고 많은 양이다. 이 말에 내포되어 있는 '두 팔을 벌려 껴안다.'라는 동작의 의미는 사랑을 말하는 몸의 언어에 해당한다. 시적 화자는 사랑하는 사람과 이별하면서 슬픔의 눈물을 보이지 않고, 떠나는 임 앞에서 한 아름의 진달래꽃을 통해 자기 자신의 변함없는 커다란 사랑을 보여 주고 있는 것이다. 이 시에서 이별의 슬픔 대신에 크고 깊은 사랑의 진실이 자리 잡게 되는 것은 이러한 시적 형상화 과정을 통해서 가능해진다.

이 시의 텍스트에서 좀 더 주목해야 할 부분은 3연이다. 이 시에서 이루어진 시적 진술을 서법상으로 구분해 보면, 3연은 서술형 문장으로 종결된 것이 아니라, 청유형 문장으로 이루어져 있다. 1연, 2연, 4연의 경우는 모두 시적 화자인 '나'를 서술적 주체로 하여 '나'의 행위를 서술한다. 그러나 3연은 떠나는 임에게 당부하는 말로 이루어져 있다. 시적 화자는 가시는 길 위에 뿌려 놓은 그 진달래꽃을 임께서 사뿐히 즈려밟고 가라고 간곡하게 청한다. 여기서 '즈려밟고'라는 말을 '지레 밟고'라고 띄어서 읽게 되면 길 위에 뿌려진 진달래꽃에 또 하나의 의미가 덧붙여져 있음을 알게 된다. '지레'라는 말이 '미리 먼저'라는 뜻이라는 점을 놓고 본다면, 이 대목은 다른 사람이 밟고 지나기 전에 임께서 먼저 밟고 가시라는 뜻을 말한다고 할 수 있다. 아무도 밟지 않은, 누구도 손대지 않은 한 아름의 진달래꽃, 그것은 사랑의 순결성을 의미한다. 이별의 순간에 한 아름의 진달래꽃으로 자기 사랑의 크기를 보여 주고, 다시 그 사랑의 순결성을 표시하고자 한다. 이 시의 정조는 이 대목에서 절정에 이른다고 할 수 있다.

그러므로 이 시에서 시적 화자가 가정한 이별의 상황은 슬픔의 장면이 될 수 없다. 오히려 자기 사랑의 깊이와 진정성과 순결함을 보여 주면서 자신의 모든 것을 임에게 바칠 수 있는 황홀한 순간이 되기 때문이다. 시적 화자는 이별의 상황을 가정해 보며, 그 비극적인 순간을 눈물의 언어 대신에 사랑의 아름다움으로 꾸며 낸다. 이 작품의 마지막 구절에서 시적 화자는 진달래꽃으로 상징된 바로 그 사랑의 모든 것을 다 드러내어 보였기 때문에, 죽어도 눈물을 흘리지 않으리라고 말하고 있다. 이별의 슬픔을 내면화하고 그 대신에 사랑의 진실이 자리 잡게 되는 것, 그것이 바로 가장 빛나는 시적 성취라고 할 수 있다. 이별의 순간에 펼쳐 놓는 이 아름다운 사랑의 확인법을 누구도 놓칠 수가 없기 때문이다. 그러므로 「진달래꽃」은 이별의 노래가 아니다. 이별의 아픔과 슬픔을 훨씬 뛰어넘는 아름다운 사랑의 노래다. 임에 대한 크고 깊은 사랑, 깨끗하고 정결한 사랑이 가득 담겨 있기 때문이다.

이미지와 시적 기능

시는 곧 이미지라는 말이 있다. 시적 이미지가 시의 의미를 구성하는 핵심적 요소임을 뜻하는 말이다. 시인은 시를 통해 전달하고 싶은 생각이나 느낌을 보다 구체적이고도 감각적으로 형상화하는 방법을 찾는다. 이를 위해 시적 이미지가 동원된다. 시의 이미지는 시적 텍스트 안에서 다양한 방식으로 의미를 전달하는 기능을 수행한다. 시인은 유사한 이미지들을 반복하여 놓기도 하고 상반되는 이미지들을 대조하여 놓기도 하면서 시적 의미를 형상화한다.

시의 이미지는 시인이 말하고자 하는 어떤 관념을 육화(肉化)한 것이라고 할 수 있다. 말하고자 하는 주제를 직접 설명하지 않고 이미지를 통해 전달하기 때문에 구체적인 감각을 환기하고 미적 효과를 나타낸다. 그러나 시의 이미지는 시인이 창조한 세계이기 때문에 그 감각적 구체성에도 불구하고 시적 의미의 모호성을 드러낸다. 그러므로 시의 의미를 위해서는 이미지에 대한 정밀한 분석이 요구된다.

시의 이미지는 시적 정서를 환기하는 기능을 담당한다. 시의 이미지 자체가 섬세하고도 강렬한 감각이나 구체적인 느낌을 그대로 전달하기 때문에 그만큼 체험의 직접성을 드러낸다. 다음의 시를 보자.

돌에
그늘이 차고,

따로 몰리는
소소리바람.

앞섰거니 하야
꼬리 치날리여 세우고,

종종 다리 까칠한
산(山)새 걸음걸이.

여울 지어
수척한 흰 물살,

갈갈히
손가락 펴고.

멎은 듯
새삼 듣는 빗낱

붉은 잎 잎
소란히 밟고 간다.

———정지용, 「비」

앞의 인용된 시 「비」는 정지용의 언어 감각과 시적 상상력이 얼마나 뛰어난 형상성을 드러내고 있는가를 잘 보여 준다. 이 작품은 가을비가 떨어지기 시작하는 순간을 공간적으로 형상화한다. 이 과정에서 동적 이미지를 특이하게 공간적으로 배치함으로써 늦가을 산골짜기에 떨어지기 시작하는 빗방울과 그 수선스러운 분위기를 섬세하게 포착해 내고 있다. 1연에서부터 6연까지는 골짜기로 드리운 구름의 그림자, 갑자기 몰아드는 음산하고도 차가운 기운을 담고 있는 바람, 바람에 몰리듯 바람을 앞서듯 돌 위로 날아와 종종걸음 치는 산새 한 마리, 그리고 물이 줄어들어 하얗게 이리저리 갈라지면서 여울져 흐르는 골짜기의 물살 등이 묘사된다. 이 과정에서 구름과 바람, 산새와 시냇물이 모두 한데 어울려서 하나의 시적 공간을 만들어 낸다.

구름과 바람이 짝을 이루고, 산새와 물이 한데 어울린다. 물론 이들이 만들어 낸 시적 공간은 이 시의 마지막 장면을 위한 무대 장치에 해당한다.

이 시는 7연과 8연에서 떨어지기 시작하는 빗방울을 묘사하는 것으로 시상을 종결한다. 여기서 떨어지기 시작하는 빗방울은 어두운 그늘을 드리우는 구름, 음산한 소소리바람, 까칠한 다리로 종종걸음 치는 산새, 하얗게 여울져 흐르는 물살로 이어지는 시적 심상의 결합에 의해 만들어지는 하나의 시적 결정체다. 그러므로 이 시에서 비는 우주와 자연의 산물이 된다. 이러한 시적 진실에 대한 발견이 절제된 정서를 바탕으로 이루어지고 있다는 것이 경이롭다. 시의 마지막 구절인 '붉은 잎 잎/ 소란히 밟고 간다.'는 정지용이 아니고서는 누구도 이룰 수 없는 고도의 시적 감각을 자랑한다. 붉게 물든 나뭇잎 위로 소란스럽게 떨어지기 시작하는 빗방울을 감각적이면서도 사실적으로 묘사한 이 대목은 묘사 그 자체로 끝나는 것이 아니다. 시적 대상에 생명을 불어넣는 언어적 기법이 놀랍다. 빗방울이 나뭇잎을 밟고 간다! 이것을 단순한 의인화 표현으로 규정하는 것은 이 섬세한 시적 감각을 설명하기에 부족하다. 소란스럽게 붉은 나뭇잎 위로 떨어지는 것을 보고 나뭇잎을 밟고 간다고 표현한 것은 시각적인 감각과 청각적인 감각이 공감각적으로 작용하여 빚어 낸 하나의 발견이라고 할 수 있다.

이 시는 '빗방울'이라는 시적 이미지의 결정(結晶)을 위해 수많은 이미지들을 통합한다. 구름이 이는 하늘, 골짜기로 몰아오는 바람, 두 다리가 까칠한 산새, 흰 물살 여울진 시냇물 ― 이러한 이미지들은 그대로 평면 위에 펼쳐진 것이 아니다. 이것들은 서로가 서로를 따르고 감싸면서 특이한 공간적 질서를 형성한다. 그리고 이 공간적 질서는 그대로 자연의 질서로 통한다. 빗방울은 다시 시냇물로 흘러갈 것이다. 그리고 구름이 되고 바람이 일고 또 산새를 몰아대면서 빗방울로 떨어질 것이다. 이 대자연의 조화로운 순환의 질서가 이 시의 시적 공간에 담긴 것이다.

유치환의 대표작으로 손꼽히는 「깃발」을 살펴보자. 이 작품은 시적 이미지를 통해 시인의 상상력의 지향점을 구체적으로 보여 준다. 여기서 말하는 상상력이란 이미지의 산출 능력을 말하는데, 물론 사물에 대한 어떤 개념화의 범주를 훨씬 넘어서는 것이다. 상상력은 그것이 산출해 내는 이미지의 속성이 동적인 것이든지 형태적인 것이든지 간에 그 개인의 정서와 함께 융화된 이미지를 창출하게 된다.

>이것은 소리 없는 아우성
>저 푸른 해원(海原)을 향하여 흔드는
>영원(永遠)한 노스탈자의 손수건
>순정(純情)은 물결같이 바람에 나부끼고
>오로지 맑고 곧은 이념(理念)의 푯(標)대 끝에
>애수(哀愁)는 백로(白鷺)처럼 날개를 펴다.
>아아 누구던가
>이렇게 슬프고도 애달픈 마음을
>맨 처음 공중에 달 줄을 안 그는.
>
>―― 유치환, 「깃발」

앞의 작품에서 '깃발'의 의미는 유치환의 시 세계에서 구현하고자 하는 이념이나 지표와 관련된다. 그러나 이 시에서는 '흔드는', '나부끼고', '날개를 펴다.' 등에서 구체화되는 동적인 이미지에도 불구하고, 그러한 움직임 자체가 시 정신의 방향을 제시해 주지는 못한다. '깃발'의 움직임을 통하여 구현된 상상의 세계는 '바람'의 이미지와 결합됨으로써 상황의 구체성을 획득한다. 바람의 의미를 이 시인의 삶의 자세와 생의 과정에 빗대어 동류적인 관계로 이해하는 견해도 없는 것은 아니지만, 이것은 '이념의 푯대 끝'에 매달린 '깃발'을 나부끼도록 해 주는 움직임의 원동력이다. 여기서 떠나고자 하는 것(이미지의 역동성)과 매어 놓고자 하는 것(이미지의 고정성) 사이의 팽팽한 긴장 관계가 '이념의 푯대 끝'에 매달린 '깃발'의 이미지를 통해 성공적으로 형상화된다. 이 같은 시적 이미지의 특징을 놓고 볼 때, 이 작품에서 '깃발'이 상징하는 것은 맑고 곧은 이념의 푯대 끝에 매달려 이상이나 이념을 실현하고자 안타까운 심정이라고 할 수 있다. 현실 속에서 실현되기 어려운 이상에 대해 갖는 존재의 고뇌와 비원을 애수의 정서로 제시한 것이 이 시의 특징이라고 할 수 있다.

5 시와 상징

언어와 상징

상징이라는 말은 그 의미의 폭이 아주 넓다. 일반적인 의미에서 상징은 어떤 것이 그것과는 다른 어떤 것을 의미하는 경우를 말한다. 어떤 것을 대신하는 기능을 지닌 기호는 모두 상징에 해당한다. 언어학적 개념에서 본다면 모든 단어는 그것이 어떤 대상을 지시한다는 점에서 상징이라고 할 수 있다. '나무'라는 말은 산과 들에서 자라나는 '나무'라는 실체를 지시한다. 프랑스의 언어학자 소쉬르(F. Saussure)는 이런 언어의 기호적 특질을 기표(記標)와 기의(記意)라는 개념으로 구분하여 설명한 바 있다. 상징은 일상생활에서도 흔히 볼 수 있다. 거리의 교통표지 가운데 붉은색 신호등은 모든 움직이는 것들의 정지를 지시하는 상징이다. 교회당 지붕 위에 세워진 십자가는 기독교를 상징한다. 푸른 하늘을 나는 비둘기는 흔히 평화의 상징으로 여겨진다. 이글거리며 타오르는 태양은 열정과 광명을 상징한다.

그런데 문학적 상징은 이러한 일반적인 기호와는 그 성질이 다르다. 문학적 상징은 언어를 통해 표현되는 것이지만 언어 기호 그 자체는 아니다. 언어의 지시적 의미를 떠나서 새롭게 드러나는 어떤 행위나 어떤 사물을 말하며 이 두 가지의 결합을 나타내기도 한다. 그러므로 문학적 상징은 내적이며 보이지 않는 것을 암시하는 외적이며 가시적인 것을 말한다. 다음의 시를 보자.

해야 솟아라. 해야 솟아라. 말갛게 씻은 얼굴 고운 해야 솟아라. 산 넘어 산 넘어서 어둠을 살라 먹고, 산 넘어서 밤새도록 어둠을 살라 먹고, 이글이글 앳된 얼굴 고운 해야 솟아라.

달밤이 싫여, 달밤이 싫여, 눈물 같은 골짜기에 달밤이 싫여, 아무도 없는 뜰에 달밤이 나는 싫여……

해야, 고운 해야. 늬가 오면, 늬가사 오면, 나는 나는 청산이 좋아라. 훨훨훨 깃을 치는 청산이 좋아라, 청산이 있으면 홀로래도 좋아라.

사슴을 따라, 사슴을 따라, 양지로 양지로 사슴을 따라, 사슴을 만나면 사슴과 놀고,

칡범을 따라 칡범을 따라, 칡범을 만나면 칡범과 놀고……

해야, 고운 해야. 해야 솟아라. 꿈이 아니래도 너를 만나면, 꽃도 새도 짐승도 한자리 앉아, 워어이 워어이 모두 불러 한자리 앉아 앳되고 고운 날을 누려 보리라.
——박두진, 「해」

앞의 시에서 시인이 노래하고 있는 '해'는 우리가 날마다 보는 아침 해라고 할 수 있다. 어둔 밤이 지나고 아침이 오면 빛나는 해가 떠오른다. 이러한 경험적 사실을 놓고 시인은 다양한 이미지를 동원하여 '해'를 그려 낸다. 그런데 여기서 묘사된 '해'는 단순한 묘사적 이미지만은 아니다. 시인은 '해'를 통해 자신의 간절한 기도와 희망을 담아 놓는다. 여기에는 어떤 구원의 의미까지 포함된다. 이러한 추상적 의미들이 한데 어우러짐으로써 '해'는 하나의 시적 상징으로 기능한다.

상징은 비유적 표현과 흡사하다. 그러나 이 둘은 서로 다른

성질을 지니고 있다. 다음의 예를 보자.

①
하늘에는 달이 없고, 땅에는 바람이 없습니다.
사람들은 소리가 없고, 나는 마음이 없습니다.

우주는 죽음인가요.
인생은 잠인가요.
—— 한용운,「고적한 밤」

②
한 개의 별을 노래하자 꼭 한 개의 별을
십이성좌(十二星座) 그 숱한 별을 어찌나 노래하겠니

꼭 한 개의 별! 아침 날 때 보고 저녁 들 때도 보는 별
우리들과 아—주 친하고 그중 빛나는 별을 노래하자
아름다운 미래를 꾸며 볼 동방의 큰 별을 가지자
—— 이육사,「한 개의 별을 노래하자」

앞에 인용한 시 ①의 경우 '우주는 죽음인가요.'라는 진술은 은유에 해당한다. 여기에는 우주(원관념)와 죽음(보조관념)이 모두 함께 나타나 있다. 비유적 표현에서는 원관념과 보조관념이 서로 이질적인 것인데도 불구하고 어떤 유사성에 근거하여 서로 결합된다. 시인은 '우주'의 무한함과 어둠과 적막감을 죽음의 경우와 흡사하게 여기고 있다. 이러한 유사성 때문에 두 관념을 연결시켜 놓을 수 있게 되는 것이다.
그러나 ②의 경우, '한 개의 별을 노래하자 꼭 한 개의 별을'에는 '별'이라는 보조관념만 나타나 있을 뿐 원관념이 표면에

드러나 있지 않다. '별'은 무엇인가를 암시할 뿐이며, 어떤 대상과 비교되는 것도 아니다. 이러한 진술은 비유적 표현에 해당하지 않는다. 여기서 '별'은 하나의 상징이다. 상징은 본질적으로 보조관념과 원관념이 하나가 된 완전한 결합체다. '별'이라는 보조관념은 '희망'이라든지 '꿈'이라든지 하는 원관념을 그 속에 숨겨 두고 있다.

상징은 그 자체로서 무엇인가를 암시한다. 상징이 지니는 암시성은 드러냄과 감춤의 절묘한 긴장 관계를 유지하게 만든다. 이때 하나의 상징은 반드시 하나의 원관념만을 환기하는 것이 아니다. 여러 개의 원관념이 얼마든지 관련될 수 있는 것이다. 그러므로 시적 상징을 분석할 경우 어떤 하나의 관념만을 고집할 필요는 없다. 상징은 다양한 의미로 해석될 수 있는 가능성이 열려 있는 것이다.

인습적 상징과 개인적 상징

인간의 생활 속에는 상징의 원리가 폭넓게 자리하고 있다. 인간이 사용하는 언어는 그 자체가 하나의 상징이다. 인간의 삶과 밀접한 관계를 이루고 있는 신화도 상징의 세계에 속하며, 인간이 만들어 낸 모든 문명이라든지 제도 역시 상징과 깊은 관련이 있다. 문학에서의 상징은 이러한 일반적 상징과는 다르다. 문학적 상징은 언어를 통해 이루어진다. 그리고 그것이 자리하는 전후 문맥 속에서 어떤 의미를 암시한다. 물론 그 의미는 다양하게 해석될 수 있고 모호하기도 하다. 그러므로 상징에 대한 해석은 자의적일 수밖에 없으며 각도에 따라 서로 다르게 해석될 수밖에 없다.

문학적 상징은 인습적 상징과 개인적 상징으로 구분된다. 인간은 오랜 사회생활 속에서 형성된 일정한 규범과 가치를 공유하며 살고 있다. 이러한 집단적인 경험 속에서 공통적으로 강하게 인상 지어진 경험들이 자연스럽게 상징으로 나타난다. 이러한 인습적 상징은 자연적인 것도 있고, 제도적인 것도 있다. 동양권에서 '모란'은 부귀영화를 상징하고 '매화'는 고절(孤節)과 기개를 상징하며, '백합'은 순결을 상징한다. '강'은 긴 세월을 상징하고 '구름'은 허무를 상징한다. 이러한 상징은 삶의 과정에서 자연스럽게 굳어진 것이다. 제도적이면서 집단적으로 성립된 상징도 있다. '십자가'는 기독교를 상징한다. 국기는 각 나라를 상징한다. 이러한 상징은 그 사회 집단에 속한 사람이면 누구나 능히 이 사실을 알고 있다. 개인적 상징은 이와 다르다. 개인적 상징은 하나의 작품 속에서 시인이 창조해 낸 것이다. 개인적 상징은 보편적인 성격을 드러내지 않는 대신에 개인의 특이한 상상력에 의해 특수한 의미를 부여받는다. 그러므로 개인적 상징은 그만큼 이해하기 어렵고 모호한 것이 특징이다. 다음의 시를 보자.

쫓아오던 햇빛인데
지금 교회당 꼭대기
십자가에 걸리었습니다.

첨탑(尖塔)이 저렇게도 높은데
어떻게 올라갈 수 있을까요.

종소리도 들려오지 않는데
휘파람이나 불며 서성거리다가,

괴로웠던 사나이,
행복한 예수 그리스도에게처럼
십자가가 허락된다면

모가지를 드리우고
꽃처럼 피어나는 피를
어두워 가는 하늘 밑에
조용히 흘리겠습니다.

— 윤동주, 「십자가」

'십자가'는 전통적으로 기독교의 상징이다. 이 시에서 '교회당 꼭대기 십자가'는 바로 이러한 종교적인 의미의 인습적 상징에 해당된다. 그러나 '예수 그리스도에게처럼／ 십자가가 허락된다면'에서의 '십자가'는 문맥에 의하여 의미가 특수화되어 있다. 여기서의 '십자가'는 기독교를 상징하는 것이 아니라, 시인의 창조적인 상상력 속에서 새로운 의미를 부여받는다. 그것은 현실과 역사 앞에서 개인에게 요구되는 책임 의식과 희생을 뜻한다. 하지만 '첨탑이 저렇게도 높은데／ 어떻게 올라갈 수 있을까요.'에서도 볼 수 있는 것처럼, 그것은 시인에게 아직 스스로 도달하기 힘든 목표임에 틀림없다. 이 시에서 시인은 어려움을 절실히 느끼면서도 동경하여 마지않는 종교적 또는 도덕적 생활의 목표를 '십자가'라는 상징을 통해 제시하고 있는 것이다.

시적 상징과 의미

상징은 이중의 지시를 가지는 것을 특징으로 한다. 말하자면, 다른 무엇인가를 표시하고 있다는 뜻이다. 물론 시의 상징은 그것이 의미하는 바를 오히려 깊이 숨긴다. 상징의 세계는 허구와 진실이 융합되어 이중의 진실을 내포한다. 그러므로 상징을 이해하기 위해서는 그 전체적인 의미 구조와 문맥의 상호 관계를 철저하게 분석해야 한다.

다음의 시를 보자.

님은 갔습니다. 아아 사랑하는 나의 님은 갔습니다.

푸른 산빛을 깨치고 단풍나무 숲을 향하야 난 적은 길을 걸어서 차마 떨치고 갔습니다.

황금의 꽃같이 굳고 빛나던 옛 맹서(盟誓)는 차디찬 티끌이 되야서 한숨의 미풍에 날어 갔습니다.

날카로운 첫 〈키스〉의 추억(追憶)은 나의 운명(運命)의 지침(指針)을 돌려놓고 뒷걸음 쳐서 사라졌습니다.

나는 향기로운 님의 말소리에 귀먹고 꽃다운 님의 얼굴에 눈멀었습니다.

사랑도 사람의 일이라 만날 때에 미리 떠날 것을 염려하고 경계하지 아니한 것은 아니지만, 이별은 뜻밖의 일이 되고 놀란 가슴은 새로운 슬픔에 터집니다.

그러나 이별을 쓸데없는 눈물의 원천(源泉)을 만들고 마는 것은 스스로 사랑을 깨치는 것인 줄 아는 까닭에, 걷잡을 수 없는 슬픔의 힘을 옮겨서 새 희망(希望)의 정수박이에 들어부었습니다.

우리는 만날 때에 떠날 것을 염려하는 것과 같이 떠날 때에 다시 만날 것을 믿습니다.

아아 님은 갔지마는 나는 님을 보내지 아니하였습니다.

제 곡조를 못 이기는 사랑의 노래는 님의 침묵을 휩싸고 돕니다.

── 한용운, 「님의 침묵」

한용운의 시 「님의 침묵」은 시적 대상으로서 '님'을 노래하고 있다. 여기서 '님'은 하나의 시적 상징으로서 좋은 본보기가 된다. 이 작품에서 시인의 관심은 모두 '님'이라는 존재에 집중되고 있으며, 그것을 그의 시를 통해 구체적으로 형상화해 놓고 있다. 시인 자신은 '기룬 것은 모두 님'이라고 규정한 바 있다.

그리고 '내가 사랑할 뿐만 아니라 나를 사랑하는' 존재가 바로 '님'이라고 진술한다. 그러나 시인에게 '님'은 현존하는 대상이 아니다. '님'은 이미 내 곁을 떠나 버렸기 때문이다.

이 시에서 '님'의 존재는 '침묵'이라는 말을 통해 역설적으로 제시되고 있다. '님'은 나의 곁을 떠나갔고, 그렇기 때문에 '님'은 현실 속에 존재하지 않는다. '님'이 부재하는 현실은 비극적인 공간이 될 수밖에 없다. 하지만 시인은 대상으로서의 '님'의 존재를 부재의 비극적 공간에서 끌어내고, 오히려 그 존재의 당위성을 부여하고 있다. '님은 갔지마는 나는 님을 보내지 아니하였습니다.'라는 시적 진술에서처럼, 시적 자아는 대상으로서의 '님'을 떠나보내지 않았다. '님'과 시적 자아가 둘이 아니라 하나이기 때문이다. 바로 여기서 시적 주체로서의 나와 시적 대상으로서의 '님'의 분리와 통합이 역설적으로 드러나는 것이다.

이 시가 그려 내고 있는 시적 대상으로서의 '님'의 존재 방식을 어떻게 이해할 것인가 하는 문제는 여전히 논란의 대상이다. 어떤 사람은 '님'의 부재 상황을 식민지 시대의 비극적인 역사와 빗대어 설명하면서 '님'의 존재 자체를 조국과 민족이라고 규정한다. 어떤 사람은 시인 한용운이 불교 승려라는 특별한 신분이었음을 고려하여 형이상학적이고 종교적 의미의 '절대자' 또는 부처라고 설명하기도 한다. 그러나 이 시의 '님'을 민족이나 조국으로 규정한다든지 부처와 같은 절대자로 설명하는 것은 이 작품이 그려 낸 시적 정황이나 이 말이 상징하는 의미를 특정의 국면으로 고정시켜 버릴 위험이 있다. 이 시는 일본 식민지 시대라는 특정의 역사적 조건 위에서만 이해될 수 있는 것이 아니며 불교라는 특정 종교의 입장에서만 설명될 수 있는 것도 아니다. 이 시는 시인 자신의 개인적 체험이나 역사적 조건을 넘어서는 보편적 인간 정서를 역설적 언어로 형상화함으로써 언제나 새로운 의미로 읽을 수 있는 것이다.

6 시의 어조

시적 화자와 목소리

모든 문학작품은 그 텍스트의 창조적 주체와 수용적 독자의 상호 관계에 의해 존재 의미를 부여받는다. 여기서 시를 하나의 발화로 이해할 경우 창조적 주체로서의 시인은 화자라고 할 수 있다. 언어로 구성되는 시적 텍스트는 하나의 메시지에 해당하며, 수용적 독자는 청자의 역할을 담당한다. 시를 하나의 발화로 이해한다는 것은 시 작품 속에 하나의 뚜렷한 개성을 지닌 화자가 있어서 그가 작품 속의 다른 인물이나 작품 밖의 독자에게 어떤 감정이나 태도를 표현한다는 것을 의미한다. 이 경우 다음과 같은 도식이 성립될 수 있다.

시인(화자) → 시 작품(메시지) → 독자(청자)

그런데 이 도식에서 언어적 텍스트로서의 시는 단순한 메시지가 아니다. 시적 텍스트는 시인이 자신의 주관적인 정서를 언어로 표현한 것이지만, 실제의 작품 속에 시를 말해 주는 가상적인 인물이 설정되기도 한다. 그러므로 독자는 시인의 목소리를, 시를 통해 들을 수도 있고 시인이 설정해 놓은 가상적인 화자(話者)의 목소리를 통해 들을 수도 있다. 그리고 이러한 가상적 화자의 상대역으로 텍스트 속에 가상적 독자를 숨겨 놓기도 한다. 시적 텍스트 속에 등장하는 가상적 화자는 시인을 대신하여 시인의 창조적인 개성을 언어를 통해 표현하는 역할을 담당한다. 그리고 시인이 목표로 한 미적 의도와 요구에 맞춰서 말하는 태도와 말씨까지도 조절한다. 이 경우에 특히 중요시되는 언어의 요소가 어조다. 어조는 말하는 사람이 상대편에 대하여 취하는 태도로, 말의 몸짓이라고 할 수 있다. 시의 어조 속에는 시인 자신이 시적 대상을 인식하는 방법과 태도가 담겨 있다. 현실을 바라보는 달관의 자세가 곁들여지기도 하고, 장쾌한 기상을 보여 주기도 한다. 어떤 경우에는 여성적인 화자를 등장시켜 시적인 분위기를 더욱 고조시키기도 한다.

①
남(南)으로 창(窓)을 내겠소.
밭이 한참갈이
괭이로 파고
호미론 김을 매지요.

구름이 꼬인다 갈 리 있소.
새 노래는 공으로 들으랴오.
강냉이가 익걸랑
함께 와 자셔도 좋소

왜 사냐건
웃지요.
　　　　　　──김상용, 「남으로 창을 내겠소」

②
오셔요, 당신은 오실 때가 되었어요, 어서 오셔요.
　당신은 당신의 오실 때가 언제인지 아십니까, 당신의 오실 때는 나의 기다리는 때입니다.

　당신은 나의 꽃밭에로 오셔요, 나의 꽃밭에는 꽃들이 피어 있습니다.
　만일 당신을 쫓아오는 사람이 있으면, 당신은 꽃 속으로 들어가 숨으십시오.
　나는 나비가 되어 당신 숨은 꽃 위에 가서 앉겠습니다.
　그러면 쫓아오는 사람이 당신을 찾을 수는 없습니다.
　오셔요, 당신은 오실 때가 되었습니다. 어서 오셔요.
――한용운, 「오셔요」

앞의 ①과 ②는 모두 시적 진술 자체가 회화조(會話調)의 말투로 되어 있다. ①에서는 대화의 상대가 고정되어 있지 않고 일반 독자를 상대로 하고 있지만, ②의 경우에는 '당신'이라는 대상으로 고정하고 있다. 이 같은 시적 상황의 설정에 따라 이들 시의 어조도 각각 특징적인 차이를 드러내고 있다. ①의 소박한 어투는 전원에 돌아가서 자연과 벗하면서 살겠다는 태도를 잘 반영한다. 특히 끝 부분의 '왜 사냐건/ 웃지요.'라는 진술은 보통의 언어로는 풀이하기 힘든 태도와 사상을 미묘한 어조로써 암시하고 있다. ②에서의 시적 화자는 여성적 화자며, 상대에 대한 무한한 동경과 사랑을 보여 주고 있다. '오셔요.'라는 청유의 말을 반복함으로써, '당신'을 기다리는 간절한 심정을 잘 드러내고 있다. 이처럼, 시인은 시 속에서 시를 말해 주는 화자를 통해 시적 정서와 시적 의미를 조절한다.

시적 어조의 변화

시에 있어서의 어조는 리처즈(I. A. Richards)가 그의 유명한 『실천비평(Practical Criticism)』에서 규정한 대로 '청자를 대하는 태도'의 문제로 귀결된다. 시적 발화에서 드러나는 어조는 말하고 있는 상대에게 어떤 태도를 취하고 있는가를 그대로 보여 주는 것이기 때문이다. 시의 어조는 청자의 사회계층, 지적 수준,

감수성에 대한 태도를 그대로 드러낸다. 그리고 청자와의 관계와 그 자세 등을 암시한다. 때로는 친밀할 수 있고 때로는 엄숙하고도 정중할 수 있다. 때로는 명령조로 말하기도 하고 때로는 간절하게 요청할 수도 있다. 그리고 때로는 조소가 섞인 말투로 이야기할 수도 있고 때로는 비난조로 말할 수도 있다.

　　공중에 떠다니는
　　저기 저 새요
　　네 몸에는 털 있고 깃이 있지

　　밭에는 밭곡식
　　논에 물벼
　　눌하게 익어서 수그러졌네

　　초산(楚山) 지나 적유령(狄踰嶺)
　　넘어선다
　　짐 실은 저 나귀는 너 왜 넘니?
　　　　　　──김소월, 「옷과 밥과 자유」

이 시에서 시적 화자는 텍스트상에 직접 드러나 있지 않다. 그러나 화자는 두 가지의 상반된 상황 속에 제시되는 시적 대상을 통해 자신의 처지를 대비적으로 드러낸다. '새'는 자유와 행복을 누리는 존재다. 자기가 가고자 하는 곳으로 마음대로 날 수 있고, 먹고자 하는 곡식을 얼마든지 먹을 수 있다. 몸에는 털도 있고 깃이 있으니, 옷가지를 걱정할 필요가 없다. 그러나 공중을 날며 자유롭게 생활하는 새와는 달리, 적유령 넘어가는 짐 실은 나귀의 행색은 처량하다. '짐 실은 저 나귀'는 자유로운 새와 극단적으로 대조를 이루는 시적 표상이다. 이것은 궁핍과 부

자유와 고통의 삶을 의미한다. 이 같은 삶의 모습은 고통의 현실을 살고 있는 시적 화자의 모습에 다름 아니다. 시적 화자는 '짐 실은 저 나귀는 너 왜 넘니?'라는 절약된 진술을 통하여 함축적으로 자신이 말하고자 하는 현실의 고통을 표현하고 있는 것이다.

> 당신이 가신 뒤로 나는 당신을 잊을 수가 없습니다
> 까닭은 당신을 위하나니보다 나를 위함이 많습니다
>
> 나는 갈고 심을 땅이 없음으로 추수(秋收)가 없습니다
> 저녁거리가 없어서 조나 감자를 꾸러 이웃집에 갔더니 주인은 「거지는 인격(人格)이 없다 인격이 없는 사람은 생명(生命)이 없다 너를 도와주는 것은 죄악(罪惡)이다」고 말하였습니다
> 그 말을 듣고 돌아나올 때에 쏟아지는 눈물 속에서 당신을 보았습니다
>
> ── 한용운, 「당신을 보았습니다」

앞의 시에는 시적 화자로서의 '나'와 청자로서의 '당신'이 함께 드러난다. 이 시에서 '나'는 '당신'이 부재하는 공간에 살고 있으면서 '당신'이 떠난 현실을 있는 그대로 사실로 받아들이고 있다. 객관적인 현실을 인정하고 있다는 뜻이다. 그러나 시적 화자는 대상으로서의 '당신'의 존재 의미를 고통스러운 부재의 공간에서 끌어내고, 오히려 그 존재의 당위성을 강조한다. '쏟아지는 눈물 속에서 당신을 보았습니다'라는 시적 진술에서처럼, 시적 화자의 마음속에서는 '당신'이 떠나지 않고 있다. 시적 대상으로서의 '당신'과 시적 화자로서의 '나'가 둘이 아니라 하나이기 때문이다. 바로 여기서 시적 주체로서의 '나'와 시적 대상으로서의 '당신'의 분리와 통합이 역설적으로 드러나는 것

이다. 그러므로 이 시의 어조는 비탄과 정한의 감정을 노래하지 않는다. 시적 화자는 '당신'이 떠나 버린 뒤에 겪는 수모와 고통을 말하면서도, 그 고통을 극복하기 위해 '당신'에 대한 새로운 기대와 신념을 강조하고 있다. 비극의 현실 속에 빠져 있는 개인의 정서적 파탄을 그리지 않고, 오히려 존재의 본질과 새로운 삶의 전망을 노래하고 있다. 그러므로 이 시에서는 비장한 신념을 노래하는 의지적이며 강렬한 어조가 돋보인다. 이와 같은 시적 어조를 통해 드러나는 '나'와 '당신'의 존재 방식은 당대의 상황과 연관되어 식민지 시대의 비극적인 역사와 빗대어지기도 하며, 형이상학적이고 종교적 의미로 이해되기도 한다.

　　마돈나 지금은 밤도 모든 목거지에 다니노라 피곤(疲困)하야 돌아가려는도다,
　　아, 너도, 먼동이 트기 전으로, 수밀도(水蜜桃)의 네 가슴에, 이슬이 맺도록 달려오너라.

　　마돈나 오려무나, 네 집에서 눈으로 유전(遺傳)하던 진주(眞珠)는 다 두고 몸만 오너라,
　　빨리 가자, 우리는 밝음이 오면, 어딘지도 모르게 숨는 두 별이어라.

　　마돈나 구석지고도 어둔 마음의 거리에서, 나는 두려워 떨며 기다리노라,
　　아, 어느덧 첫닭이 울고―뭇개가 짖도다, 나의 아씨여, 너도 듣느냐.

　　(중략)

마돈나 언젠들 안 갈 수 있으랴, 갈 테면, 우리가 가자, 끄을
려 가지 말고!
너는 내 말을 믿는 〈마리아〉! 내 침실(寢室)이 부활(復活)의
동굴(洞窟)임을 네야 알련만….

마돈나 밤이 주는 꿈, 우리가 얽는 꿈, 사람이 안고 궁그는
목숨의 꿈이 다르지 않으니,
아, 어린애 가슴처럼 세월(歲月) 모르는 나의 침실(寢室)로
가자, 아름답고 오랜 거기로.

마돈나 별들의 웃음도 흐려지려 하고, 어둔 밤물결도 잦아
지려는도다,
아, 안개가 사라지기 전으로, 네가 와야지, 나의 아씨여, 너
를 부른다.

──이상화, 「나의 침실로」

이 시에서 가장 두드러지게 드러나는 것은 각 연마다 첫 행의 머리에 반복하여 부르고 있는 '마돈나'라는 호칭이다. 시적 대상으로서의 '마돈나'는 시적 화자인 '나'의 간절한 사랑의 상대다. 이 시기의 다른 시인들이 시적 대상으로 내세웠던 '님'이라든지 '당신'과 대비해 본다면, '마돈나'라는 대상을 중심으로 하는 이 작품의 시적 발상법은 이색적인 느낌을 주기도 한다. 그런데 이 시의 화자는 '마돈나'라는 구원의 대상을 '마리아'라고 부르기도 하고 '아씨'라고 호칭하기도 한다. 이 같은 인식은 '마돈나'라는 대상이 시적 화자인 '나'에 의해 인식되는 존재 영역의 폭을 말해 주는 것이다. '마리아'라는 신성의 존재와 '아씨'라는 세속의 존재가 모두 '마돈나'라는 하나의 대상을 통해 구체적으로 인식된다. 이 시에서 느껴지는 시적 긴장은 '마

리아'를 통해 구현되는 정결성과 '아씨'를 통해 감각화되는 관능성의 거리에서 비롯되는 것이다. 이 시에서 강조된 관능적인 어조는 밤이라는 시간과 침실이라는 공간 속에 시적 대상을 끌어들임으로써 더욱 고조된다. '수밀도(水蜜桃)의 네 가슴'이라든지 '몸만 오너라.'라든지 하는 관능적 표현은 밤의 침실을 시적 정황으로 설정함으로써 구체성을 획득하고 있다. 물론 이 시의 관능적 요소가 육체에 대한 탐닉이나 애욕에만 한정된 것은 아니다. 개인의 내적 감정의 격렬성을 시의 형식을 통해 자유롭게 구현할 수 있다는 것, 시적 화자의 거의 병적인 감정의 격렬성과 자제할 수 없는 욕망을 격정적인 시적 어조를 통해 이처럼 적나라하게 표현할 수 있다는 것 자체가 주목된다고 할 것이다.

시적 화자의 존재 방식

시의 어조는 시적 화자의 존재를 떠나서는 논의하기 어렵다. 시의 텍스트 안에서 시적 화자는 자신에게 부여된 목소리를 가지고 자신의 역할을 수행하면서 감정을 표현하고 생각을 이야기한다. 이러한 시적 화자의 목소리와 그의 역할이 시적 텍스트의 속성을 결정짓는다고 할 수 있다.

그런데 여기서 주의해야 할 것은 시인과 시적 화자를 어떻게 구별하고 어떻게 관련시켜야 하는가 하는 점이다. 시에서 '나'라는 화자는 시인과 그대로 동일시하는 것이 자연스럽다. 하지만 시에 등장하는 일인칭 화자가 반드시 시인 자신과 동일하다고 생각할 수 없는 경우도 얼마든지 있다.

①
먼 훗날 당신이 찾으시면
그때에 내 말이 『잊었노라.』

당신이 속으로 나무리면
『무척 그리다가 잊었노라.』

그래도 당신이 나무리면
『믿기지 않아서 잊었노라.』

오늘도 어제도 아니 잊고
먼 훗날 그때에 『잊었노라.』
─김소월,「먼 후일」

②
나는 꿈꾸었노라, 동무들과 내가 가지런히
벌 가의 하루 일을 다 마치고
석양(夕陽)에 마을로 돌아오는 꿈을,
즐거이, 꿈 가운데.

그러나 집 잃은 내 몸이어,
바라건대는 우리에게 우리의 보섭 대일 땅이 있었더면!
이처럼 떠돌으랴, 아침에 점을손에
새라새로운 탄식(歎息)을 얻으면서.
─김소월,「바라건대는
우리에게 우리의 보섭 대일 땅이 있었더면」

앞에 인용된 시는 모두 시인 김소월의 작품이다. 두 작품에는 공통적으로 '나'라는 시적 화자가 등장한다. 그런데 ①에 등장하는 '나'와 ②에 등장하는 '나' 사이에는 어조의 차이가 있다. ①의 경우는 작품 속에 드러나 있는 시적 정황이나 말투가 모두 여성적이다. 그러나 ②의 경우는 반드시 여성적이라고 말하기 어렵다. ①의 경우 시적 화자인 '나'를 여성적 화자라고 한다면, 이것은 '나'라는 시적 화자가 시인 김소월과 동일한 존재가 아님을 말해 준다.

시적 화자는 시인과 동일한 존재일 수도 있고 전혀 다른 허구적 존재일 수도 있다. 그러므로 시적 화자의 존재를 놓고 이를 시인 자신과 동일시하는 것은 시적 텍스트의 내적 자율성을 해칠 우려가 있다. 시적 화자는 시적 텍스트의 내용을 표현하기 위해 시인에 의해 창조된 독자적인 개성이라고 보아야만 한다.

현대시에서는 이러한 논리에 근거하여 퍼스나(persona)라는 용어를 사용하여 시적 화자와 시인을 엄격히 구별한다. 퍼스나라는 말은 원래 그리스의 고전극에서 배우들이 사용하던 '가면' 또는 '탈'을 가리키는 라틴어였다. 이 말이 오늘날에는 문학의 여러 갈래에서 본래의 뜻과는 다르게 사용되고 있다. 소설의 경우에는 작가가 아닌 일인칭 화자 '나'를 작가와 구별하여 지칭하는 말로 사용되기도 하고 시의 경우에는 독자들이 그 목소리를 듣게 되는 시적 화자를 지칭하는 말로 쓰이기도 한다. 이러한 용법은 이들 작중 화자가 시와 소설이라는 특정 예술 작품에서 그 예술적 목적을 위해 창조된 허구적 인물이라는 점을 말해 준다.

시적 화자는 언제나 시인과 일정한 거리를 두고 존재한다. 그리고 특정의 시적 정황 속에서 자기에게 부여된 역할을 수행하고 특정의 효과를 얻어 낸다. 그러므로 시인은 자신의 작품 속에서 각각의 작품에 알맞은 다양한 탈(퍼스나)을 창조한다. 이러한 창조의 과정을 통해 시인은 자신이 만들어 낸 작품 속에서 자신의 실제적인 개성으로부터 자유로워지는 대신에 독자들에게는 자신과는 다른 새로운 개성을 만날 수 있게 하는 것이다.

그런데 시적 텍스트 안에서 시적 화자는 표면적으로 등장하기도 하고 전혀 드러나지 않기도 한다. 앞의 시에서처럼 '나'라는 화자가 분명하게 표시되어 있는 경우는 그리 많지 않다. 대개의 시에서는 화자가 숨겨진 상태로 표현된다. 이 경우에는 화자의 정체를 확인하기 힘들다.

제5장 소설

1 허구와 서사

소설은 꾸며 낸 이야기다. 소설의 이야기가 실제로 있었던 일에 근거하는 경우도 있다. 그러나 이 경우에도 사실을 있는 그대로 그려 내는 것은 아니다. 소설은 작가의 상상력에 의해 새롭게 인생을 창조하는 것이다. 소설의 세계를 흔히 허구라고 하는데, 그것은 상상력에 의해 창조된 가공의 현실을 지적하는 말이다. 물론 허구라는 것도 산 경험을 토대로 하여 성립되는 것이다. 소설은 허구적인 이야기이기 때문에 전기나 자서전, 체험기나 증언과 같은 이른바 '역사적'인 글과는 구별된다. 소설가는 경험에 근거하여 이야기를 만들면서, 그 경험을 허구로 변형시킨다. 어떤 이야기도 현실과 아무 상관없이 꾸며 낸 허구라는 것은 상상할 수 없다. 반면에 어떤 이야기도 모든 것이 현실과 일치하는 가공되지 않은 이야기라는 것은 가능하지 않다.

소설은 어떤 이야기를 들려준다. 소설가는 소설 속에서 어떤 줄거리를 가진 이야기를 만든다. 이야기에는 반드시 등장하는 인물이 있고 그 인물은 어떤 행동을 보여 준다. 이때 인물의 행동을 구체적으로 드러내기 위해 인물이 행동하는 장소와 시간을 그럴듯하게 그려 내는 일이 필요하다.

소설가는 인물의 행동 가운데서 어떤 사실들만을 선택하여 장소와 시간을 맞춰 배열한다. 소설가는 이야기의 원인이나 등장하는 인물의 과거를 설명하기 위하여 때로는 몇 년, 혹은 수십 년을 거슬러 올라가기도 한다. 그러나 이야기의 시간을 무한정으로 올려 잡지는 않는다. 자기가 보기에 중요하다고 생각되는 사실들만을 골라 그 위치를 정하고 그것을 그려 보일 뿐 그

허구로서의 소설

밖의 것은 어둠 속에 묻어 둔다. 소설가는 독자의 마음속에 어떤 효과를 불러일으키고 그의 주의를 끌고 감동시키기 위하여 이야기를 꾸민다.

　소설이 허구이면서도 우리에게 깊은 감동을 주는 것은 그것이 전혀 터무니없는 것이 아니라 그럴듯하게 여겨지는 짜임새를 지니고 있기 때문이다. 동일한 소재의 이야기라도 그 이야기가 전개되는 배경이나 주인공의 성격, 그 주인공이 처한 상황 등을 얼마나 짜임새 있게 배열하고 있는가에 따라 느낌이 달라진다. 그러므로 소설가는 소설의 이야기를 짜임새 있게 완성하기 위해 모든 고안을 동원한다. 소설은 그 짜임새에 따라서 이야기의 줄거리와 그 주제가 유기적인 관련을 맺으며, 어떤 감동을 자아내게 되는 것이다.

산문 양식으로서의 소설

　소설은 인간의 삶을 표현한다. 시나 희곡도 모두 인생의 표현이라고 하지만, 소설이 표현하는 인생은 더욱 실제 인생에 가깝다. 이것은 소설이 산문 형식을 취하고 있는 것과 관계가 있다. 운문에서는 아무리 해도 그 제한된 형식적 조건 때문에 인생을 폭넓게 그려 낼 수가 없지만, 소설은 산문을 통해 자유스럽게 그것을 그려 낼 수 있다. 소설에서 쓰이는 산문의 언어는 일상생활 속에서 쓰이는 말과 가깝다. 소설의 등장인물이 주고받는 대화는 말할 것도 없고, 이야기를 이끌어 가는 서술적인 언어도 일상생활에서 사용하는 언어와 다를 바가 없다. 일상의 언어와 작품의 언어를 일치시키는 것은 근대소설의 중요한 특징이다. 그것은 소설이 인간의 일상생활 속에서 소재를 찾는 경향에도 관련이 있다. 소설은 일상의 현실을 취재하여 사실대로 그려 가는 것이다. 소설이 지닌 산문 정신은 이러한 언어적 특성과도 관련된다. 소설은 인간의 삶과 그 현실을 산문을 통해 가장 직접적으로 그려 낸다. 소설 속의 이야기는 인간의 삶에 대응한다. 소설 속에 등장하는 인물들은 현실 속의 인물들과 전혀 다를 것이 없다. 어떤 개인의 삶이나 그 운명에 대해서도 소설은 각각 거기에 어울리는 형식을 부여하기 때문에 결코 삶의 범주를 넘어서는 법이 없다.

소설은 인간의 삶을 이야기 형식으로 바꾸어 놓는다. 그리고 개인의 삶과 사회적 가치 사이의 조화로운 통합을 지향한다. 그러나 이러한 조화로운 삶의 인식이란 언제나 가능한 것은 아니다. 인간의 삶의 현실은 타락해 있으며, 인간이 추구해야 할 가치는 훼손된 상태에 놓여 있기 때문이다. 그러므로 작가는 소설 속에서 자기 운명의 궁극적인 지점까지 살아가야 하는 인물을 창조하게 된다. 소설 속의 등장인물은 현실 속에서 자신의 삶을 가로막는 수많은 난관에도 불구하고 자기 정신에 내재해 있는 조화로운 삶에 대한 지향을 포기하지 않는다. 소설의 인물이 평범한 개인이면서도 문제적인 인물이 되는 까닭이 여기에 있다.

소설과 서사 구조

소설이 그려 내는 일련의 사건들은 일정한 시간과 공간을 배경으로 하는 인물의 행위를 바탕으로 하여 하나의 이야기로 이어진다. 그리고 이 이야기는 화자가 청자에게 말해 주는 방식으로 제시된다. 이러한 특징적인 양식을 서사(narrative)라고 말한다. 서사 양식으로서의 소설에는 이야기를 말해 주는 화자가 있고 화자에 의해 말해지는 이야기가 있다. 여기서 화자는 이야기를 실제의 사실처럼 말해 주는 서술 행위의 책임을 맡는다. 소설의 화자는 서로 다른 두 가지 영역에 위치한다. 예컨대 소설이라는 텍스트를 중심으로 놓고 볼 때, 실재적인 화자는 작가다. 작가는 이야기인 텍스트를 실재적인 독자에게 제공한다. 그러나 서사 내적인 상황에서 화자는 텍스트 내적 세계의 한 영역을 담당하는 허구적인 이야기꾼이다. 여기서 화자는 서사의 내용이 되는 이야기를 텍스트의 세계에 존재하는 허구적인 청자에게 전달한다. 작가/독자, 그리고 화자/청자에 의해 이루어지는 소통 구조는 그러므로 텍스트 외적인 실재 공간과 텍스트 내적인 허구적 공간이라는 두 가지 서로 다른 공간에 자리한다. 그렇지만, 이들은 서로 관습적으로 연결되어 있다. 작가는 마치 화자인 것처럼 이야기를 말하고 독자는 마치 자신이 청자인 것처럼 그 이야기를 듣는다. 그러므로 서사에서 화자는 그들이 말하고 있는 이야기의 내용에 참여하는 방식에 따라 여러 가지로 구분된다. 예컨대 이야기의 내용 속에 등장하는 작품 내적 화자와 이야기의 외부에서 이야기를 말해 주는 작품 외적 화자가 있을 수 있다.

소설의 이야기는 언제나 시간과 공간을 필요로 한다. 때와 장소는 이야기의 구성과 그 진행에 구체성을 부여한다. 시간과 공간의 결합 없이는 서사 자체의 성립이 불가능하다. 경험적인 내용이나 역사적 사실에 근거한 서사에서 시간과 공간은 실재로 '어떤 일이 일어난 구체적인 공간과 시간'을 의미한다. 그러므로 이러한 역사적 서사는 이미 일어난 것에 기초하여 그 사실의 실재성을 재현하고 전달한다. 그렇지만, 소설과 같은 허구적 서사는 이와 다르다. 허구적 서사는 일어날 수 있는 것을 마치 일어났던 것처럼 꾸며 내기 위해 인물을 만들어 어떤 행위를 꾸며 내고 그 행위에 시간과 공간의 구체성을 부여한다. 허구적 서사의 시간과 공간은 실재의 때와 장소가 아니라 가공의 시간과 공간이다. 허구적 서사에서 이야기 내용에 실재성을 부여하기 위해 가공의 시간과 공간을 만들어 내고 실제의 일처럼 꾸며 내는 행위, 이것이 바로 형상화다. 이 형상화의 원리에 근거하여 소설은 허구적 서사로서 문학적 양식이 된다.

소설의 유형

소설은 구성 방식이나 주제 내용에 따라 여러 가지 유형으로 구분된다. 소설의 내용을 통해 드러나는 배경을 중심으로 농촌소설, 도시소설, 해양소설과 같은 구분이 가능하며, 소재의 내용과 구성 방법에 따라서는 역사소설, 탐정소설, 과학소설, 전쟁소설, 정치소설 등과 같이 분류할 수도 있다. 소설의 미학적인 가치를 중심으로 대중소설 또는 통속소설과 순수소설, 예술소설 또는 본격소설을 구분하기도 한다. 그러나 이 같은 분류법은 어떤 절대적인 기준에 의해 이루어지는 것은 아니다. 다양한 소설의 내용과 형태를 어떤 유형으로 분류한다는 것은 절대적인 기준을 내세우기 어려운 일이다. 소설의 여러 가지 분류 가운데 가장 일반화되어 있는 것이 단편소설과 장편소설의 구분이다. 단편소설과 장편소설이라는 명칭은 이야기의 길이에 따라 붙여진 것이다. 그렇지만 이 두 가지 형태의 소설은 길이만이 아니라 이야기의 구성 방법과 주제의 형상화 방법에서 모두 본질적으로 차이를 드러낸다.

단편소설은 말 그대로 길이가 짧은 이야기다. 일반적으로 단편소설은 200자 원고지 80장 내외를 기준으로 한다. 60~150장 정도로 그 범위를 정하는 경우도 있다. 그러나 이같이 이야기의 길이가 짧다는 것은 단순히 양적인 개념을 의미하는 것이 아니다. 오히려 이야기의 질적인 개념에 더 큰 비중을 둔다. 단편소설은 그 길이에 있어서 단편(短篇)이면서 동시에, 질적인 면에서의 단편(斷片)에 해당한다. 인간의 삶의 한 단면을 보여 준다는 의미에서 단편소설의 속성을 중시할 필요가 있다. 여기서 말하는 삶의 한 단면이라는 것은 삶의 전체적인 모습 가운데에서 어떤 특징적인 일면을 보여 준다는 뜻이다. 단편소설은 대개 단일한 작중인물을 중심으로 짤막하게 이야기가 전개된다. 모든 단편소설이 등장인물을 반드시 한 사람으로 고정하는 것은 아니지만, 이야기의 중심을 이루는 인물을 한두 사람으로 제한하는 것은 단편소설의 일반적인 특징이다. 장편소설의 경우에도 주인공은 한두 사람이 될 수 있지만, 그 주인공을 둘러싸고 수많은 인물들이 등장한다. 단편소설은 인물을 한둘로 고정해 놓고 있기 때문에, 그만큼 그 인물에 이야기의 관심을 집중시킬 수 있다. 그리고 그 인물의 삶의 특징적인 면을 통해 거기에 나타나 있는 성격을 분명하게 제시할 수가 있다.

   단편소설은 하나의 중요한 사건이 이야기의 골격을 이룬다. 장편소설에는 여러 가지 사건들이 서로 얽혀 나타나지만, 단편소설은 하나의 사건이 하나의 상황 속에서 단일하게 제시된다. 그러므로, 단편소설은 이야기의 구성이 단순하다. 단편소설에서 단순 구성이란 하나의 인물을 중심으로 이루어지는 하나의 사건을 다루기 때문에 생겨난 말이다. 단편소설에서 다루는 사건은 일상의 삶 가운데에서 그 인물의 특성을 잘 드러내어 줄 수 있는 것으로 한정된다. 소설 속의 사건과 인물의 행동을 통해 인물의 성격과 삶의 특징이 잘 드러나야 한다. 단편소설의 사건은 그 발단과 전개 과정이 하나의 이야기로 통일되어 단일한 인상을 줄 수 있도록 서로 긴밀하게 결합된다.

   단편소설은 인상의 단일성이 그 본질이라고 할 수 있다. 작품 속에 등장하는 인물도 단일하고, 그 인물을 둘러싸고 일어나는 사건도 하나로 집약되어 있으며, 이야기가 전개되는 상황 자체도 단일하기 때문에 전체적으로 일관된 인상을 유지하게 된다. 단편소설은 사건의 배경이 되는 시간과 공간도 대개 고정된다. 하나의 사건이 전개되는 과정에 필요한 시간과 공간만을 보여 주기 때문이다.

   장편소설은 우선 그 길이가 길다. 우리나라에서는 대개 200자 원고지 1000장 정도의 길이가 되어야 장편소설로 인정한다. 이같이 장편소설의 길이가 문제가 되는 것은 인간의 삶의 문제를 총체적으로 다루는 종합 문학의 형태이기 때문이다. 장편소설

가운데에서도 장구한 시간과 수다한 인물들의 이야기를 길게 그려 놓은 것을 대하소설이라고 한다. 큰 강물이 흐르듯이 이야기의 진행이 오랫동안 지속되는 이야기라는 뜻이다. 우리나라의 고전소설 가운데에는 전체 180책(원고지 3만 장 정도)으로 이루어진 『완월회맹연(玩月會盟宴)』이라는 작품도 있고, 현대소설로는 박경리의 『토지』(전 15권)와 같은 대하소설이 있다.

　장편소설은 인생의 어느 한 면을 그리는 것이 아니다. 단편소설은 하나의 사건, 하나의 상황을 다루는 것이 보통이지만, 장편소설에서는 깊이와 넓이 양면에서 인생을 전체적으로 그린다. 그러므로 인생의 폭넓은 체험과 깊은 통찰이 필요하다. 장편소설은 인생을 종합적으로 표현하기 위해 복합적인 구성 방법을 활용한다. 여기서 말하는 복합 구성이란 인물, 사건, 배경의 복합성을 의미한다. 단편소설은 인물과 사건과 배경의 단일성을 중시하지만, 장편소설에서는 수많은 등장인물들과 여러 가지 사건들이 서로 얽혀 시간과 장소를 이동하면서 나타난다. 이것을 하나의 이야기로 펼쳐 놓기 위해 중심이 되는 이야기와 부수적인 이야기들을 만들어 이들을 서로 긴밀하게 연결한다. 장편소설 속에서 그려지는 사건은 수많은 복선을 가지고 확대 발전하며, 이러한 복합적인 구성을 바탕으로 하나의 새로운 삶을 창조한다.

　장편소설은 인간과 그 삶을 새로이 해석하고 새로운 인간형의 창조에 기여한다. 장편소설이 긴 시간과 여러 공간을 이동하면서 만들어 내는 것은 하나의 구체적인 인생이다. 인생의 창조라는 것은 소설의 영원한 주제다. 그러나 소설에서 창조하는 인생은 현실과 상관없이 만들어지는 것이 아니다. 현실 속에서 발견할 수 있는 인간을 바탕으로 새로운 이상적인 인간형을 창조하는 것이 소설이다. 현실의 여러 가지 양상을 두루 체현하기 때문에 장편소설에서 그려 내는 인간은 입체적인 성격을 지닌다.

2 인물과 성격

소설의 등장인물

소설의 이야기에는 반드시 인물이 등장한다. 이들을 작중 등장인물이라고 부른다. 소설에서 가장 중요한 역할을 하는 것은 인물이다. 소설 속의 인물은 말과 행동을 통하여 자신의 성격을 드러내며, 사건을 이어가는 주체가 된다. 많은 점에 있어서 실제 인간과 유사하지만, 이야기의 내용과 주제에 따라 그 특성이 결정된다. 그러므로 소설 속에 등장하는 작중인물은 실제로 살아가는 인간과는 달리 일정한 소설적 제약 속에서 행동하고 사고하는 존재라고 할 수 있다. 소설 속의 인물은 작가가 수행하려는 소설의 계획에 따라 그 행동과 사고방식이 결정되기 때문에, 작가가 의도한 대로 작가에 의하여 만들어진 환경 속에서 어떤 목표를 향해 살아 움직이게 되는 것이다. 그리고 그러한 삶의 과정을 여실히 보여 줌으로써, 인생의 의미를 새롭게 제시한다고 할 수 있다.

소설의 인물은 이야기에 등장하는 모든 요소들과 긴밀한 관계를 이룬다. 이야기 속의 다른 사람과 긴밀하게 결합되어 있으며, 소설에서 그려지는 시대적인 상황이나 조건에 깊이 관여되어 있다. 「춘향전」에 등장하는 춘향은 이몽룡이나 변학도와 깊은 관계가 있으며 그 관계 속에서 자신의 존재 의미를 드러낸다. 이광수의 소설 『무정』에 등장하는 박영채 곁에 이형식이 없다면 어떻게 이야기가 성립될 수 있겠는가? 이인직의 신소설 『혈의 누』에 등장하는 옥련이라는 여주인공은 봉건적인 한국 사회가 근대적인 변화를 시작한 개화 계몽 시대의 상황을 그대로 대변한다. 이처럼 소설 속의 등장인물은 다른 인물과의 관계를 통해 자기 존재의 어떤 일면을 보여 주기도 하고 소설의 배경을 이루는 시대 상황을 그대로 보여 주기도 한다.

소설의 등장인물은 이야기 속에 등장하여 모든 행동들을 주도한다. 여기서 말하는 행동이란 작품 속에서 서로 대립하거나 하나로 합쳐지도록 설정되어 있는 힘의 조작이라고 할 수 있다. 등장인물은 행동의 순간마다 다른 등장인물을 추적하거나 다른 등장인물과 대결하거나 서로 화해하는 등 긴장 관계를 이룬다.

소설의 등장인물 가운데 가장 중요한 사건의 중심에 자리하면서 행동을 주도하는 인물을 주동자(protagonist)라고 한다. 주동자는 중요한 사건을 이끌어 가며 이야기의 방향을 주도하기 때문에 주역에 해당한다. 모든 소설에는 반드시 한두 사람의 주동자가 등장한다. 주동자와 대립적인 입장에서 투쟁하는 인물을 반동자(antagonist)라고 한다. 반동자는 주동자를 중심으로 전개되는 사건의 흐름을 방해하고 이야기의 진행을 가로막는 역할을 하기 때문에 훼방꾼(blocking character)이라고 부르기도 한다. 고전소설 「춘향전」의 이야기에 등장하는 춘향이나 이몽룡은 주동자에 해당하며, 이들 사이에서 훼방꾼 역할을 하고 있는 변학도는 반동자에 해당한다.

소설에 등장하는 주동인물은 달리 주인공(hero) 또는 여주인공(heroine)이라고 부르기도 한다. 주인공이나 여주인공이라는 말은 소설만이 아니라 영화나 연극에서도 널리 쓰인다. 그러나 이 말들은 전문적인 용어가 아니다. 오히려 주인공이라는 말보다는 주동적 인물(main character)이라고 하는 편이 더 적절하다. 주동적 인물의 행동을 돕거나 주변적인 이야기에 등장하여 이야기 내용을 풍성하게 만들어 주는 주변적인 인물들을 부수적 인물(minor character)이라고 한다. 부수적 인물은 이야기의 전체적인 흐름을 주도하는 주요한 사건을 주도하는 역할을 하지는 않지만 이야기의 전개 과정이 자연스럽게 이루어지도록 하는 데에 빠져서는 안 될 역할을 담당한다. 「춘향전」에서 춘향을 시중드는 향단과 이 도령을 모시는 방자와 같은 부수적 인물이 빠진다면 이야기가 활력을 잃게 될 것은 뻔한 일이다.

인물의 행동과 기능

등장인물은 이야기 속에서 수행하는 행동과 차지하는 역할에 따라 의미가 달라진다. 아리스토텔레스는 『시학』 제2장에서 예술가는 행동하는 인간을 모방한다고 말한다. 이 진술의 중요한 의미는 행동 자체가 앞에 나오고 그 행동을 수행하는 인간이 뒤에 나온다는 점에서 찾아진다. 인물이란 어떤 행동의 행위자며, 거기에 부차적인 자질이 따라붙는다. 예컨대, 고상함이라든지 천박함과 같은 자질이 덧붙여지는 것이다.

러시아 형식주의자들은 아리스토텔레스의 관점을 그대로 계승한다. 그들은 등장인물을 실제적인 인물로 간주하기보다는 하나의 기능적인 행위자로 인식하고자 한다. 그러므로 그 인물이 어떠한 인물인가를 따지는 것이 아니라 어떠한 일을 하는지를 따진다. 인물의 모든 양상을 그 기능에 의해 규정하며 심리적이거나 도덕적 요소를 중시하지 않는다. 러시아 민담을 구조적으로 분석하여 그 구성 원리를 밝히고자 하였던 프롭(V. Propp)은 『민담의 형태론(Morphology of the Folktale)』을 통해 이야기에 등장하는 인물들이 이야기 속에서 어떤 역할을 담당하는 기능의 산물임을 밝혀 냈다. 그는 약 100개의 러시아 민담의 내용을 분석하여 모든 민담에 반복적으로 드러나는 화소(話素, 모티프)의 유형을 종합 정리하였다. 다음의 예를 보자.

① 어떤 왕이 어떤 영웅에게 매를 한 마리 준다. 매는 영웅을 이웃 나라로 싣고 간다.

② 어떤 노인이 스첸코에게 말을 한 필 준다. 그 말이 스첸코를 어느 이웃 나라에 싣고 간다.

③ 어느 마법사가 이안에게 배를 한 척 준다. 그 배는 이안을 어떤 이웃 나라로 싣고 간다.

④ 어떤 공주가 이안에게 반지를 하나 준다. 그 반지 속에서 몇 사람의 젊은 장정이 나타나 이안을 이웃 나라로 데리고 간다.

앞의 예를 보면, 각각의 이야기 속에 등장하는 인물은 서로 다르지만, 그 행위는 서로 유사하다. 네 가지 이야기 속에는 누군가 누군가에게서 받은 어떤 것에 의해 이웃 나라로 이동한다는 내용이 나타나 있다. 이 이야기들에 등장하는 인물들은 서로 다르고 그 속성도 가변적이다. 그러므로 프롭은 누가 어떻게 행하는가를 따지기 전에 무엇이 행하여지는가를 살펴야 한다고 주장하고 있다.

프롭은 이야기 속에서 유사하게 반복되는 행위를 '기능(function)'이라고 규정하고 있다. 기능이란 이야기가 진행되는 동안 일어나는 중요한 행위를 말하지만, 행위 그 자체는 아니다. 이야기 속에서 어떤 역할을 담당하느냐에 따라 기능이 결정되는 것이다. 이야기 속에 등장하는 인물들은 외모가 서로 다를 수도 있고, 나이나 성별, 교육이나 사회적 지위 등에서도 서로 차이가 날 수 있지만, 그러한 차이는 별로 중요하지 않다. 중요한 것은 이들 인물이 보여 주는 행동과 기능의 유사성이다. 프롭은 이 유사성에 근거하여 민담의 구조적인 동질성을 밝혀내고 일반적인 민담의 유형론을 제안하면서 다음과 같은 결론에 도달하였다.

① 작중인물들의 기능은, 누구에게 어떤 방법으로 수행되

는가 하는 것과는 상관없이 하나의 이야기에 있어서 고정불변의 요소다.
② 민담에 나타난 기능의 수는 한정되어 있다.
③ 기능의 계기는 항상 동일하다.
④ 모든 민담은 그 구조로 보아서 동일 유형이다.

프롭은 민담의 구조 분석을 통해 31종의 기능을 구별하고 여기에 근거하여 모든 민담의 줄거리를 설명할 수 있다고 주장하였다. 그가 제시한 기능을 보면, 부재, 금지, 위반, 기만, 악행, 투쟁 등과 같이 이야기 속에서 작중인물의 기능과 역할을 의미한다. 물론 이러한 기능들이 모두 하나의 민담 속에 나타나야 하는 것은 아니다. 실제로 민담 속에는 이들 가운데 상당수가 생략되어 있다. 그러나 이야기 속에 나타나는 기능은 언제나 그 순서가 일정하다.

프롭은 이러한 기능에 근거하여 악한(villain), 기증자(donor), 조력자(helper), 탐색자(seeker)와 그의 아버지, 위임자(dispatcher), 영웅(hero), 가짜 영웅(false hero) 등 일곱 가지로 분류되는 일반적인 인물의 유형을 추출하고 있다. 그리고 이러한 기능에 따라 그 행위 영역이 종속된다고 말한다. 어떤 이야기 속에서 한 등장인물은 앞의 일곱 가지 기능 가운데 한 가지 또는 그 이상의 역할을 수행한다. 반대로 여러 등장인물들이 하나의 동일한 역할을 수행할 수도 있다. 이러한 인물의 유형과 그 기능은 이야기 속의 인물에 대한 일종의 유형론적 분석을 요구한다. 각각의 인물들이 수행하는 기능이 어떻게 서로 결합되고 어떻게 대립하느냐에 따라 수많은 결합 관계가 가능하고 수많은 이야기를 만들어 낼 수 있기 때문이다.

인물의 성격과 유형

소설의 본질은 인간을 탐구하며 새로운 인간형을 창조하는 데에 있다. 새로운 독창적인 성격의 창조야말로 소설의 가장 중요한 요건이다. 소설에 등장하는 인물의 성격은 그 자체가 독자적으로 고립되어 형성되는 것이 아니다. 인물들의 상호 관계와 행동에 의하여 그 의미가 규정된다. 따라서, 소설의 구성과 인물의 성격은 서로 상통하는 긴밀한 관계를 지속적으로 유지한다. 소설가는 작중인물을 설정할 때 그 인물의 성격을 중시한다. 작중인물이라는 말이 성격이라는 말로 불릴 만큼 인물의 설정과 성격 창조는 같은 의미로 이해된다.

인물의 성격은 본질적으로 두 가지 차원의 특성을 고려해야 한다. 하나는 도덕성이며 다른 하나는 개성이다. 도덕성은 인물의 성격을 논하고자 할 경우 언제나 문제시되어 온 개념이다. 일찍이 아리스토텔레스의 『시학』에서부터 성격의 개념은 전적으로 도덕적인 상태, 즉 선(善) 또는 악(惡)에 해당한다고 하였다. 동양철학에서는 인간의 본성을 성선설(性善說)에 근거하여 선한 것으로 본다든지 성악설(性惡說)에 따라 악한 것으로 파악한다든지 하는 분류 개념이 생기기도 하였다. 한국의 고전소설을 보면 대개의 등장인물이 그들의 행동 양식에 따라 선인형과 악인형으로 구분된다. 「흥부전」에서 흥부는 선하고 놀부는 악하며, 이야기의 내용 자체도 권선징악이라는 도덕적 주제로 이어진다. 현대소설에서도 이 같은 인물의 도덕적 성격은 여전히 중시된다. 인간의 삶의 방식이 다양해지고 세상이 복잡해지면서 선과 악의 구분 자체가 어렵게 된 것은 사실이지만, 인간에 대한 판단에 있어서 도덕적 가치의 중요성은 변하지 않고 있다.

인간의 성격에서 중시되는 것으로 보편적인 개념으로서의 도덕성과 함께 개별적 인성으로서의 개성이 있다. 인간 사회의 근대적 변화 과정 속에서 가장 중요한 의미를 가지는 것이 주체로서의 개인의 발견이다. 개인의 존재는 합리성에 근거한 근대적인 인식의 산물이다. 개인이 지니는 특이한 가치는 근대적인 사회가 성립된 이후 더욱 중시되기 시작하였다. 현대소설에서 등장인물의 개성을 강조하는 것은 소설이라는 양식 자체가 인간에 대한 탐구를 목표로 하고 있기 때문이다. 여기서 인간 탐구란 곧 성격에 대한 탐구를 의미한다. 소설의 등장인물은 독자의 관심을 이끌 수 있는 개성적인 요소를 바탕으로 하여 특징적인 성격을 표출한다. 이러한 새로운 성격의 창조야말로 소설의 가장 중요한 요건이라고 할 수 있다.

 소설 속의 인물은 그 성격이 다양하다. 우리는 한 인물을 놓고 적극적인 성격이냐 소극적인 성격이냐를 따지기도 하고, 외향적인가 내성적인가를 구분하기도 한다. 개방적/폐쇄적, 능동적/수동적이라는 말로 성격의 특징을 말하기도 하고 보수적/진보적 등과 같은 말로 인간의 성향을 나누어 보기도 한다. 그러나 현실 속에서 살아가는 인간의 다양한 모습을 모두 설명할 수 있는 방법은 가능하지 않다.

 소설 속 인물의 성격을 몇 가지 유형으로 구분하는 방법은 오랜 전통을 지니고 있다. 『소설의 양상(Aspects of the Novel)』에서 플롯의 개념을 새롭게 정립한 포스터(E. M. Forster)는 소설에 등장하는 인물의 성격을 이야기의 줄거리 속에서 보여 주는 역할과 특성에 따라 평판적 성격(flat character)과 원형적 성격(round character)으로 크게 구분하였다. 전자는 흔히 평면적 성격으로 지칭되며 후자는 입체적 성격으로 지칭된다. 이러한 구분은 소설 속 이야기의 전체적인 흐름과 변화를 그 인물의 행동이나 성격과 직접으로 관련지어 볼 때 의미가 있다.

 평면적 성격의 인물은 하나의 작품 속에서 자신의 성격의 특징을 일관되게 지켜 나간다. 성격의 일관성 또는 단일성이 중시된다는 말이다. 이야기의 전개 과정에서 사건이 변화하고 환경이 바뀌어도 자기 성격의 일관성을 유지한다. 그렇기 때문에 이러한 인물을 정적 성격(static character)을 지닌 인물이라고 지칭하기도 한다. 평면적 성격의 인물은 주어진 환경의 변화에 아무런 영향을 받지 않고 자기 성격을 그대로 유지하기 때문에, 그 성격의 특징을 독자들이 쉽게 인지하며, 또한 독자들의 기억 속에 그 특징이 오래 남아 있게 된다. 이러한 인물들은 그 틀에 박힌 성격으로 인하여, 이야기의 전개 과정에서 독자들에게 어떤 충격을 주거나 박진감을 느끼게 하기는 어렵다. 그러나 그 고정된 성격 자체가 인물에 대한 어떤 신념을 확인할 수 있게 하며, 어떤 특정한 가치 개념과 쉽게 결합되기도 한다.

한국 고전소설의 주인공들은 대개가 평면적 성격을 지닌 인물들이다. 「심청전」의 주인공인 심청은 아름답고 착한 소녀로 그려져 있으며, 「춘향전」의 주인공 춘향은 자기 정절을 지키는 아름다운 여인으로 묘사된다. 「흥부전」에서 볼 수 있는 흥부는 마음씨가 착한 인물이다. 이러한 일관된 성격으로 인하여 이 인물들의 성격은 쉽게 인간의 윤리적 가치와 결합되어 오랫동안 독자들의 머리에 남아 있게 된다. 심청은 '효'라는 개념으로, 흥부는 '선'이라는 개념으로 인식된다. 그러나 이 같은 인물의 성격은 독자들의 믿음을 충족시킬 수 있다고 하더라도 그 단일성에서 오는 단순함을 벗어나기 어렵다.

입체적 성격의 인물은 한 작품 속에서 이야기의 흐름에 따라 성격이 변화하며 새롭게 발전하기도 한다. 이 같은 특징 때문에 발전적 성격(developing character)의 인물이라고 한다. 사건의 배경 변화에 따라서 인물의 행동 방식도 달라지고 그 태도와 성격도 변화한다. 이러한 변화 속에서 독자들은 인간성의 다양한 면모를 확인할 수 있다. 입체적 성격의 인물들이 보여 주는 성격의 변화와 발전을 놓고 극적 성격(dramatic character)이라고 달리 지칭하기도 한다. 입체적 성격의 인물은 일상의 현실 속에서 자신의 삶을 새롭게 개척하면서 자신의 개성을 자유롭게 발휘한다. 그러므로 이러한 인물은 결코 어떤 고정관념에 묶이지 않으며 항상 독자들에게 경이로움을 선사한다. 포스터는 독자들에게 변화의 놀라움을 주지 못하면 입체적 성격의 인물이 될 수 없다고 말하였다. 놀라움과 함께 실감을 주어야만 입체적 성격으로 인정할 수 있다는 것이다.

현대소설의 주인공들은 대개가 입체적 성격의 소유자들이다. 한국 문학에서 사례를 찾는다면 우선 이광수의 『무정』에 등장하는 여주인공 박영채를 생각할 수 있다. 영채는 일견 평면적인 성격의 소유자처럼 보이기도 하지만, 전통적인 가치관을 벗어나 새로운 근대적인 여성으로 변모하는 발전과 변화의 과정을 극적으로 보여 준다. 최인훈의 「광장」에 등장하는 주인공도 그 삶의 태도와 이념적 지향의 변화를 놓고 본다면 성격이 입체적이다.

그런데 소설 속 인물의 성격을 평면적 성격과 입체적 성격으로 구분하는 것은 유형화의 기준을 제시하기 위한 하나의 방안에 지나지 않는다. 이러한 구분에만 의존하여 인간의 성격을 지나치게 일반화하여 논할 필요는 없는 일이다. 실제의 소설에서도 모든 인물들이 이런 구분 방식에 그대로 적용되기는 어렵다. 이것은 등장인물이 이야기의 변화와 사건의 발전을 따라 함께 변화하느냐 고정되어 있느냐 하는 점만을 중시하는 구분이다. 소설 속에는 이 같은 한두 가지 유형의 인물들이 포진하고 있는 것이 아니라, 다양한 인물들이 서로 긴장과 조화를 이루면서 등장한다.

소설의 인물은 그 인물이 지닌 성격의 본질적인 특성을 중심으로 전형적 인물과 개성적 인물로 크게 구분하기도 한다. 전형적 인물은 사회의 어떤 집단이나 계층에 소속된 인물들이 공통적으로 보여 주는 성격의 특징을 잘 대변하는 인물을 말한다. 소설의 등장인물은 고립되어 있는 존재가 아니다. 그는 소설 속에 설정된 시간과 공간에 의해 어느 시대 어느 사회에 소속된 개인으로 등장한다. 그러므로, 그가 속해 있는 시대와 사회와 집단의 속성에 맞도록 그 성격을 부여받는 것이 당연하다. 그런데 소설의 인물은 구체적인 상황과 조건 속에서 살아가는 인간으로 그려지기 때문에, 그 자신만이 지니고 있는 개성이 중요시된다. 개성적 인물이란 자신의 특유한 기질과 성품을 통하여 소설 속에서 독자적인 존재를 인정받는 인물을 말한다. 인물의 개인적인 특성만을 놓고 본다면, 개성적 인물은 전형적 인물과 서로 대립되는 것처럼 생각하기 쉽다. 그러나, 소설 속의 인물은 전형적이면서도 개성적 성격을 지녀야 한다. 일제 식민지 시대의 지식인 청년층을 대변하는 전형적 인물이라 하더라도, 그의 개성을 동시에 발휘하는 인물이 되어야만, 소설 속에서 살아 있는 인물이 될 수 있다.

  소설의 등장인물은 어떤 직업을 대표하기도 하고 어떤 계층을 대표하기도 한다. 어떤 인물은 사상이나 이념, 그리고 종교적 신앙과 같은 집단성을 대표하기도 한다. 이처럼 자신이 속해 있는 어떤 사회적 집단을 대표하는 인물을 전형적 인물이라고 한다. 예를 든다면, 고전소설 「춘향전」에서 춘향이 정절이라는 도덕적 이념을 대변한다면, 「심청전」의 심청은 효도라는 도덕적 이념을 대변한다. 염상섭의 장편소설 『삼대』에 등장하는 조의관은 구시대의 지주를 대표하는 인물이다. 이러한 인물들은 대개 집단이나 계층이나 사회가 요구하는 삶의 양식에 따라 일정한 틀로 고정된 성격을 지니고 있다. 그러므로 이러한 인물을 통해 그 집단의 문제를 검토하고 탐색하고 비판할 수 있다.

  개성적인 성격이라는 말은 보편적인 성격에 전혀 상반되는 경우를 말하는 것이 아니다. 오히려 인간이 누구나 지니고 있는 보편적인 특질 위에 덧붙여졌거나 다소 변모된 또 다른 특질을 지녔다는 뜻이다. 그러므로 개성을 창조한다는 것은 보편적이고도 일상적인 데 파묻혀 있거나 숨겨져 있는 새로운 인간의 특성을 발견함으로써, 삶의 새로운 국면을 독자가 인식할 수 있도록 하는 것이다. 이를테면 이상의 소설「날개」에 나오는 주인공은 인간의 내면에 숨어 있는 독특한 자아의 형상을 보인다. 작가는 일상의 틀 속에 잠재되어 있던 자아의 모순을 발견하고 이를 통해 현실적 상황 속에 노정된 인간의 문제를 제시하고 있는 것이다.

인물의 성격 창조

소설에 등장하는 인물은 소설 속에서 일어나는 모든 이야기의 중심을 이루며, 이야기의 방향을 결정한다. 그러므로 소설의 이야기는 인물에 대한 설명이라고 할 수 있을 정도로 인물을 어떻게 설정하느냐가 중시된다. 소설의 인물 설정에서 핵심을 이루는 것은 인물의 성격을 창조하는 일이다. 성격 창조(characterization)는 여러 가지 방법들이 있지만, 인물에 어울리는 이름이나 별명을 붙이는 기본적인 단계에서부터 인물의 육체적인 외모, 행동과 습관, 말투, 자신에 대한 태도, 타인에 대한 행동이나 사고방식, 과거 생활 등을 설정하는 것을 통해 구체화된다.

소설의 인물은 이야기 속에 등장하는 순간부터 어떤 식으로든지 이름을 가지게 된다. 독자는 소설을 읽어 나가면서 거기에 등장하는 인물의 이름을 보고 그 인물의 성격을 유추하는 경우가 많다. 인물의 이름이 주는 어감이나 분위기에 따라 인물의 성격이 다르게 느껴지기 때문이다. 소설에 등장하는 인물의 이름은 대체로 그 성격에 생명감과 개성을 불어 넣어 주는 역할을 한다. 그러므로 그 이름을 통해 성격상의 특징을 암시받게 되는 것이다. 한국 고전소설을 보면「흥부전」의 경우 '흥부'와 '놀부'라는 두 인물의 이름 자체가 그 인물의 성격과 운명을 암시한다. 「춘향전」의 주인공인 '춘향'의 이름은 기생이라는 신분적인 특수성을 암시하는 의미를 담고 있다. 그러나 대부분의 고전소설들은 그 인물의 이름 대신에 성씨만을 표시하는 경우가 많아서 인물의 명명법 자체가 단순하다고 할 수 있다. 소설에 등장하는 인물의 이름이 구체적이고도 다양해지기 시작한 것은 신소설 이후의 일이다. 신소설에서부터는 여성 인물의 경우에도 성과 이름이 분명하게 부여된다. 이러한 현상은 현실 속에서 여성의 존재 자체가 그만큼 중시되고 있으며, 동시에 그 성격의 특성도 강조되고 있음을 말해 주는 것이다.

현대소설의 경우에는 등장인물의 이름 대신에 P라든지 T라든지 하는 약호를 붙이는 경우도 많이 있다. 등장인물의 존재와 그 성격을 추상화함으로써 어떤 효과를 거둘 수 있다는 작가의 의도에서 비롯된 것이다. 예컨대, 채만식의「레디 메이드 인생」에 등장하는 주인공 P는 사회주의 이념에 따라 현실 사회에서 보다 실천적이고도 행동적인 지식인이 되고자 하였으나 오히려 실직 상태에 빠져 생활의 곤궁을 면하지 못한다. 그는 직장을 구하러 다니지만 모든 일이 뜻대로 되지 않자, 자신이 마치 공장에서 쏟아져 나와 어딘가로 팔려 가기를 기다리는 '기성품 인생'이 되어 버렸다는 생각을 하게 된다. 이 소설은 비판적인 지식인을 용납하지 않는 현실에 대한 무력한 지식인의 자기 비하를 역설적으로 대비하고자 하는 의도에서 P라는 인물을 설정한 것으로 볼 수 있다.

소설에 등장하는 인물의 성격을 창조하기 위해서 작가는 그 인물의 인간됨을 여러 가지 각도에서 그려 낸다. 인물의 육체적인 외모를 묘사하기도 하고, 행동과 습관을 보여 주기도 한다. 인물들이 주고받는 대화와 그 말투를 통해 성격이 드러나도록 하기도 하고, 자신에 대한 태도와 타인에 대한 행동이나 사고방식을 통해 그 성격을 암시하기도 한다. 인물의 교육 경력이나 직업이나 과거 생활 등을 설명함으로써 그 성격을 표현할 수도 있다. 이 같은 성격 창조 방법은 인물에 대한 특징을 표현하는 주체에 따라 인물 자신에 의해 표현되는 방법과 다른 등장인물에 의해 표현되는 방법으로 구분할 수 있다. 그리고 인물의 성격을 표현하는 방법에 따라 직접적인 표현 방법과 간접적인 표현 방법으로 구분할 수 있다. 그러나 이러한 방법들은 서로 밀접하게 관련되어 있기 때문에 실제의 소설 작품 속에서는 서로 뒤섞여 나타나는 것이 보통이다.

인물의 성격을 구성하고 이를 표현하는 방법 가운데 가장 대표적인 것이 직접적 방법이다. 직접적 방법은 소설에 등장하는 인물의 특성을 작중 화자가 직접적으로 자세하게 설명하거나 요약해 주는 방법을 말한다. 등장인물의 성격과 그 됨됨이가 작중 화자의 설명에 의해 독자들에게 직접적으로 전달되기 때문에, 인물의 형상이나 성격상의 특징을 정확하게 전달할 수 있다. 그러므로 인물의 성격 창조에 있어서 직접적 방법은 설명적 방법 또는 해설적 방법이라고도 말한다. 인물의 내면적인 심리 상태나 성격상의 특징을 분석적으로 제시할 수 있다는 점에서 분석적 방법이라고도 한다.

김동인의 단편소설 「붉은 산」의 예를 보자.

익호라는 인물의 고향이 어디인지는 ××촌의 아무도 아는 사람이 없었다. 사투리로 보아서 경기 사투리인 듯하지만 빠른 말로 죄죄거리는 때에는 영남 사투리가 보일 때도 있고 싸움이라도 할 때에는 서북 사투리가 보일 때도 있었다. 그런지라 사투리로써 그의 고향을 짐작할 수가 없었다. 쉬운 일본 말도 알고 한문 글자도 좀 알고 중국 말은 물론 꽤 하고 쉬운 러시아 말도 할 줄 아는 점 등등 이곳저곳 숱하게 주워 먹은 것은 짐작이 가지만 그의 경력을 똑똑히 아는 사람은 없었다.

그는 여가 ××촌에 가기 일 년 전쯤 빈손으로 이웃이라도 오듯 후덕덕 ××촌에 나타났다 한다. 생김생김으로 보아서는 얼굴이 쥐와 같고 날카로운 이빨이 있으며 눈에는 교활함과 독한 기운이 늘 나타나 있으며, 발룩한 코에는 코털이 밖으로까지 보이도록 길게 났고, 몸집은 적으나 민첩하게 되었고, 나이는 스물다섯에서 사십까지 임의로 볼 수 있으며, 그 몸이나 얼굴 생김이 어디로 보든지 남에게 미움을 사고 근접지 못할 놈이라는 느낌을 갖게 한다.

앞의 인용을 보면 이야기에 등장하는 주인공의 행동과 인품을 화자가 직접적으로 설명하고 있다. 인용 부분에서 확인해 볼 수 있는 것처럼, 직접적 방법은 인물의 성격을 자세히 설명함으로써 인물의 특성을 독자들에게 확신시켜 준다. 그러므로 앞의 인용에서 볼 수 있듯이 인물의 특성이 이미 작중 화자의 설명에 의해 어느 정도 규정된다. 이러한 방법은 설명의 직접성과 명확성에도 불구하고 표현의 한계가 분명하게 드러난다. 직접적 방법은 인물의 성격을 선명하게 제시하면서 이야기의 전개 속도를 빠르게 할 수 있지만, 인물을 어떤 틀에 쉽게 구속시킴으로써 독자들이 소설의 이야기에 상상적으로 참여할 수 있는 여지를 없애 버린다. 그만큼 이야기의 내용도 건조해지기 쉽고 이야기의 자연스러운 진행도 방해하기 쉽다.

소설의 등장인물은 이야기 속에서의 말과 행동을 통해 그 성격을 간접적으로 드러낸다. 인물들이 화자의 개입이 없이 스스로 말하며 행동하기 때문에 독자는 인물의 말과 행동을 통해 간접적으로 드러나는 성격을 알아차릴 수가 있다. 물론 등장인물의 성격은 다른 인물과의 관계 속에서 어떤 반응을 보이느냐에 따라 그 특성이 달라진다. 다시 말하면, 다른 인물과 서로 대립되는 성격을 통해 그 특성이 더욱 분명해지기도 하고 다른 인물의 영향을 통해 그 성격의 특성을 닮아 가기도 한다. 그리고 인물과의 관계만이 아니라 사회적 배경이나 주어진 환경에 따라서도 인물의 성격이 변화한다. 이처럼 인물의 성격은 독자적으로 형성되는 것이 아니라 타자와의 상호 관계 속에서 형성되고 변화하는 것이다.

    김 첨지의 눈은 벌써 개개풀리기 시작하였다. 석쇠에 얹힌 떡 두 개를 쭝덕쭝덕 썰어서 볼을 불룩거리며, 또 곱배기 두 잔을 부으라 하였다.
    치삼은 의아한 듯이 김 첨지를 보며,
    "여보게, 또 붓다니, 벌써 우리가 넉 잔씩 먹었네. 돈이 사십 전일세."
    라고 주의시켰다.
    "아따 이놈아, 사십 전이 그리 끔찍하냐. 오늘 내가 돈을 막 벌었어. 참 오늘 운수가 좋았느니."
    "그래, 얼마를 벌었단 말인가?"
    "삼십 원을 벌었어, 삼십 원을! 이런 젠장맞을, 술을 왜 안 부어…… 괜찮다, 괜찮아. 막 먹어도 상관이 없어. 오늘 돈 산더미같이 벌었는데."
    "어, 이 사람 취하였군. 고만두세."
    "이놈아. 그걸 먹고 취할 내냐. 어서 더 먹어."
    하고는 치삼의 귀를 잡아 치며 취한 이는 부르짖었다. 그리고 술을 붓는 열대여섯 살 됨직한 중대가리에게로 달려들며,
    "이놈, 오라질 놈, 왜 술을 붓지 않아."
    라고 야단을 쳤다. 중대가리는 희희 웃고, 치삼을 보며 문의하는 듯이 눈짓을 하였다.

    —현진건, 「운수 좋은 날」

앞의 인용을 보면 소설 속의 인물은 작중 화자의 개입이 없이 직접 자신의 말과 행동을 보여 준다. 등장인물이 말하고 행동하는 것을 보여 줌으로써 그 뒤에 숨겨진 동기와 기질을 독자들로 하여금 추론하게 하는 것이다. 인물의 말과 행동을 극적으로 제시하여 그 내면의 특성을 드러낸다는 점에서 보여 주기는 간접적 방법에 해당한다. 이러한 간접적 방법은 행동과 말의 극적인 묘사를 특징으로 하지만, 반드시 인물의 행동과 말만을 묘사해야 하므로 어느 정도 표현의 제약이 따른다. 인물의 내면적인 감정이나 사고 내용 등은 말과 행동을 통해 암시될 뿐이며, 이야기의 전개 내용에 대한 설명이나 인물에 대한 작가의 생각을 드러낼 수도 없다. 그렇지만, 독자들은 인물의 말을 듣고 그 행동을 보면서 그 인물의 특성이나 이야기의 흐름 방향 등을 상상할 수 있다. 직접적 방법은 화자에 의한 인물에 대한 어떤 설명에 전적으로 의존한다는 점에서 극적인 효과를 기대하기 힘들다. 독자들이 소설의 세계 속에 상상적으로 참여할 수 있는 폭도 그만큼 좁혀 놓는다. 그러므로 소설적 효과를 중시하는 현대소설의 경우 직접적 방법보다는 간접적 방법을 작가들이 더욱 선호하는 것도 사실이다. 하지만 소설 속에서 한 인물의 성격을 창조해 나간다는 것은 어떤 한 가지 방법만으로 가능한 일이 아니다. 간접적 방법과 직접적 방법을 적절하게 조화시켜 긴장감 있게 이야기를 전개해야만 개성 있는 인물을 창조할 수 있다.

의식의 흐름과 내면 묘사

현대소설에서 인물의 성격을 창조하는 방법 가운데 '의식의 흐름(stream of consciousness)'을 묘사하는 방법은 이제 하나의 대표적인 소설적 기법으로 정착되고 있다. 소설적 기법으로서 의식의 흐름이란 소설의 등장인물의 정신적 흐름 과정과 그 반향을 통한 내적인 인식 작용, 의식적인 사고 내용이나 무의식적인 생각, 과거에 대한 기억, 미래에 대한 기대와 예측, 그리고 머릿속에서 이루어지는 자유로운 연상 등을 함께 포착하고자 하는 시도라고 할 수 있다. 이 같은 새로운 시도가 소설 속에 적용되기 시작한 것은 프로이트(S. Freud)의 정신분석 이론이 일반화되면서부터라고 할 수 있지만, 현대사회에서 고립된 개인들의 내적인 생활에 대한 관심이 확대되는 현상과도 관계가 깊다. 조이스(J. Joyce), 울프(V. Woolf), 포크너(W. Faulkner) 등 실험적 작가들은 이 새로운 기법을 통해 인간의 내면세계에 대한 깊이 있는 천착을 시도한 바 있다.

일반적으로 소설에서 등장인물의 내면세계를 그려 내기 위해서는 대개 '그는 눈을 감고 생각에 잠겼다.', '그는 조용히 지난날을 돌이켜 보았다.' 등과 같은 구절을 전제해 놓는다. 그러나 실제로 인간의 내면세계는 이 같은 통사적 구문을 통해 드러나는 것은 아니다. 오히려 인간의 사고 내용은 처음과 끝이 없고 논리적인 체계와 규범이 없다. 자유롭게 시간을 넘나들고 온갖 이미지와 감각과 기억의 단편들이 뒤섞이게 마련이다. 그러므로 소설적 기법으로서 의식의 흐름에서는 '그는 눈을 감고 생각에 잠겼다.'와 같은 형식적인 통사법을 거부하며, '그는 몹시 슬펐다.'와 같은 개념화되어 버린 내면 정서에 대한 설명적 묘사를 사용하지 않는다. 의식의 내면은 언제나 논리를 뛰어넘는 자유로운 연상으로 이루어지기 때문에, 마치 무질서한 장면들을 뒤섞어 놓은 것과 같은 방식으로 그려질 수밖에 없는 것이다.

문득, 제비와 같이 경쾌하게 전보 배달의 자전거가 지나간다. 그의 허리에 찬 조그만 가방 속에 어떠한 인생이 압축되어 있을 것인고. 불안과, 초조와, 기대와…… 그 조그만 종이 위의, 그 짧은 문면(文面)은 그렇게도 용이하게, 또 확실하게, 사람의 감정을 지배한다. 사람은 제게 온 전보를 받아 들 때 그 손이 가만히 떨림을 스스로 깨닫지 못한다. 구보는 갑자기 자기에게 온 한 장의 전보를 그 봉함(封緘)을 떼지 않은 채 손에 들고 감동하고 싶은 충동을 느꼈다. 전보가 못 되면, 보통우편물이라도 좋았다. 이제 한 장의 엽서에라도, 구보는 거의 감격을 가질 수 있을게다.

흥, 하고 구보는 코웃음쳐 보았다. 그 사상은 역시 성욕의, 어느 형태로서의, 한 발현에 틀림없었다. 그러나 물론 결코 부자연하지 않은 생리적 현상을 무턱대고 업신여길 의사는 구보에게 없었다. 사실 서울에 있지 않은 모든 벗을 구보는 잊은 지 오래였고 또 그 벗들도 이미 오랫동안 소식을 전하여 오지 않았다. 그들은, 모두, 지금, 무엇들을 하고 있을꼬. 한 해에 단 한 번 연하장을 보내 줄 따름의 벗에까지, 문득 구보는 그리움을 가지려 한다. 이제 수천 매의 엽서를 사서, 그 다방 구석진 탁자 위에서…… 어느 틈엔가 구보는 가장 열정을 가져, 벗들에게 편지를 쓰고 있는 저 자신을 보았다. 한 장, 또 한 장, 구보는 재떨이 위에 생담배가 타고 있는 것도 깨닫지 못하고, 그가 기억하고 있는 온갖 벗의 이름과 또 주소를 엽서 위에 흘려 썼다……. 구보는 거의 만족한 웃음조차 입가에 띠며, 이것은 한 개 단편소설의 결말로는 결코 비속하지 않다, 생각하였다. 어떠한 단편소설의— 물론, 구보는, 아직 그 내용을 생각하지 않았다.

그러나 그러한 것은 어떻든 벗들의 편지가 정말 보고 싶었다. 누가 내게 그 기쁨을 주지는 않는가. 문득 구보의 걸음이 느려지며, 그동안, 집에, 편지가 와 있지나 않을까, 그리고 그것은 가장 뜻하지 않았던 옛 벗으로부터의 열정이 넘치는 글이나 아닐까, 하고 제 맘대로 꾸며 생각하고 그리고 물론 그것이 얼마나 근거 없는 생각인 줄 알았어도, 구보는 그 애달픈 기쁨을 그렇게도 가혹하게 깨뜨려 버리려 하지 않았다. 그러나 그것은 벗에게서 온 편지는 아닐지도 모른다. 혹은, 어느 신문사나, 잡지사나……. 그러면 그 인쇄된 봉투에 어머니는 반드시 기대와 희망을 갖고, 그것이 아들에게 무슨 크나큰 행운이나 약속하고 있는 거나 같이 몇 번씩 놓았다, 들었다, 또는 전등불에 비추어 보았다…… 그리고 기다려도 안 들어오는 아들이 편지를 늦게 보아 그만 그 행운을 놓치고 말지나 않을까, 그러한 경우까지를 생각하고 어머니는 안타까워할게다. 그러나 가엾은 어머니가 그렇게까지 감동을 가진 그 서신이 급기야 뜯어 보면, 신문 1회분의, 혹은 잡지 한 페이지분의, 잡문의 의뢰이기 쉬웠다.

―박태원, 「소설가 구보 씨의 일일」

앞의 인용을 보면 주인공의 의식의 전반적인 상태와 그 흐름을 그대로 묘사하고 있다. 그러므로 문장의 논리적인 연결이나 통사적인 규범도 무시된다. 연상되는 일들이 꼬리를 물고 나열된 것이다. 이 같은 기술 방식을 통해 주인공의 내면에서 일어나고 있는 지각과 정서적 반응을 모두 그대로 재현할 수는 없다. 그러나 의식의 흐름이라는 새로운 기법이 인간의 지각 작용의 어떤 특징을 드러내는 데에 기여하고 있는 것은 사실이다.

의식의 흐름 기법에서는 무엇보다도 인물의 내면 의식의 흐름을 어떤 동기를 통해 포착해 내느냐 하는 것이 중요하다. 아무런 의미도 없이 뒤엉켜 있는 복잡한 지각의 내용을 있는 그대로 보여 주고자 한다면, 독자로부터 공감을 얻기 어려운 일이다. 그것은 마치 따분한 신세타령을 앉아서 들어 주어야 하는 것처럼 재미없는 일이 될 수도 있다. 그러므로 감지되는 여러 가지 느낌이나 생각 들이 어떤 극적 효과를 드러낼 수 있도록 고안하지 않으면 안 된다. 더구나 의식의 흐름이라는 기법을 소설 속에서 활용하고자 할 경우 무의식의 순환적이면서도 연상적인 요구를 충족시키기 위해 이야기의 진행 자체를 지체시킬 수밖에 없다는 점도 충분히 고려해야 한다.

3 이야기와 플롯

소설의 구성

소설의 구성이란 이야기를 이어가는 기술과 방법을 말한다. 다시 말하면 사건의 전개와 행위의 구조를 통해 구체화되는 이야기의 짜임새를 말한다. 소설의 구성은 인물과 사건을 알맞은 자리에 배치하여 이야기의 전체적인 흐름을 전개해 나가는 방법이며, 소설 속의 이야기 전개 방식과 관련된 사건과 행위의 구조를 뜻하는 것이다.

소설가는 작품을 쓰기 위해 무슨 이야기를 쓸 것인가를 생각하고, 그다음 어떻게 쓸 것인가를 생각한다. 이 경우에 대개 어떤 방식으로 이야기를 시작할 것인가, 어떻게 줄거리를 전개하고, 어느 대목을 강조할 것인가를 놓고 고심한다. 그리고 이야기의 흐름에 일정한 논리적인 맥락을 부여하면서, 독자들의 지속적인 관심을 끌 수 있는 방식을 찾게 되는 것이다. 그러므로 소설의 구성을 흔히 건축의 설계에 비유하기도 한다. 소설의 구성은 어떤 논리적인 연관성을 지닐 수 있도록 사건을 연결하는 일이므로, 작품의 주제를 구현해 나가는 기술이 되어야 한다. 이를 위해서는, 형태적인 면에서 인과적인 틀을 지니고 있다고 하더라도, 거기에 예술적인 의도가 반영되어 있어야만 한다. 소설의 구성은 무엇보다도 전체적인 이야기에 통일의 효과를 넣어 주는 것이어야 하며, 사건 전개의 논리성과 필연성이 이를 뒷받침해야 한다. 결국, 소설의 이야기는 작가의 창조적인 목적에 따라 그 짜임새가 결정되는 것이므로, 구성의 의미도 바로 여기서 찾아진다.

소설에서 구성의 기법은 이야기의 전체적인 질서와 통일을 위해 활용된다. 구성은 기법 측면에서 볼 때 소설 작품의 예술미를 구현하기 위한 방법에 해당하는 것이지만, 주제의 구현이라는 논리적이면서도 지적인 요구를 동시에 만족시켜야 한다. 소설의 구성에는 반드시 몇 가지 요소가 필요하다. 이야기의 핵심을 이루는 인물이 필요하고, 그 인물의 행위를 중심으로 하는 어떤 사건이 있어야 한다. 그리고 인물의 존재와 행위를 구체화하는 시간과 공간이 필요하다. 그러므로 소설의 구성은 인물, 사건, 배경을 기본 요소로 한다.

스토리와 플롯

소설에서의 구성 또는 플롯이라는 개념은 원래 아리스토텔레스가 『시학』에서 사용한 미토스(mythos)라는 말의 번역에서부터 유래된 것이다. 아리스토텔레스는 자연의 모방으로서의 시, 또는 지식의 한 형식으로서의 시의 진실성을 강조하였다. 그리고 시가 인간의 마음에 미치는 도덕적으로 희구할 수 있는 효과를 중시함으로써 시의 존재를 정당화하였다. 그가 특히 관심을 기울인 것은 「오이디푸스 왕」과 같은 그리스 비극이었다. 그가 비극에 관심을 가지게 된 것은 다른 어떤 문학 형식보다 비극이 자연에 대하여 조화롭고 고조된 모방을 제시한다는 판단 때문이다. 그는 비극의 특질을 결정하는 중요한 요소로 구성, 인물, 조사법(措辭法), 사상, 장경(場景), 그리고 멜로디를 지목하였다. 그리고 이 가운데에서 이야기의 사건을 조합하는 방법으로서의 구성, 즉 미토스를 가장 중요한 것으로 지목한 바 있다.

아리스토텔레스에 의하면, 비극은 동작을 모방한다. 그렇지 않으면 그것은 극이 아닌 다른 것이 된다. 비극은 그 자체가 하나의 움직임이며 필연적으로 간결성을 지녀야 한다. 그렇기 때문에 생생하면서도 통일된, 그리고 압축된 여러 가지 사건들의 모방을 보여 줄 수 있다. 여기서 아리스토텔레스가 강조한 것이 바로 비극의 구성이다. 비극의 구성이란 하나의 전체로서 인과 관계가 있는 일련의 사건을 의미한다. 전체는 시작과 중간과, 그리고 결말을 가진다. 시작은 그 앞에 아무것도 없으며, 결말은 그 뒤에 아무것도 없다. 여기서 문제되는 것이 바로 개연성의 원리다. 각각의 사건은 개연성의 법칙에 따라 그 앞에 놓인 사건에서 비롯되는 것이며, 동일한 법칙에 따라 그다음의 사건을 낳는다. 아리스토텔레스가 지적한 개연성이란 단순한 우연성과는 그 성격이 다르다. 개연성이란 내적인 일관성에 관련되는 것이며, 전체적인 구조의 질서 있는 관련성과 그 작용에 적용되는 것이다. 비극에서 일어나는 모든 사건은 개연성의 법칙에 따라 선행하는 사건으로부터 자연스럽고 불가피하게 나타나게 된다. 그러므로 비극의 구성은 '행위의 통일'을 이루어야 하며, '시작'과 '중간'과 '결말'을 가지는 것이다.

아리스토텔레스에게 있어서 구성이란 행위의 모방으로서의 비극에서부터 비롯된다. 비극은 유기적으로 통일된 행위를 모방한 것이다. 모든 사건들은 만일 그 사건 중 어떤 하나를 순서를 바꾸어 놓거나 다른 곳으로 옮겨 놓을 경우, 전체가 헝클어지거나 지리멸렬하게 될 정도로 구조적 질서를 유지해야 한다. 그 자리에 있어도 그만이거나 없어도 아무런 현저한 차이가 나타나지 않는 것은 전체를 구성하는 유기적 부분이 아니다. 모든 사건들은 필요한 순서대로 배열되어 잘 짜여야 한다. 시작은 중간의 원인이 되고, 중간은 시작의 결과인 동시에 결말의 원인이 되며, 결말은 그 중간의 결과로 나타나야 한다. 그러므로 비극에서의 구성은 일련의 인과관계가 있는 사건들의 질서 있는 결합을 의미한다.

아리스토텔레스가 비극에서 지목한 구성의 개념은 이야기를 중심으로 하는 소설의 경우에도 그대로 적용된다. 소설에서 하나의 이야기가 성립되려면 다양한 행위들이 서로 연결되는 조직적인 성격을 필요로 한다. 여기서 쉽게 생각할 수 있는 것이 시간 순서에 따라 자연적인 질서를 유지하면서 행위와 사건을 배열하는 방법이다.

　한국의 고전소설을 보면 대개 주인공의 출생과 성장, 실패와 성공으로 이야기가 전개된다. 그리고 결혼 후 행복하게 살다가 천명을 다하고 죽는 것으로 이야기가 끝난다. 이러한 이야기의 구성은 자연적인 시간의 순서를 따라 순차적으로 이야기를 진행한 것이다. 사람이 태어나서 일정한 사회적 지위를 누리고 살다가 죽는다는 이른바 일대기의 순차적인 구조는 인간의 삶을 자연스럽게 이야기할 수 있는 가장 소박한 짜임이라고 볼 수 있다. 그러나 한 인물의 생애를 그려 낸다고 해서 삶의 세부 과정을 빠짐없이 기록한다고는 말할 수 없을 것이다. 때로는 어느 한 국면을 집중적으로 이야기할 수도 있고 별로 중요하지 않다고 생각되는 부분은 건너 뛰어갈 수도 있다. 이야기의 짜임은 소설가의 미적 계획에 의해 고려된다. 소설가는 소설을 쓰기 위해서 '무엇'을 이야기할 것인가를 생각하고, 그다음에는 그 '무엇'을 '어떻게' 이야기할 것인가를 생각한다. 그래서 말하고 싶었던 이야기를 그 자신이 채택한 효과적인 방식으로 전개한다. 특히 이야기를 어떻게 펼치며, 어떤 순서로 어느 부분을 강조해서 말할 것인가에 고심한다.

　소설에서의 이야기 구성 방법에 대한 영국의 소설가 포스터의 견해를 보기로 하자.

　　우리는 스토리(story)를 시간 순서대로 배열된 사건의 서술이라고 정의하였습니다. 플롯 역시 사건의 서술이지만 인과관계(因果關係)에 중점을 둔 것입니다. "왕이 죽고, 다음에 왕비가 죽었다."고 하는 것은 스토리입니다. "왕이 죽자, 왕비도 슬퍼서 죽었다."고 하는 것은 플롯(plot)입니다. 시간적 순서는 그대로 유지되고 있지만 인과적인 요소가 여기에 첨가되어 있습니다. 또 "왕비가 죽었다. 아무도 그 까닭을 몰랐는데 왕을 잃은 슬픔 때문이라는 것을 알게 되었다."라고 한다면, 이것은 신비를 간직한 플롯이며 고도의 발전이 가능한 형식입니다. 시간적 배열을 그만두고 허락되는 한도 내에서 스토리를 멀리한 것입니다. 왕비의 죽음 생각해 봅시다. 이것이 스토리에 나오면 우리는 "그다음에는?"하고 묻지만 플롯에 나오면 "왜?"하고 묻습니다. 이것이 소설의 이 두 양상의 근본적인 차이점입니다.

플롯은 입을 헤벌리고 듣고 있는 혈거(穴居)족이나 포악한 군주, 그리고 그들의 현대적 후예인 영화 관객에게 이야기해 줄 수 없습니다. 그들은 "그다음에는? 또 그래서?" 하는 식의 이야기만으로도 눈을 뜨고 있게 할 수 있으며 호기심을 공급할 수 있는 상대일 뿐입니다. 그러나 플롯은 지성과 기억력도 요구하는 것입니다. (중략) 우리는 여기서 미의 문제에 부딪힙니다. 플롯은 소설의 논리적이고도 지적인 면입니다.

―포스터, 『소설의 양상』

포스터는 소설에서 사건을 서술하는 방법을 스토리(story)와 플롯(plot)으로 구분하였다. 그는 단순한 시간적 순서에 따른 사건의 서술을 스토리라고 하였고, 시간적 순서에만 의존하지 않고 사건의 서술에 논리적인 인과 관계를 부여하여 놓은 것을 플롯이라고 규정하였다. 시간적 순서에 따라 사건을 서술하는 스토리는 언제나 '그다음에는?'이라는 말 그대로 다음에 이어지는 사건 내용에 대한 호기심을 제공한다. 그러나 플롯의 경우 논리적인 인과 관계를 부여하여 사건을 배열하기 때문에, '왜?'라는 질문에 따라 논리적 판단과 지적인 노력을 요구한다. 결국 소설에서 어떤 미적 계획에 맞추어 인과적인 순서로 이야기 내용을 배치하였을 때 그것이 바로 플롯에 해당한다고 할 수 있다.

아리스토텔레스에게서 비롯된 구성의 개념은 러시아 형식주의 문학론에서 보다 정밀하게 논리화되어 서사문학의 속성을 이해하는 데에 적용되고 있다. 러시아 형식주의 이론가 중에서 시클롭스키(V. Shklovsky)와 토마쳅스키(B. Tomachevsky)의 글 가운데에는 앞에서 검토한 포스터의 스토리와 플롯에 대비되는 파불라(fabula)와 슈젯(syuzhet)이라는 개념이 등장한다. 파불라는 흔히 그 의미를 스토리 또는 우화라고 번역하기도 하고, 슈젯은 플롯 또는 주제라고 번역하기도 한다. 실제로 파불라는 사건의 시간적 순서를 말한다는 점에서 포스터의 스토리 개념에 가깝고, 슈젯은 사건들이 실제의 작품 안에서 서술된 순서와 방식을 말한다는 점에서 플롯의 개념에 가깝다. 작품 속에서 전개되는 스토리(파불라)는 대체로 상호 연관되어 있는 사건들의 통합을 말한다. 작품 속에서 사건들이 어떤 식으로 연결되어 있든지 간에 스토리 자체는 사건들이 발생한 시간적 순서와 인과율의 맥락을 따라서 전달된다. 여기서 한 작품 속의 사건들이 작가의 특별한 고안에 따라 연결된 상태를 슈젯(플롯)이라고 한다. 그러므로 스토리는 사건 또는 행위 자체고 플롯은 독자가 그 사건 또는 행위를 알게 되는 방식이라고 할 수 있다. 다시 말하면 스토리는 플롯을 이루기 위한 재료에 해당한다. 똑같은 소재의 이야기를 여러 작가들이 각각 다르게 작품화할 경우, 스토리는 한 가지이지만 그 플롯이 서로 다르다고 할 수 있다. 그러므로 작품의 창조적인 면모는 스토리에 있는 것이 아니라 플롯에 있는 것이다.

파불라의 개념에 관해 잠시 살펴보자. 흔히 작품의 독서 도중에 우리에게 전달된, 서로 연결된 사건들 전체를 파불라라고 부른다. 그러니까 파불라는 자연적인 순서, 즉 사건들 자체가 작품 속에서 배열되고 소개된 방식과는 전혀 독립적으로 사건들의 시간적 순서와 인과 관계의 순서를 따라서 행동 위주의 방식으로 서술될 수 있다.

파불라는 동일한 사건들로 구성되어 있는 슈젯에 대립된다. 슈젯은 사건들이 작품 속에서 등장하는 순서를 존중하고 우리에게 그 사건들을 알려 준 정보들의 연속을 존중하는 것이다.

──토마쳅스키,「주제론」

앞의 인용에서 설명하고 있듯이 파불라는 작품의 전체적인 내용으로 전달된 이야기에 해당하며, 자연적인 시간 순서에 따라 결합된 사건들의 연쇄로 나타난다. 그러나 실제 작품 안에서 모든 사건들이 반드시 자연적인 시간 순서에 따라 배열되는 것은 아니다. 작품 안에서 서술되는 사건들은 그 순서가 뒤바뀌어 뒤에 일어난 사건이 먼저 서술되는 경우가 많고 긴 세월에 걸쳐 일어난 일들을 한두 장으로 요약할 수도 있다. 이처럼 파불라와는 달리 작품 안에서 사건들을 배열하는 순서와 방법을 슈젯이라고 한다.

러시아 형식주의자들은 소설의 구성에서 파불라와 슈젯의 구별에 머물지 않고, 슈젯이 파불라를 재료로 하는 작품의 미학적 형식이라는 점을 중시하였다. 토마쳅스키는 슈젯, 즉 플롯의 문제를 주제론과 연결해 다뤘다. 그는 이야기의 주제를 이루는 사건의 최소 단위를 모티프(motif)라고 지칭하였다. 모티프는 작품의 내용에서 더 이상 분해가 불가능한 요소로서 작품의 주제를 구성하는 최소 단위다. 예컨대, '그는 일어났다.'라든지, '그는 전화를 걸었다.'와 같은 행위는 모두가 이야기를 이루는 의미 있는 단위라는 점에서 모티프가 될 수 있다. 모든 문학작품은 이 같은 모티프들의 결합에 의해 이루어진다. 그리고 이들 모티프가 작품의 주제에 참여하게 된다.

이러한 관점에서 본다면, 파불라는 모든 모티프들이 시간 순서에 따라 자연스럽게 결합된 하나의 전체라고 볼 수 있다. 반면에 슈젯은 파불라와 마찬가지의 모티프들로 구성되기는 하지만 작품 속에서 각각의 동기들이 시간 순서와는 다르게 결합된 것을 말한다. 그러므로 파불라의 차원에서 본다면, 하나의 사건이 작품 안에서 어떤 순서와 방법에 의해 서술되느냐 하는 문제는 거의 중요하지 않다. 슈젯의 차원에서는 각각의 모티프가 어떻게 제시되고 있는가 하는 문제가 매우 중요하다. 슈젯은 전적으로 작품의 미학적인 구성에 해당하기 때문이다. 결국 파불라와 슈젯의 관계는 스토리와 플롯의 관계와 흡사하다. 그러나 작품 구성 기법이라는 차원에서 볼 때, 파불라는 슈젯의 형성에 사용되는 재료에 불과하다. 슈젯의 장치들은 파불라를 전달하기 위해 고안된 것이 아니라 파불라를 희생시켜 스스로를 전경화한다. 따라서 슈젯이 그 작품의 예술적 형식과 관계를 맺게 되는데, 예술적 형식은 작품 자체의 내부에서 요구하는 미학적 필요성으로 설명할 수 있다.

토마쳅스키는 소설 작품에 등장하는 모든 모티프들을 파불라와의 관계에 따라서 구속 모티프와 자유 모티프로 구분하고 작품 상황과의 관계에 따라서 동적 모티프와 정적 모티프로 구분하였다. 그리고 이들이 각각 전체 작품의 이야기 전개에서 맡고 있는 기능을 분석하였다. 구속 모티프들은 이야기의 내용 전개에서 매우 중요한 역할을 담당하기 때문에 서로 긴밀하게 관련되어 있다. 그러므로 이야기 속에서 구속 모티프가 생략될 경우 이야기의 전체적인 흐름을 이해하기 어렵다. 자유 모티프는 이야기의 내용 전개상 별로 중요한 의미를 가지지 않기 때문에 긴밀하게 관련되어 있지 않다. 자유 모티프는 그것이 생략되어도 이야기의 전개에는 큰 지장을 초래하지 않는다. 그러나 문학적인 관점에서 볼 때 자유 모티프는 매우 중요한 예술적 요건을 지닌다. 자유 모티프는 전체적인 이야기의 흐름과는 관계없지만, 슈젯 차원에서 전체적인 이야기를 미학적으로 구성할 수 있도록 고안된 것이기 때문이다. 실제로 소설의 내용을 보면, 이야기의 전체 흐름과는 관계가 없는 자세한 장면 묘사라든지 자잘한 삽화들이 끼어들어 있는 것이 보통이다. 이러한 자유 모티프는 스토리의 직선적인 전개를 방해하기도 하지만, 오히려 이야기의 내용을 풍부하게 하는 미적 효과를 드러낸다.

동적 모티프와 정적 모티프의 구분은 이야기 속에서 사건의 변화 여부를 보여 주느냐 그렇지 않느냐에 따른다. 동적 모티프는 상황의 변화와 움직임을 드러내며 정적 모티프는 상황 그 자체를 묘사한다. 예컨대 '그는 달려 나갔다.'라든지, '그가 죽었다.' 등과 같은 것이 동적 모티프에 해당하며, '사방이 어둑하였다.'라든지, '그 소녀는 키가 작았지만, 동그란 눈이 아름다웠다.'와 같은 것이 정적 모티프에 해당한다. 정적 모티프는 자유 모티프에 해당하는 경우가 많다. 작품 속에서 이야기를 이끌어 가는 것은 동적 모티프이지만, 이야기의 내용을 풍부하게 만들어 주는 것은 정적 모티프다. 그러므로 구속 모티프와 자유 모티프, 그리고 동적 모티프와 정적 모티프가 모두 한데 어울려 작품을 이루게 된다. 이렇게 모든 모티프들이 작품의 내용 전체를 위해 서로 결합되는 것을 '동기화(motivated)'되었다고 한다. 작품 속에서 이야기의 전체 내용에 참여하는 모든 모티프들은 왜 그 자리에 그런 방식으로 자리 잡게 되었는가 하는 이유가 있어야 한다. 작품 속의 모든 모티프들의 적절한 선택과 배열은 예술적 동기 설정(motivation)에 따르는 셈이다. 말하자면, 모든 모티프들은 이야기의 실감이라든지 예술적 요구 등에 따라 적절하게 선택되어 배열된 것이다.

구성의 단계

소설의 이야기는 사건을 어떤 질서에 따라 배열하는 것이므로 대개 일정한 구조적인 단계를 거치면서 진행된다. 소설의 이야기가 처음 시작되는 부분을 발단이라고 한다. 이 부분에서 등장인물이 소개되고, 사건의 실마리가 그 배경과 함께 나타난다. 독자들은 여기서 인물의 기본적인 성격을 알 수 있고, 사건의 전체적인 방향과 그 분위기도 암시받을 수 있다. 소설의 발단 부분에서는 작품의 내용에 대한 관심과 흥미를 이끌어 내는 것이 중요하다.

김유정의 단편소설 「동백꽃」의 서두 부분을 보면, 소설 속에서 이야기의 중심 내용을 이루는 닭싸움이 먼저 소개된다. 이 닭싸움은 주인공인 '나'와 '점순이' 사이에 벌어지는 갈등을 외적으로 형상화하는 중심 소재이기 때문이다. 「동백꽃」의 구성에서 주목되는 것은 등장인물의 심리적 갈등 구조다. '나'와 점순이라는 등장인물 사이에서 일어나는 갈등은 농촌의 순박한 풍물을 배경으로 구체화되기 시작한다. 사랑에 눈뜨기 시작하는 점순이의 심정과 그것을 바로 알지 못하는 '나'의 어수룩한 행동이 맞부딪치는 장면들이 바로 그것이다. 소설의 첫 장면에서 제시된 닭싸움은 감자 사건에서 발단된 것이다. 울타리를 만들고 있는 '나'에게 점순이가 접근하여 감자를 먹으라고 주지만, '나'는 그것을 받지 않는다. 자기 마음을 몰라주는 데에 화가 나서 토라져 버린 점순이의 집요한 공세가 그 뒤에 시작된다. 이러한 과정은 닭싸움으로 구체화되어 나타난다.

소설의 이야기에서 내용의 중심을 이루는 부분은 전개 단계다. 사건이 복잡해지고, 인물의 성격이 여러 방향으로 변화를 드러내며, 다른 등장인물과 관련이 이루어지면서 갈등과 분규를 빚어낸다. 전개 부분에서는 이야기가 복잡하게 진행된다 하더라도, 이야기의 방향과 주제를 통일시키기 위해 긴장을 유지해야 한다. 「동백꽃」의 전개 과정은 점순이가 덩치 큰 자기네 수탉과 '나'의 집의 작은 닭을 싸움 붙이는 이야기로 이어진다. '나'는 덩치 큰 점순이네 수탉에게 번번이 쪼이기만 하는 자기네 닭을 안타깝게 생각하지만 어쩔 수가 없다. 이 반복되는 닭싸움은 두 인물의 심리적인 갈등과 대립을 특이하게 외현화한 것이라고 할 수 있다.

　소설의 이야기에서 갈등과 긴장이 최고조에 도달하는 부분을 절정이라고 한다. 복잡하게 발전되어 온 인물의 성격이 크게 부각되고, 이야기의 흐름에 위기의 반전이 이루어진다. 소설의 이야기가 끝맺어지는 단계가 결말이다. 주인공의 운명이 분명해지고, 사건의 긴장이 해소된다. 소설의 주제는 대개 절정과 결말 부분에서 암시된다. 소설「동백꽃」은 점순이가 붙인 닭싸움이 결국은 '나'의 울분을 폭발시키는 장면으로 이어지면서 절정과 결말에 이른다. '나'는 자기네 집의 닭을 형편없이 쪼아 대는 점순이네 수탉을 보고 분함을 견디지 못한다. 그래서 앞뒤를 가리지 못하고 점순이네 수탉을 작대기로 때려잡는다. 그러나 일을 저질러 놓고는 눈앞에 일어난 큰일에 겁을 먹는다. 이때 점순이가 등장하여 모든 것을 비밀에 부치기로 약속하고 '나'를 끌어안고는 동백꽃 숲 사이로 쓰러진다. 이 결말 장면에서 결국 점순이는 자신의 사랑을 적극적으로 표현할 수 있게 된다.「동백꽃」은 활달한 시골 처녀의 적극적인 애정 표현과 이에 대응하는 우직하면서도 순박한 총각의 엉뚱한 행동이 닭싸움으로 외현화되면서 두 인물의 심리적 갈등을 긴장감 있게 연결하여 곁들여 놓고 있다.

　이처럼「동백꽃」은 사건의 발단, 전개, 절정, 결말의 모든 과정이 치밀하게 짜여 있다. 이러한 구성의 치밀성은 등장인물의 성격의 미묘한 대립과 그 갈등을 예리하게 포착하고, 이를 이야기 속에서 구체화하는 데에서 가능해진 것이다. 개방적이면서도 적극적인 성격을 여성 주인공에게 부여하고 오히려 소극적이며 무감각하고 어수룩한 성격을 남성 주인공에게 부여한 작가의 성격 창조 방법도 구성의 긴밀성을 더해 주는 요건이 되었다고 할 것이다.

여기서 한 가지 주의할 것은 소설의 이야기가 모두 발단, 전개, 절정, 결말과 같은 구성의 단계를 그대로 따르지는 않는다는 점이다. 하나의 사건을 중심으로 이야기가 구성되는 단편소설의 경우에는 플롯의 단계를 짜임새 있게 설정하지만, 장편소설의 경우에는 복잡한 여러 가지 사건들이 서로 결합되면서 다양한 요소들이 복합적으로 작용하기 때문에 하나의 질서를 유지하기가 쉽지 않다. 특히 인간의 내면 의식을 문제 삼는 심리소설과 같은 소설의 양식에서는 외적인 행동에 따라 이루어지는 플롯의 단계를 설정하기 곤란하다.

구성의 유형

모든 소설이 구성 단계를 규칙적으로 보여 주는 것은 아니다. 어떤 이야기는 그 전개 과정이 작가의 의도나 주제의 요청에 의해 전혀 다른 방향으로 나타날 수 있다. 등장인물의 삶과 그 운명은 반드시 논리적인 관련성이나 조직성으로 이루어지는 것이 아니기 때문이다. 그러나 이야기를 시작하고 그 이야기를 끝맺는 것은 어떤 이야기에서나 마찬가지라고 할 수 있다. 단편소설의 경우에는 하나의 사건이 압축된 긴장감을 지닌 채 진행된다. 단일한 주인공에 의한 하나의 사건과 하나의 제한된 배경이 서로 조화를 이루고 통일을 유지한다. 이러한 구성을 단순 구성이라고 한다.

현진건의 단편소설 「운수 좋은 날」을 보면 단순 구성의 특징이 잘 드러나 있다. 이 작품은 단편소설로서 단일한 인물, 단일한 사건, 단일한 배경, 인상의 통일성 등을 고루 갖추고 있으며, 식민지 시대에 사는 가난한 노동자의 궁핍한 삶의 양상을 제시하고 있다. 이 작품에는 인력거꾼 김 첨지와 앓아 누워 있는 그의 아내가 중심인물로 등장한다. 작품 속에는 김 첨지와 그의 아내 이외에도 김 첨지의 친구인 치삼과 어린아이 개똥이가 나온다. 그러나, 인력거꾼 김 첨지가 핵심적인 등장인물이다. 다른 등장인물들은 김 첨지의 성격을 구체적으로 드러내어 주기 위해 장치한 보조적인 인물에 불과하다. 앓고 있는 아내와 세 살 배기 개똥이의 존재는 김 첨지의 가난한 삶을 말해 줄 뿐이며, 친구 치삼은 비참한 노동자들의 삶의 단면을 보여 주기 위해 등장할 뿐이다. 이러한 인물 설정은 단일한 인물의 단일한 사건을 통해 삶의 단면을 특징적으로 제시한다는 단일성을 특징으로 하는 단편소설의 양식적인 특성과 부합된다.

이 작품에서 그려 낸 인력거꾼의 삶은 오직 하루 동안의 일을 통해 구체적으로 드러난다. 진눈깨비가 내리는 겨울 어느 날이 소설의 시간이다. 아침부터 저녁까지 시간의 흐름이 잘 드러나 있다. 배경은 물론 서울 장안이며, 가난한 인력거꾼이 살고 있는 마을이 등장한다. 이러한 배경 속에서 이루어지는 핵심적인 사건은 가난한 인력거꾼이 겪은 운수 좋은 어느 하루 동안의 일들이 바로 그것이다. 돈이 궁하던 차에 운 좋게 손님을 많이 태워 상당한 돈을 손에 넣게 되는 과정이 묘사되어 있다. 그런데 이야기의 근간을 이루는 것은 가난한 인력거꾼이 운좋게도 손님이 많아서 돈을 많이 벌게 된 일이지만, 바로 그날 앓고 있던 아내가 죽음을 맞게 된다는 것이 결말에 나온다. 이 두 가지 사건은 반어적인 구조를 드러내면서 서로 결합되어 있기 때문에, 뒤의 사건에 의해 앞의 사건은 그 의미가 완전히 반전된다.

단편소설에서 볼 수 있는 단순 구성의 특징과는 달리, 장편소설에서는 많은 인물들과 여러 가지 사건들이 서로 얽혀 이야기의 진행이 복잡하게 이루어진다. 이것을 복합(複合) 구성이라고 한다. 복합 구성에서도 하나의 주제를 향해 모든 구성 요소들이 통일을 이루어야 함은 물론이지만, 삶의 다양한 모습과 그 변화를 총체적으로 제시할 수 있다는 것이 복합 구성의 특징이다. 염상섭의 장편소설 『삼대(三代)』를 보면 이러한 복합 구성의 특징을 쉽게 확인할 수 있다.

염상섭의 대표작으로 지목되는 장편소설 『삼대』는 조부에서 손자에 이르는 한 가족 삼대에 걸친 이야기를 토대로 한말에서부터 식민지 시대에 이르기까지의 한국의 사회상을 총체적으로 보여 주고 있는 소설이다. 이 작품에서 관심의 대상이 되는 것은 조씨 집안 가족사의 변화이지만, 작가는 조씨 가문 삼대에 걸친 인물들을 주인공으로 내세워 각 세대가 직면한 시대적 상황과 그 변화를 통해 그들이 가지는 문제의식과 행동 방식을 중심으로 한국 사회의 전체적인 변화 과정을 제시한다.

이 소설의 중심축에 해당하는 조씨 일가에서 맨 앞자리에 서 있는 웃어른은 조부 조 의관이다. 그는 조선 시대의 주자학을 바탕으로 하는 명분론에 집착하는 전통적인 봉건주의자다. 그는 조선의 붕괴나 일제의 침략 같은 역사의 격변에 대해 별다른 의식을 가지지 못한 채, 자기 가문의 영예를 위장한다. 조 의관의 아들인 조상훈은 그의 부친이 보여 주는 이 같은 사고방식을 완고하고도 낡은 구시대적인 것으로 치부하고 부친에게 맞선다. 그는 부친의 재산 덕분에 미국 유학을 거치면서 신교육을 받은 계몽주의자다. 그러나 일본의 식민지 지배가 시작되면서 사회적 진출이 좌절되자, 기독교 사회운동에 참여하면서 부친 조 의관으로부터 가차 없이 비난받는다. 조상훈은 부친으로부터 배척되면서 아무런 경제적 능력을 가지지 못하게 되자, 의욕 상실자 또는 타락한 무능한 지식인으로 변하고 만다.

조 의관과 조상훈 사이에 일어나는 부자간의 대립과 갈등의 끝자리에 손자 조덕기가 위치한다. 이야기 속에서 일본 유학생의 신분으로 그려지고 있는 조덕기는 할아버지인 조 의관으로부터 상당한 기대를 얻고 있다. 조덕기는 조부의 강권으로 학생 신분이지만 일찍 결혼하였고, 전통적인 규범에도 익숙해 있다. 그러나 그는 시대상의 변화에도 눈을 떠서 지식인 청년들이 벌이는 좌익 운동에도 동정적인 입장을 고수한다. 조덕기는 조부에 대한 경외감과 부친에 대한 동정을 지니고 있으며, 자기 가문을 지키면서 명분 있는 사회 활동에도 참여하고자 한다. 조부 조 의관이 운명하는 자리에서 조덕기는 조부가 소중하게 간수하였던, 집안의 경제권을 상징하는 열쇠 꾸러미를 물려받게 된다. 조덕기의 사회적인 위상은 그가 조부 조 의관의 전통적인 가치관과 허세에도 전적으로 동의하지 않고, 부친인 조상훈의 현실과 괴리된 이상주의적인 태도에도 부정적이라는 점에서 쉽게 규정된다. 역사와 현실을 외면한 기독교적 이상주의를 조덕기가 거부한 것은 그에게 현실주의적 성향이 그만큼 강하게 작용하고 있음을 말하는 것이다. 조부 조 의관이 내세우는 전통적인 가치 가운데 현실적으로 그 의미가 살아 있는 것들을 긍정하고자 하는 조덕기의 태도는 중도적인 타협주의적 색채마저 드러내고 있다. 이처럼 『삼대』는 복합적인 구성 방식에 따라 여러 등장인물들과 복잡한 사건들을 서로 결합시켜 놓음으로써, 조씨 일가의 삼대에 걸친 삶의 변화를 통해 한국 사회의 총체적인 삶의 모습을 제시하고 있다.

4 소설의 시간과 공간

소설에서의 시간은 작품 외적인 시간과 작품 내적인 시간으로 구분된다. 작품 외적인 시간은 실제의 작품 텍스트나 이야기와는 직접적인 관계가 없다. 작가의 입장에서는 소설을 쓴 시간에 해당하는 집필 시간을, 독자의 입장에서는 소설을 읽는 시간에 해당하는 독서 시간을 상정해 볼 수 있다. 이러한 작품 외적인 시간은 작품 자체의 제작과 생산의 시간, 그리고 독서와 수용의 시간을 함께 고려할 수 있음을 의미한다. 반면에 작품 내적인 시간이란 일반적으로 소설 속에서 전개되는 이야기가 '언제' 일어난 일인지를 밝혀 주는 시간적 배경을 말한다. 달리 말한다면, 이야기 속의 시간이라고 할 수 있다.

소설의 시간은 이야기의 배경적 요소만이 아니라 이야기와 텍스트 자체의 구성 요소로서 작용한다. 이 경우 시간은 이야기와 텍스트 사이의 연대기적인 관계를 말하는 것이므로, 이야기 시간과 텍스트 시간이라는 두 가지 차원으로 구분하여 검토해 볼 수 있다. 소설에서 이야기 시간(story-time)이란 이야기 속에 연결된 사건들이 자연적 시간 순서에 따라 배열되는 방식을 의미한다. 그러나 이야기 시간이 자연적인 시간 순서를 그대로 따라 연속성을 지켜 나가는 경우는 그리 많지 않다. 하나의 인물을 중심으로 하는 하나의 사건을 이야기할 경우에나 가능한 일이다. 이야기 속에 등장하는 인물이 둘 이상이 되면, 여러 가지 사건들이 얽혀 서로 동시성을 띠고 일어나게 된다. 이럴 경우에는 이야기의 흐름이 여러 갈래로 나뉘어 하나의 줄기로 고정되기 어렵다. 이야기가 단선적(單線的)이라기보다는 다선적(多線

서사적 시간

的)이라고 할 수 있다. 그러므로 이야기 시간이라는 것은 하나의 관습적인 것일 뿐이다.

하나의 이야기를 이루는 모든 사건들은 시간 속에서 이루어지는 의미의 지점에 해당한다. 그것들은 여러 가지 방법들로 서로 결합되어 전체적인 이야기로 서술되면서 모두가 이미 일어난 과거의 일처럼 취급된다. 그런데 여기서 주목되는 것은 하나의 이야기가 서술되는 행위 자체는 실제로 이야기를 말하는 시간 또는 독서를 하거나 보고 듣는 시간 안에서 이루어진다는 점이다. 이야기 시간이 반드시 서술 시간과 일치하지 않는 것이다. 그러므로 소설이라든지 영화와 같은 서사 양식을 읽거나 보게 될 때에는 이야기 시간과 그것이 텍스트로 구현되는 서술 시간을 비교해 가면서 이야기의 내용을 파악하게 된다. 이것은 모든 이야기를 연대기적인 순서를 따라 말하는 경우가 거의 없기 때문이다.

서술 시간은 텍스트 시간(text-time)이라고 바꾸어 부를 수도 있는데, 텍스트 내에서 여러 가지 요소들이 배열되는 방법으로서의 서술 시간을 의미한다. 이야기의 모든 요소들은 언어를 통해 제시되기 때문에, 우리는 텍스트에 쓰인 대로 문장을 차례에 따라 읽게 된다. 텍스트 시간은 이야기 시간이 실제로 보여 주는 다선적인 이야기의 갈래와 복잡한 흐름을 그대로 보여 주지는 못한다. 이와 같은 이야기 시간과 텍스트 시간의 불일치에 대해서는 주네트(G. Genette)의 『서사 담론(Narrative Discourse)』에서 상세하게 검토된 바 있다. 주네트에 따르면, 서사에서 시간의 문제는 세 가지 관계를 통해 범주화된다. 첫째, 이야기에서 사건이 일어나는 시간적 순서와 텍스트에서 서술된 사건의 시간적 순서가 어떻게 다른가 하는 순서(order)의 문제가 있다. 둘째, 이야기에서 사건이 지속되는 시간과 텍스트에서 사건이 지속되는 시간은 어떤 차이가 있는가 하는 지속(duration)의 문제가 제기된다. 셋째, 이야기 속에서 사건이 일어나는 빈도와 텍스트에서 서술되는 사건의 빈도(frequency)에 관계된다. 순서의 문제는 항상 '언제' 사건이 서술되는가를 묻는다. 이것은 하나의 사건이 이야기 속에서 먼저 나오느냐 나중에 나오느냐 하는 배열 방식과 직결된다. 지속의 문제는 '얼마나' 걸리느냐를 묻는다. 한 시간, 하루, 일 년과 같은 시간의 양이 문제시된다. 빈도의 문제는 사건이 '몇 번' 일어났는가를 묻는다. 주네트는 이러한 세 가지 문제를 중심으로 이야기 시간과 텍스트 시간의 관계를 논의하였다.

하나의 이야기는 텍스트 내에서 시간적 순서에 따라 전개되기도 하지만, 전혀 새롭게 사건이 재배열되기도 한다. 말하자면, 이야기 시간과 텍스트 시간이 그대로 일치할 수도 있고, 서로 일치하지 않을 수도 있는 것이다. 주네트는 이야기 시간과 텍스트 시간이 서로 일치하여 '1—2—3—4'와 같이 사건의 정상적 연쇄를 보여 주지 않고 이들 사이에 '시간 모순(anachrony)'이라고 부르는 시간적 순서의 불일치를 드러내는 경우를 구별하였다. 서사에서 시간 모순은 한 텍스트의 단락 전체 또는 페이지 전체에 걸쳐 나타날 수도 있지만, 짤막한 어구에서도 일시적인 시간 모순을 일으키는 경우가 있다. 어떤 사건이 시간 모순에 의해 이야기 시간과 텍스트 시간의 불일치를 드러내며 배치되는 것은 연대기적으로 배열한 그 외의 다른 사건들과 구별 짓기 위한 방법이라고 할 것이다.

주네트는 서사에서의 시간 모순을 '소급 제시(analepsis)'와 '사전 제시(prolepsis)'라는 두 가지 형태로 나누어 설명하였다. 전자를 회상이라고 한다면, 후자는 예시라고 할 수 있다. 소급 제시는 이야기 시간으로 볼 때 시간상의 후퇴를 의미한다. 시간적으로 앞서 일어난 사건이 텍스트에서 순서상으로 뒤에 제시되는 경우가 바로 이것이다. 소설에서는 지나간 사건을 회상하거나 회고하여 서술하는 방식에 해당하며, 영화에서는 과거의 장면으로 순간적으로 되돌아가는 플래시백(flashback)이라는 기법이 이에 해당한다. 사전 제시는 사건을 미리 예시하기 위한 방식이다. 시간적으로 아직 일어나지 않은 일을 미리 슬쩍 보여 주는 것이다. 이러한 방식은 이야기의 전개 방향에 대한 기대와 긴장감을 감소시키지만, 현재의 상황이 어떻게 하여 먼 미래의 상황으로 변화하는지 유추해 볼 수 있는 기회를 제공한다.

하나의 이야기에서 시간의 불일치를 보여 주는 시간 모순은 앞의 소급 제시 혹은 사전 제시와 같이 전체적인 서사의 틀을 구성한다. 김유정의 「동백꽃」에서도 볼 수 있는 것처럼 소설의 이야기는 사건의 중간 단계에서 시작된다. 처음 일어난 일을 생략한 채 그 뒤의 이야기를 이어간다는 점에서 일종의 사전 제시 방법을 활용한 것이다. 그런데 생략된 이야기 시간의 단계를 메우기 위해 결국은 소급 제시 방법을 통해 그 이전의 시간으로 역행한다. 이처럼 시간 모순을 활용하여 이야기 시간의 선후를 바꾸게 되면 사건을 직선적으로 배열하는 시간의 선조성이 붕괴된다. 이것은 텍스트 구조를 보다 입체적으로 구성하기 위한 시간 구성의 방법이라고 할 수 있다.

소설의 텍스트에서 어떤 사건에 대한 서술은 아주 상세하며 길어지고 어떤 사건의 경우에는 길이가 아주 짧아진다. 이처럼 텍스트 내에서 이루어지는 서술에 의해 이야기 시간이 조정되기도 한다. 지속은 이야기 시간과 반대되는 텍스트 시간의 길이를 표시하는 하나의 척도라고 할 수 있다. 이야기 시간은 대개 일생이라든지, 10년 또는 한 달과 같은 시간적 단위로 계측되지만, 텍스트 시간은 그 이야기 시간에 할애된 서술로서의 텍스트 길이를 통해 감지된다. 텍스트 내에서 각각의 사건에 부여되는 서술은 반드시 똑같아야 할 필요가 없다. 지속 방법을 통해 텍스트 내에서 특정의 사건을 강조할 수도 있고, 더 많은 시간을 부여할 수도 있다.

텍스트에서 지속을 서술하기 위해 흔히 요약과 장면이라는 두 가지 방법이 사용된다. 요약은 텍스트에서 서술 시간을 압축하는 경우에 해당하므로, 이야기 시간에 비해 텍스트 시간이 짧다. 요약이 차지하는 텍스트에서의 길이는 시간적 불일치가 분명한 경우 한두 개 문장 또는 한두 개 구절 정도로 짧아진다. 반면에 장면은 이야기 시간의 지속과 텍스트 시간의 지속이 등가인 것처럼 서술된다. 이야기 속에서 등장인물이 주고받는 대화는 장면의 대표적인 사례에 해당한다.

요약이나 장면 이외에도 시간의 지속을 서술하는 방법으로 감속, 휴지, 생략 등이 있다. 휴지와 감속은 시간의 지속을 확장하는 방법이지만, 생략은 시간의 지속을 제거하는 방법이다. 감속은 사건을 느린 동작으로 이야기함으로써, 이야기 시간보다 텍스트 시간이 더 길어지는 경우를 말한다. 휴지는 이야기 시간은 중단되고 텍스트 시간은 계속되는 경우처럼 해당한다. 예컨대 등장인물에 대한 묘사나 해설이 길어지는 경우처럼 이야기 시간은 중단된 채 텍스트 시간만 지속되는 경우를 말한다. 생략은 이야기 시간의 어떤 부분이 텍스트에서 생략될 때 나타난다.

이야기 시간과 텍스트 시간 사이의 차이를 보여 주는 또 다른 요소는 사건의 빈도다. 빈도는 특정 사건이 텍스트 내에서 서술되는 횟수와 관련하여 그 사건이 이야기 속에서 직접 일어나는 횟수를 말한다. 이야기 속에서 한 번 일어난 사건이 텍스트에서 단 한 번 서술되는 것은 시간적으로 이야기 시간과 텍스트 시간 사이에 별다른 문제가 없다. 그러나 이야기 속에서 단 한 번 일어난 사건이 텍스트에서 반복적으로 서술되는 경우에는 이야기 시간과 텍스트 시간 사이에 불일치가 일어난다. 이렇게 반복되는 사건의 빈도를 통해 그 사건 자체가 전체 이야기 속에서 차지하는 중요도를 감지할 수 있다.

김유정의 「동백꽃」을 보면, 점순이가 '나'에게 감자를 건넨 일은 전체 이야기 속에서 단 한 번 일어난 일이다. 텍스트에서는 소급 제시 방법으로 그 사건의 내용을 자세히 묘사하고 있는데, "설혹, 주는 감자를 안 받아 먹은 것이 실례라 하면, 주면 그냥 주었지 '느 집엔 이거 없지.'는 다 뭐야. 그렇잖아도 저희는 마름이고, 우리는 그 손에서 배재를 얻어 땅을 부치므로 일상 굽신거린다."라는 대목에서 요약적으로 반복 서술되고 있다. 이렇게 하나의 사건이 반복되어 서술되는 것은 그만큼 전체 이야기에서 중요한 의미를 지니기 때문이다.

이야기의 공간

소설의 이야기는 배경으로서 일정한 공간 위에서 전개된다. 소설의 공간은 이야기가 펼쳐지는 무대에 해당한다. 이 무대 위에서 소설에 등장하는 모든 요소들은 서로 밀접한 관계를 맺게 된다. 소설의 공간 설정은 일차적으로 이야기 자체에 실재성을 부여하고 그 흐름을 도우면서 분위기를 살려 주는 데에 목적이 있다. 소설의 공간이 이야기의 내용과 제대로 어울리지 못하면 소설적 효과가 반감된다. 소설에서 공간이 중요시된 것은 근대소설 이후의 일이라고 말하는 사람들도 많이 있다. 그러나 소설이라는 양식이 가지는 서사적 속성을 놓고 본다면, 고전소설이든 근대소설이든 배경으로서의 공간 없이는 이야기가 성립될 수 없다.

소설의 이야기가 경험적 구체성을 드러내기 위해서는 등장인물이 행동하는 외부적인 구체적 장소가 제시되어야 한다. 그리고 시대적 상황이나 사회적 조건, 그리고 분위기도 함께 묘사되어야 한다. 소설의 배경을 이루는 이러한 외적 요소들을 모두 외적 공간이라고 할 수 있다. 소설의 외적 공간 가운데 가장 중요한 것이 장소다. 소설 속에서 그려지는 장소는 이야기의 무대가 된다. 장소는 시간과 서로 밀접하게 연결되어 인물과 행동에 현실감을 부여한다. 그러므로 소설의 배경이 되는 장소는 작품의 주제와 인물 등에 적합하게 제시되어야 하며, 그 세부에 있어서도 엄밀성을 지녀야 한다.

소설의 외적 공간은 하나의 장소로 고정될 수도 있고, 다른 장소로 이동하여 공간을 확대하는 경우도 있다. 어떤 특정 장소에서 정해진 시간에 일어나는 사건을 취급하는 경우에는 제약된 공간과 시간 속에서 인간의 삶의 모습을 압축적으로 보여 줄 수 있다. 그러나 대개의 경우 소설은 이야기의 전개 과정에 따라 시간이 확대되고 공간의 이동도 자주 일어난다. 인간의 의식 변화라든지 개인적 성장 과정을 시간과 공간의 이동을 통해 더욱 구체적으로 그려 낼 수 있는 것이다.

채만식의 장편소설 『탁류』를 보면, 그 첫머리에서부터 이야기가 전개될 주된 배경을 이루는 금강(錦江)과 군산항(群山港)의 모습이 길게 소개된다. 이 첫 대목에서부터 이야기의 배경이 되는 무대로 독자들을 초대하여 전체적인 이야기의 흐름과 그 방향을 암시하는 것이다. 작가가 소설의 배경으로서 '군산'이라는 특정 장소를 선택한 것은 이야기의 내용과 조화를 이루면서 현실감을 살릴 수 있도록 하기 위해서다. 소설 속 등장인물이 어디서 살고 있는지, 이야기의 내용이 어디서 일어나고 있는 일인지를 알지 못한다면, 전체적인 이야기 내용을 이해하기가 어렵다. 소설 속 등장인물의 존재는 그가 서 있는 장소를 통해 구체화되며, 그 행위와 사건도 그 장소를 배경으로 하여 실재적인 것처럼 드러난다. 소설적 공간으로서 배경을 이루는 장소를 떠나서는 사람의 존재를 인식할 수 없으며, 그 행위의 의미도 생각하기 어렵다.

소설의 공간은 이야기의 실재성을 기준으로 할 때 경험적 공간과 환상적 공간으로 크게 구분해 볼 수 있다. 경험적 공간은 인간의 실제적인 활동이 이루어지는 현실 공간을 말한다. 인간이 살아가면서 겪는 모든 일들이 이 경험적 공간에서 이루어진다. 경험적 공간은 시대적 기준에 따라 다시 역사적 공간과 현실적 공간으로 구분할 수 있다. 이에 반해 환상적 공간은 인간의 실제적 경험을 초월하는 공간이다. 인간의 경험이 미치지 못하는 세계를 상상력에 의해 새롭게 구성해 놓은 허구적인 초월적 공간이 이에 해당한다.

한국의 고전소설은 신화적 상상력을 통해 비실재적이며 초인간적인 환상적 공간을 이야기의 배경으로 삼는 경우가 많다. 고전소설의 이야기가 현실 세계와는 다른 신화적 또는 설화적 세계를 중심으로 전개되는 이유가 여기에 있다. 고전소설에 그려진 신화적인 이야기와 그 마술적 요소들은 모두 인간의 의식과 밀접하게 관련되어 있다. 소설 『구운몽(九雲夢)』에서 세속의 주인공 양소유는 내면 의식 깊숙이 자리하고 있는 성스러운 세계와의 연결을 통해 일상의 삶과 주변의 세계에 참여한다. 그리고 그는 세속의 생활을 마친 뒤에 다시 성스러운 세계로 귀환한다. 신성의 세계로부터 떨어져 인간으로 태어났다가 다시 신성의 세계로 올라가는 '원천으로 돌아가기'의 모티프는 고전소설이 보여 주는 이른바 신화적 상상력의 원형에 해당한다. 고전소설에는 인간과 세계, 주체와 대상에 대한 엄격한 구별이 존재하지 않는다. 인간과 신의 관계, 인간과 자연의 조화, 자연적인 세계와 초자연적인 세계의 상호 작용은 고전소설의 세계에서 흔히 볼 수 있는 일이다. 고전소설의 주인공에게는 삶과 죽음의 경계가 없다. 홍길동은 율도국에서 영생하고 인당수의 제물이 된 심청은 용궁에서 환생한다. 양소유가 인생의 허무를 깨닫고 다시 신성의 세계로 돌아가는 것으로 그의 현실적인 삶을 마감하는 것도 마찬가지 의미를 지닌다. 여기서 구체적으로 문제가 되는 율도국이나 용궁, 그리고 염라대왕의 세계는 모두가 초

인간적이며 초현실적인 환상적 공간이라고 할 수 있다. 근대소설에서는 초월적인 신성의 세계가 소멸하고 환상이 제거된 자리에 일상의 현실 공간이 자리 잡는다. 근대소설의 주인공에게는 고전소설 「흥부전」의 흥부가 횡재를 누린 비현실적 공간도 주어져 있지 않으며, 『구운몽』의 양소유가 지향한 초월적인 신성의 세계도 주어져 있지 않다. 이들의 운명은 신에 의해서 계시되는 것이 아니라 자신들의 삶에 의해서 결정된다. 이들의 삶에는 선험적으로 주어진 생의 좌표가 없다. 그렇기 때문에, 근대소설에 등장하는 주인공은 그가 떠나온 천상의 세계로 다시는 돌아가지 못하는 인간이다. 서사의 전체적인 구조에서 결말이라는 것이 언제나 신의 세계인 시원(始原)으로 귀착되었던 고전적 서사의 회귀적인 패턴이 깨어지고 있기 때문이다. 근대소설 이후의 근대적 서사에서 인간은 자신이 스스로 자기 삶의 좌표를 만들어야 하며, 신의 품으로 돌아가지 못한 채 자신을 둘러싸고 있는 세계와 거리를 두고 대상으로서의 세계를 인식하고 자신의 삶을 꾸려 나가야 한다. 현실 세계 속에서 자신의 운명을 스스로 살아야 하기 때문에, 이제 인간에게는 현실의 삶과 그 운명이라는 것이 비로소 자신의 몫이 된다.

그러므로 근대소설의 이야기는 일상적인 인간이 살아가는 현실 속의 실재적 공간으로 채워진다. 인간의 역사성과 그 의미를 중시하고, 인간적인 현실과 역사적 시간의 흐름에 어떤 형식을 부여하며, 일상적 삶의 현실 속에서 개인을 통해 근대적 주체의 인식이 가능해진다. 여기서 인간은 역사적인 시간과 구체적인 공간을 배경으로 하여 비로소 하나의 개인적인 주체로 자리 잡는다. 이러한 서사 구조의 변화가 근대소설에서부터 발현된 것은 일상적인 개인의 발견을 통해 그 서사 구조가 성립되고 있기 때문이다. 근대소설에 등장하는 인간은 신성의 세계가 개입하여 만들어 낸 고귀한 신분도 아니고, 천상에서 인간의 세계로 하강한 선녀의 화신도 아니다. 그들은 일상의 공간과 시간 속에서 일상적인 삶을 살아가며, 자기 주변에 있는 일상적인 인간들과 어울리면서 여러 사건들에 참여한다. 근대소설의 주인공은 일상의 세계 안에서 자신의 존재에 대해 질문하면서 자기 주체를 발견하고 그 정체성을 확인한다. 그리고 자기 자신의 정체를 확인하면 바깥 세계를 일정한 각도에서 바라볼 수 있는 전망을 갖게 된다. 사물을 보는 각도와 거리가 인식되고 서술의 초점이 분명해지는 것이다. 모든 것이 무한하게 열려 있는 것이 아니라 자신의 관점에 따라 인식된다는 것은 매우 중요하다. 서사에서 서술상의 초점이 명확해지고 서술상의 거리가 생긴다는 것은 개별적인 인간이 주체의 정체성을 확보하기 시작하였음을 의미하는 것이다.

시간과 공간의 조화

이효석의 단편소설 「메밀꽃 필 무렵」은 소설 속에 등장하는 인물과 배경을 이루는 장소가 잘 조화를 이루고 있는 작품으로 손꼽힌다. 이야기의 무대가 되는 곳은 강원도의 봉평이라는 작은 산촌 마을이다. 이 이야기의 주인공 허 생원은 실제 인물을 모델로 하고 있다는 주장도 있으며, 핵심적인 사건의 배경이 되는 물방앗간이 바로 봉평에 있었던 것으로 밝혀져 화제가 된 적도 있다. 이 소설에서 장돌뱅이 주인공 허 생원은 봉평에서 장을 보고 다시 대화로 이동한다. 산촌 마을의 밤길을 걸어가는 과정을 통해 열려 있는 공간의 이동을 확인해 볼 수 있다.

이 작품에서 이야기의 전반부는 봉평 마을의 장터가 배경이다. 이 장터는 주인공인 장돌뱅이 허 생원의 삶의 터전이다. 허 생원은 20년이 넘도록 장돌뱅이로 떠돌았다. 이제는 늙고 지친 몸이지만, 그러나 생업인 장돌뱅이를 그만두지 못하고 있다. 그는 얼금뱅이에다가 늙은 주제라서 주막집에서도 젊은 축에게

밀리고, 장터 바닥에서는 망나니들에게 놀림감이 된다. 그런 가운데에서 그의 곤궁한 삶은 또 다른 장터로 이어진다. 허 생원에게는 장터가 바로 삶의 현실이며, 이 현실 속에서 그는 늙고 찌든 몸으로 살아가야 한다. 장터의 시간은 낮이다. '해는 아직 중천에 있건만'으로 구체화되고 있는 낮의 시간은 무덥기만 하다. 물건을 사러 오는 손님도 없고, 파리만 날리는 장터의 풍경에서, 주인공 허 생원의 힘든 삶을 짐작할 수 있다.

그러나 이 소설의 후반부는 한낮의 장터를 벗어나는 과정으로 이어진다. '해가 꽤 기울어진' 뒤에 이들은 전을 걷고 나귀에게 짐을 싣고 길을 떠난다. 다음 날 장이 서는 대화로 가기 위해서다. 일행은 허 생원과 그의 친구 조 선달, 그리고 젊은 장사꾼 동이, 이렇게 셋이다. 이들은 '달이 긴 산허리에 걸려' 있는 저녁에 메밀꽃이 피어난 들판을 지난다. 이 아름다운 밤의 시간은 허 생원에게 있어서 낮의 지친 장터의 삶과는 좋은 대조를 보인다. 이 밤에는 물건을 찾는 손님이 없음을 걱정할 필요도 없고, 왼손잡이 얼금뱅이라고 놀려 대는 장터의 각다귀들을 탓할 것도 없다. 그는 이 자연의 흐뭇한 정경에 휩싸여 아름다운 자신의 추억을 더듬을 수 있다. 평생에 단 한 번 있었던 여인과의 아름다운 만남을, 허 생원은 이 밤의 산길에서 다시 펼쳐 놓는다. 그에게 있어서 이 아름다운 추억은 고귀하다. 그리고 그것이 허 생원에게는 유일한 꿈이며, 삶의 힘이다. 낮의 지친 장터에서 벗어난 허 생원은 밤의 자연 속에서 자신의 아름다운 꿈을 그리고 있다. 그러므로, 밤의 산길은 지친 허 생원에게 오히려 활력을 준다. 이러한 삶의 반복이 바로 허 생원의 떠돌이 삶의 방식이다. 이 소설의 후반부는 산길을 벗어난 큰길로 이어진다. 여기서 허 생원은 같은 장돌뱅이 축에 낀 젊은 동이의 과거를 알게 되고, 그가 어쩌면 자신의 아들일지도 모른다는 생각을 하게 된다. 동이가 왼손잡이인 것을 하나의 단서로 내놓고 있는 부자 상봉의 가능성은 허 생원의 늙은 나귀가 새끼를 얻었다는 대목과 연결되어 개연성을 더한다. 소설 「메밀꽃 필 무렵」은 결국 낮의 시간에서 밤의 시간으로, 무더운 해가 비치는 시끄러운 장터에서 아름다운 달빛이 비치는 흐뭇한 산길로 그 배경이 바뀐다. 이 상반된 시간과 대조적인 공간적 배경의 이동은 주인공 허 생원의 삶의 안팎을 이루는 것이다. 떠돌이의 삶을 이끌어 가는 허 생원의 운명이 바로 장터와 산길이라는 대조적인 두 개의 공간적 배경과 조화를 이룸으로써 특이한 소설적 정취를 지닐 수 있게 된 것이다.

소설의 배경은 구체적인 때와 장소라는 실재적 성격을 지닌다. 그러나 배경은 이 같은 물질적인 조건에만 머무는 것이 아니다. 배경은 인물의 성격이나 행동과 서로 조화를 이루면서 작품의 전체적인 기분과 색조를 드러내기도 한다. 이것을 분위기라고 한다. 소설의 분위기는 구체적인 배경과 행동을 통해 형성되는 작품의 색조다.

소설에서 분위기는 작품의 전체적인 흐름과 그 주제를 형성하는 데에 빠져서는 안 될 중요한 요소다. 이야기의 시작에서부터 끝까지 그 흐름을 꿰뚫는 정신적인 공간으로서의 역할을 담당하는 것이 바로 분위기이기 때문이다. 김동리의 단편소설 「무녀도」를 보면, 작품의 서두에 무당 모화가 살고 있는 음습한 집의 모습이 제시되어 있다. 그런데 이 대목은 단순한 배경 제시를 넘어서 작품 전체의 흐름을 좌우하는 기괴하고도 음울한 분위기를 형성한다. 사람들의 발길이 거의 끊어진 채 도깨비굴처럼 퇴락한 모화의 집은 주인공 모화의 운명과도 흡사하다. 그녀의 정신적인 몰락 과정과 비극적인 운명이 소설의 분위기에서 이미 예견되고 있는 것이다.

5 소설의 서술 방법

소설은 하나의 이야기이기 때문에, 반드시 누군가에 의해 이야기가 서술된다. 소설 속의 주인공이 직접 자신의 이야기를 말하는 방법도 있고, 작가가 소설의 이야기를 전달해 주기도 한다. 소설 속의 이야기를 서술하며 전개하는 방법에서 중요시되는 것은 시점(point of view)의 문제다. 시점이란 어떤 위치에서 누가 이야기를 서술하는가 하는 문제로서 서술 방법에 관련된다. 누가 어디서 이야기를 말해 주느냐 하는 문제는 소설 구성에서 가장 핵심적인 요건이다. 같은 내용의 이야기라도 그것을 말하는 사람에 따라 그 성격이 달라지기 때문이다.

소설의 시점은 이야기를 말하는 사람의 위치와 말하는 방법에 따라 그 유형이 달라진다. 그리고 작가가 어떤 시점을 택하느냐에 따라 소설의 서술 방법과 내용이 다른 방향으로 바뀔 수 있는 것이다. 소설에서 이야기를 어떤 위치에서 이끌어 나가느냐 하는 것은 어떤 화자가 어디에 등장해서 이야기를 진행해 나가느냐 하는 문제를 말한다. 그러므로 소설의 시점은 화자가 이야기 속에서 어떤 위치를 차지하는가, 이야기의 내용 속에 포함되어 있는가 바깥에 존재하는가, 이야기의 내용 속에 있다면 중심인물인가 주변 인물인가를 구별하는 것이 중요하다. 그리고 화자의 기술 태도가 객관적인가 주관적인가를 구별하여야 한다.

소설의 시점은 브룩스(C. Brooks)와 워런(R. P. Warren)의 『소설의 이해(Understanding Fiction)』에 소개된 네 가지 유형이 가장 일반적인 것으로 알려져 있다. 여기서는 이야기를 말해 주는 화

이야기의 서술과 시점

자가 어디에 서 있는가와 어떤 방법으로 이야기를 말하는가, 라는 두 가지의 기준에 따라 시점의 유형을 구분하고 있다. 전자는 작품 속에 설정된 한 인물이 이야기를 말하는 경우와 화자가 작품 밖에 서 있고 자신이 직접 참여하지 않는 채로 보이는 사실만을 말하는 경우로 나뉜다. 그리고 후자는 사건을 주관적인 관점에서 내부적으로 분석하는 경우와 사건을 객관적으로 외부적인 관찰을 하는 경우로 구분한다.

다음 표를 보자.

◎ 소설의 시점

구 분	사건의 내부적인 분석	사건의 외부적인 관찰
소설 속의 한 등장인물이 이야기를 말함.	① 주인공이 자신의 이야기를 한다. 행동의 동기, 심리 상태 등이 바로 자신의 것이므로 자세히 보여줄 수 있다.	② 부수적인 인물이 작품 속에서 주인공의 이야기를 말한다. 주인공의 환경이나 행동 등을 관찰자의 입장에서 객관적으로 서술할 수 있다.
등장인물이 아닌 제3의 인물이 이야기를 말함.	③ 한 인물 또는 여러 등장인물의 행동을 관찰자로서 묘사하기도 하고, 내면적인 심리 상태를 분석하기도 한다. 이 경우 작가의 관찰은 전지전능하다.	④ 작가가 인물들의 말과 행동을 순전히 객관적으로 묘사한다. 작가는 단순한 관찰자의 입장에서 주관을 배제하고 외부적인 사실을 관찰해 간다. 주로 배경과 인물의 행동, 대화 등을 그 대상으로 삼는다.

앞의 표에서 ①과 ②는 소설 속에서 '나'라는 등장인물이 전체 이야기를 서술해 나가는 방식이다. ①은 일인칭 주인공 시점, ②는 일인칭 관찰자 시점이라고 하며, 이 같은 시점을 활용하여 이야기를 서술하고 있는 소설을 일인칭 소설이라고 한다. ③과

④는 소설 속의 등장인물이 '그'라는 삼인칭으로 지칭되며, 작품 바깥의 작가 또는 서술자에 의해 이야기가 서술된다. ③은 전지적 작가 시점, ④는 작가 관찰자 시점이라고 하는데, 이 같은 시점을 활용하고 있는 소설을 삼인칭 소설이라고 한다.

일인칭 주인공 시점은 일인칭 주관적 서술이라고도 한다. 일인칭 서술은 소설 주인공이 직접 자신의 이야기를 말하도록 고안되어 있어서, 소설 속에서 누구를 그리느냐 하는 성격의 초점(focus of character)과 누구의 입장에서 서술하느냐 하는 서술의 초점(focus of narration)이 일치한다. '나'라는 주인공이 생각하고 행동한 것을 자신의 입장에서 말하기 때문이다. 이 경우에 '나'는 허구적인 인물이지만, 독자들은 '나'의 존재를 실재하는 인물처럼 생각하기 쉽다. 또 '나'의 이야기가 실제로 경험한 일을 이야기하는 것처럼 듣게 된다. 이처럼 일인칭 서술 방법을 활용할 경우에는 주인공과 그의 이야기를 실제의 내용으로 받아들이게 된다. 말하자면, 이야기의 주인공과 그 이야기 내용의 실재성에 대한 환상(illusion of reality)을 가지게 되는 것이다. 이것은 일인칭 서술이 이야기 내용에 대하여 독자들에게 신뢰감을 심어 준다는 것을 의미하기도 한다.

일인칭 주인공 시점

다음의 예를 보자.

> 이튿날도 내가 잠이 깨었을 때는 아내는 보이지 않았다. 나는 또 내 방으로 가서 피곤한 몸이 낮잠을 잤다.
> 내가 아내에게 흔들려 깨었을 때는 역시 불이 들어온 뒤였다. 아내는 자기 방으로 나를 오라는 것이다. 이런 일은 또 처음이다. 아내는 끊임없이 얼굴에 미소를 띠고 내 팔을 이끄는 것이다. 나는 이런 아내의 태도 이면에 엔간치 않은 음모가 숨

어 있지나 않은가 하고 적이 불안을 느끼지 않을 수 없었다.

　나는 아내의 하자는 대로 아내 방으로 끌려갔다. 아내 방에는 저녁 밥상이 조촐하게 차려져 있는 것이다. 생각하여 보면 나는 이틀을 굶었다. 나는 지금 배고픈 것까지도 긴가민가 잊어버리고 어름어름하던 차다.

　나는 생각하였다. 이 최후의 만찬을 먹고 나자마자 벼락이 내려도 나는 차라리 후회하지 않을 것을. 사실 나는 인간 세상이 너무나 심심해서 못 견디겠던 차다. 모든 일이 성가시고 귀찮았으나 그러나 불의의 재난이라는 것은 즐거웁다.

―이상, 「날개」

　앞에 인용한 이상의 단편소설 「날개」는 '나'를 주인공으로 하여 '나'의 입장에서 이야기를 서술하고 있다. 소설의 이야기가 일인칭 주인공 시점에서 서술되고 있기 때문에 사건의 전개 과정도 '나'의 관심 범위를 벗어나지 않는다. 이 작품에서처럼 일인칭 주인공 시점에 의해 이야기가 서술되면, 마치 자기 자신의 체험을 그대로 이야기하는 것처럼 독자들에게 전달된다. 그러므로 이야기의 내용이 믿기 어려운 모험이거나 신기한 것일 때 독자를 설득하는 힘이 있다. 최서해의 「탈출기」는 주동인물이 자신의 경험과 처지와 생각을 편지로 그 친구에게 알리는 소설로서 호소력이 뛰어난 작품이다. 일인칭 서술은 특히 주동인물의 감정적 경험이나 심리적 동향을 직접적으로 밝힌다는 점에 있어서 친근감과 밀도가 훨씬 강하다. 그리고 이야기의 전체적인 내용을 하나의 관점으로 일관되게 이끌어 가는 응집력이 강한 것이 또한 미적 특징이라고 할 수 있다.

　그러나 이러한 장점만 있는 것은 아니다. 경험적 사실이라 하더라도 그것을 체험자의 위치에서만 말한다면, 다소 주관적이 되어 다른 사람의 생각과는 다를 수가 있다. '나'의 입장과 관점에 따라 이야기를 말하기 때문에 이야기의 내용과 그 범위가 '나'의 경험에 국한될 수도 있다. 그러므로 이야기의 내용이 타당성이나 객관성을 충족시키지 못하는 경우도 있는 것이다. 다시 말하면 주동인물 자신이나 그 일, 혹은 경험된 사실을 내적 관점에서 주관적으로만 분석하게 되므로 객관성이 약화되는 결과를 초래할 수도 있다. 등장인물을 형상화함에 있어서도 오직 일인칭 주인공의 판단과 생각만으로 다른 인물의 성격과 됨됨이를 판별하게 된다. 그러므로 일인칭 주인공에 의해 서술되는 소설의 경우, 독자는 간접적인 방편을 통하여 화자에 대한 그의 의견을 형성하지 않으면 안 된다.

일인칭 관찰자 시점

일인칭 관찰자 시점은 소설의 이야기에 등장하는 부차적인 인물이 주인공의 이야기를 서술하는 방식이다. '나'라는 관찰자의 입장에서 본 주인공의 이야기가 소설에서 펼쳐지기 때문에, 일인칭 시점으로 서술하더라도 이야기의 내용은 '나'의 눈에 비쳐진 외부 세계가 된다. 일인칭 주인공 시점보다는 서술의 대상에 제한이 많지만, 서술 시점의 주관성과 관찰 대상의 객관성을 함께 유지하는 종합적인 효과를 거둘 수 있다.

일인칭 관찰자 시점에 의해 이야기가 서술될 경우에는 주동인물 스스로가 자신의 이야기를 들려주는 경우보다는 월등히 신빙성이 높아지고, 객관성도 상대적으로 높아진다. 일인칭 화자는 부차적 인물로서 주동인물과 함께 활동하면서 일정한 거리를 두고 주동인물을 허용된 수준에서 객관화할 수 있다는 장점을 가지고 있다.

집에 오니 어머니는 문간에서 기다리고 있다가 나를 안고 들어왔습니다.

"그 꽃은 어디서 났니? 퍽 곱구나."

하고 어머니가 말씀하셨습니다. 그러나 나는 갑자기 말문이 막혔습니다. '이걸 엄마 드릴라구 유치원서 가져왔어.' 하고 말하기가 어째 몹시 부끄러운 생각이 들었습니다. 그래 잠깐 망설이다가,

"응, 이 꽃! 저, 사랑 아저씨가 엄마 갖다 주라구 줘."

하고 불쑥 말하였습니다. 그런 거짓말이 어디서 그렇게 툭 튀어나왔는지 나도 모르지요.

꽃을 들고 냄새를 맡고 있던 어머니는 내 말이 끝나기가 무섭게 무엇에 몹시 놀란 사람처럼 화닥닥하였습니다. 그러고는 금시에 어머니 얼굴이 그 꽃보다 더 빨갛게 되었습니다. 그 꽃을 든 어머니 손가락이 파르르 떠는 것을 나는 보았습니다. 어머니는 무슨 무서운 것을 생각하는 듯이 방 안을 휘 한번 둘러보시더니,

"옥희야, 그런 걸 받아 오문 안 돼."

하고 말하는 목소리는 몹시 떨렸습니다. 나는 꽃을 그렇게도 좋아하는 어머니가 이 꽃을 받고 그처럼 성을 낼 줄은 참으로 뜻밖이었습니다. 어머니가 그렇게도 성을 내는 것을 보니까 그 꽃을 내가 가져왔다고 그러지 않고 아저씨가 주더라고 거짓말을 한 것이 참 잘되었다고 나는 속으로 생각하였습니다. 어머니가 성을 내는 까닭을 나는 모르지만 하여튼 성을 낼 바에는 내게 내는 것보다 아저씨에게 내는 것이 내게는 나았기 때문입니다. 한참 있더니 어머니는 나를 방 안으로 데리고 들어와서,

"옥희야, 너 이 꽃 이야기 아무보구두 하지 말아라, 응."

하고 타일러 주었습니다. 나는,

"응."

하고 대답하면서 고개를 여러 번 까닥까닥하였습니다.

어머니가 그 꽃을 곧 내버릴 줄로 나는 생각하였습니다마는 내버리지 않고 꽃병에 꽂아서 풍금 위에 놓아두었습니다. 아마 퍽 여러 밤 자도록 그 꽃은 거기 놓여 있어서 마지막에는 시들었습니다. 꽃이 다 시들자 어머니는 가위로 그 대는 잘라 내버리고 꽃만은 찬송가 갈피에 곱게 끼워 두었습니다.
　　　　　　　　　　ㅡ주요섭, 「사랑손님과 어머니」

　주요섭의 단편소설 「사랑손님과 어머니」는 '나'라는 어린 소녀의 눈을 통해 어른들의 세계를 그리고 있다. 사랑의 의미조차 알지 못하는 어린아이의 눈을 통해 성인의 감정이 묘사되었기 때문에, 이야기를 말하는 어린 '나'의 입장과 이야기의 대상인 어머니와 사랑손님 사이에 일정한 간격이 유지되고 있다. 여기서 생기는 서술상의 긴장이 매우 특이한 미적인 효과를 불러일으킨다. 그리고 '나'라는 어린 소녀의 깜찍한 말투가 소설적인 상황의 전개에 더욱 효과적으로 기능하고 있다. '나'는 소설 속 이야기의 주인공이 아니다. 작중 화자로서 어머니와 사랑손님의 이야기를 자신이 보고 느낀 대로 전해 주고 있을 뿐이다. '나'라는 옥희의 입장과 관점이 이야기를 이끌어가는 데에 매우 중요한 기능을 하지만, '나'는 소설 속에서 자신이 관찰한 대로 어머니와 사랑손님 사이를 오가며 그들의 이야기를 말해 준다. 이러한 이야기 서술 방식은 '일인칭 관찰자 서술'의 대표적인 형태에 속한다. 서술의 관점으로 본다면, 이 소설에서 어린 소녀 옥희는 '나'라는 '일인칭 관찰자 시점'을 통해 이야기를 서술하고 있다고 할 수 있다.

　단편소설 「사랑손님과 어머니」는 일인칭 관찰자 서술의 형태로 소설을 이끌어 감으로써, 두 가지 독특한 서술상의 효과를 거두고 있다. 첫째는 어린 소녀인 옥희의 입장에서 이야기를 말하고 있기 때문에, 천진스러운 말투로 어조의 일관성을 지켜서 이야기의 감응력을 더욱 높이고 있다. 둘째로는 어머니와 사랑 손님의 사이에서 싹 트는 연정이 옥희라는 관찰자의 시점에 의해 전달됨으로써, 순수하고 아름답게 묘사되었다는 점이다. 이 소설에서 느낄 수 있는 특이한 정감과 긴장은 모두 작중 화자인 옥희의 관점을 적절하게 유지하고 있는 데에서 비롯되는 것임은 물론이다.

전지적 작가 시점 소설의 이야기가 작중인물이 아닌 이야기 밖의 다른 사람에 의해 서술되는 경우를 삼인칭 서술이라고 한다. 그러나 엄밀한 의미에서 삼인칭 서술이라는 말은 용어상으로 모순점이 있다. 삼인칭 서술자는 이야기 속에서 서술을 할 수가 없기 때문이다. 대명사인 '그'나 '그녀'는 서술되는 작중인물을 지칭하는 것이지 서술을 행하는 서술 주체로서의 서술자를 말하는 것은 아니다. 이 경우 실제 이야기의 서술은 이야기 밖에 있는 작가에 의해 이루어지는 것을 볼 수 있다. 그러므로 삼인칭 서술은 전지적 작가 시점과 작가 관찰자 시점으로 구분된다.

전지적 작가 시점은 작가가 등장인물의 행동과 태도는 물론 그의 내면세계까지도 분석 설명하며 이야기를 이끌어 가는 방식이다. 작가가 소설 속 인물의 내면세계와 외부 세계를 모두 관장하며, 작가의 입장에서 인물의 행동과 심리 상태를 해석하기도 한다. 서술의 각도를 자유롭게 이동해 인생의 총체적인 모습을 다각적으로 그려 나갈 수 있는 서술 방식이다.

초봉이는 아궁이 앞에 앉아 지금 방에서 어머니와 아버지가 하고 있는 그 이야기가 어떻게 돼 가는가 해서 궁금히 생각을 하고 있는데, 삐그럭 중문 소리에 연달아 뚜벅뚜벅 무거운 구두 소리가 들린다. 초봉이는 보지 않고도 그것이 승재의 발걸음 소린 줄 안다.

초봉이는 승재와 얼굴이 마주쳤다. 승재는 여느 때 같으면 히죽이 웃으면서 그냥 아랫방께로 갔을 것이지만, 오늘은 할 말이 있는지 양복저고리 포켓에다 손을 넣고 무엇을 찾으면서 주춤주춤한다.

초봉이는 고개를 돌이켰어도 승재가 말을 해 주기를 기다린다. 그랬으면 초봉이도 그 말끝에 잇대어 아까 가게에서 풍파가 났던 이야기도 하고…… 하면 재미가 있을 것 같았다.

그러나 둘이는 내외를 한다거나 누가 금하는 바는 아니지만, 딱 마주쳐서 어쩔 수 없는 때나 아니고는 섬뻑 말이 나오지를 않는다. 그들은 처음부터 그렇게 버릇이 되었다. 한 것은, 가령 승재가 안에 기별할 말이 있다든지, 안에서 초봉이가 승재한테 무엇 내보낼 것이 있다든지 하더라도, 직접 승재가 초봉이한테, 또는 초봉이가 승재한테 해도 관계치야 않겠지만, 그러나 손아래로 아이들이 있는 고로, 다만 숭늉 한 그릇을 청한다 하거나, 내보내거나 하는 데도 자연 아이들을 부르고 아이들을 시키고 하기 때문에, 그게 필경 버릇이 되고 말았던 것이다.

승재가 방을 세로 얻어 든 것이 작년 세안이라 하지만, 그러기 때문에 둘이는 제법,

"나 승잽니다."

"초봉이어요."

이만큼이라도 말을 주고받기라도 하기는 금년 이월 초봉이가 제중당에 나가서부터다.

초봉이가 기다리다 못해, 그것도 잠깐이지만 도로 고개를 돌리니까, 승재는 되레 무렴해서 벌씬 웃고 얼른 아랫방께로 걸어간다.

초봉이는 승재가, 대체 무슨 말을 하려다 못 하고 저러나

싶어서, 그의 하던 양이 우습기도 하거니와 한편 궁금하기도 하였다.

— 채만식, 『탁류』

앞에 인용한 채만식의 『탁류』에서 볼 수 있듯이, 전지적 작가 시점을 사용하는 경우 작가는 등장인물의 말과 행동, 생각에 대하여 모든 것을 알고 있는 전지전능한 위치에 서게 된다. 그래서 그는 작중인물들이 제각기 듣고 보고 생각하는 것은 물론 그들 아무도 듣거나 보거나 생각하지 못하는 것까지 다 서술해 나갈 수 있다. 그래서 작중인물을 분석, 그의 심층 심리까지 독자에게 제시하기도 한다.

이처럼 전지적이라는 말은 무제한적이고 전권적인 의미를 내포하여 마치 신이 인간의 과거와 현재와 미래를 총괄적으로 볼 수 있는 능력과 비견된다. 그러나 소설에 있어서의 전지적 시점은 사실 신과 같은 것은 아니고, 소설이 전개되는 과정에 참가한다는 점에서 제한성을 가지고 있다. 신은 어느 때나, 어느 곳에나 자유자재하고 시간과 공간을 초월해서 동시적으로 존재하지만, 소설 속에서 행사하는 화자의 전지적 능력은 소설이 전개되는 순서와 그 테두리에 한정된다. 즉 시간과 공간의 제한을 받는다. 화자의 전지적 능력은 이야기의 주제와 작가가 의도하는 수준에서만 부여되는 것이다.

전지적 작가 시점에 의해 이야기가 서술될 때, 작가가 지나칠 정도로 독자 앞에 나서서 모든 사실을 설명해 주면 독자들이 알아듣기는 쉽지만 소설 속으로 빨려 들어가 작중인물과 호흡을 같이하고 함께 긴장하는 공감대를 형성하기 어렵다. 대부분의 고전소설이 전지적 작가 시점을 활용하고 있지만 근대소설에서는 전지적 시점이 점차 줄어든다. 이것은 결국 단순한 이야기가 점차 본격적인 소설로 발전해 나간 사실과 관계가 있다고 하겠다.

작가가 외부적인 관찰자의 입장에서 이야기를 서술해 가는 방식을 작가 관찰자 시점이라고 한다. 작가는 작품의 밖에서 관찰자로서의 객관적인 입장을 지켜, 대상을 관찰하고 묘사한다. 객관적인 입장에서 구체적으로 인물을 묘사하고 사건을 서술하기 때문에, 서술 자체가 극적인 것이 특징이다.

작가 관찰자 시점

　다음 날은 좀 늦게 개울가로 나왔다.
　이날은 소녀가 징검다리 한가운데 앉아 세수를 하고 있었다. 분홍 스웨터 소매를 걷어 올린 팔과 목덜미가 마냥 희었다.
　한참 세수를 하고 나더니 이번에는 물속을 빤히 들여다본다. 얼굴이라도 비추어 보는 것이리라. 갑자기 물을 움켜 낸다. 고기 새끼라도 지나가는 듯.
　소녀는 소년이 개울둑에 앉아 있는 걸 아는지 모르는지 그냥 날쌔게 물만 움켜 낸다. 그러나 번번이 허탕이다. 그래도 재미있는 양, 자꾸 물만 움킨다. 어제처럼 개울을 건너는 사람이 있어야 길을 비킬 모양이다.
　그러다가 소녀가 물속에서 무엇을 하나 집어낸다. 하얀 조약돌이었다. 그러고는 홱 일어나 팔짝팔짝 징검다리를 뛰어 건너간다.
　다 건너가더니 횅 이리로 돌아서며,
　"이 바보."
　조약돌이 날아왔다.
　소년은 저도 모르게 벌떡 일어섰다.
　단발머리를 나풀거리며 소녀가 막 달린다. 갈밭 사잇길로 들어섰다. 뒤에는 청량한 가을 햇살 아래 빛나는 갈꽃뿐.
　이제 저쯤 갈밭 머리로 소녀가 나타나리라. 꽤 오랜 시간이 지났다고 생각하였다. 그런데도 소녀는 나타나지 않는다. 발돋움을 하였다. 그러고도 상당한 시간이 지났다고 생각되었다.

저쪽 갈밭 머리에 갈꽃이 한 옴큼 움직였다. 소녀가 갈꽃을 안고 있었다. 그리고 이제는 천천한 걸음이었다. 유난히 맑은 가을 햇살이 소녀의 갈꽃 머리에서 반짝거렸다. 소녀 아닌 갈꽃이 들길을 걸어가는 것만 같았다.

소년은 이 갈꽃이 아주 뵈지 않게 되기까지 그대로 서 있었다. 문득 소녀가 던진 조약돌을 내려다보았다. 물기가 걷혀 있었다. 소년은 조약돌을 집어 주머니에 넣었다.

— 황순원, 「소나기」

앞에 인용한 황순원의 단편소설 「소나기」를 보면, 삼인칭 소설의 제한적 시점인 작가의 전지성이 이야기의 주인공인 '소년'에게만 발휘된다. 주인공인 '소년'의 생각을 작가가 해설하는데, 시점을 바꾸지 않고 '소년'에게 고정함으로써 독자의 주의력을 흩어 놓지 않고 통일성 있게 이야기를 이끌어 갈 수가 있다. 독자는 그래서 작중인물 중 한 사람, 특히 주인공인 '소년'의 생각은 잘 알 수 있지만, 다른 인물들이나 이야기의 전체 호흡에 대해서는 파악할 수 없다.

그런데 작가는 한 작품에서 꼭 한 가지 시점만을 일관되게 적용하지는 않는다. 소설적 소재가 마련되면 그것을 가장 효과적으로 처리할 수 있는 시점을 선택하는 데 골몰한다.

김동인의 「감자」에서 복녀에 대한 서술에 주목해 보자.

①
복녀는 원래 가난은 하나마 정직한 농가에서 규칙 있게 자라난 처녀였다. 예전 선비의 엄한 규율은 농민으로 떨어지자부터 없어졌다. 하나, 그러나 어딘지는 모르지만 딴 농민보다는 좀 똑똑하고 엄한 가율이 그의 집에 그냥 남아 있었다.

②

　그러나 이런 이상한 일이 어디 있을까. 사람인 자기도 그런 일을 한 것을 보면 그것은 결코 사람으로 못 할 일이 아니었다. 게다가 일 안 하고도 돈 더 받고, 긴장된 유쾌가 있고, 빌어먹는 것보다 점잖고…… 일본 말로 하자면 '3박자' 같은 좋은 일은 이것뿐이었다. 이것이야말로 삶의 비결이 아닐까. 뿐만 아니라 이 일이 있은 뒤부터 그는 처음으로 한 개 사람으로 된 것 같은 자신까지 얻었다.

　앞의 인용에서 ①은 복녀라는 등장인물을 거의 객관적으로 서술하고 있다. 즉, 작가는 그녀의 생각에 대해 자세한 해설을 가하기보다는 담담한 태도로 있었던 사실만을 이야기하는 중립적 태도를 취한 것이다. 그러나 이 같은 비교적 객관적인, 그래서 관찰자적인 화자의 태도는 이야기의 주제와 밀접하게 관련된 중요한 부분에 이르러 전지적인 관점으로 변한다. ②의 경우 작가는 어느 사이 복녀의 심중을 낱낱이 파악하고 있으며, 그러한 변화에 대해 독자에게 설명하고 있음을 볼 수 있다. 그래서 「감자」의 경우, 작가는 윗부분에서 복녀의 심중을 해설하고 있으므로, 삼인칭 제한적 시점의 작품이라고 할 수 있겠다. 하지만 작가는 복녀에 대해서조차 그가 필요하다고 생각되는 순간 외에는 거의 객관적인 극적 묘사를 하고 있다는 사실을 바르게 파악해야 한다.

　작가는 이처럼 작품 전체의 미적 효과를 충분히 고려하여 꼭 필요하다고 판단되는 때에만 전지적 해설을 가하는 경우가 많다. 그래서 우리의 소설사적 발달 과정은 단순한 본래의 이야기에서 점차적으로 장면적 이야기 및 자기 고백적인 일인칭 소설로 전개되었다고 할 수 있지만, 작가의 미적 계획에 의한 부분적인 주관적 해설이 더욱 효과적인 작품들도 종종 볼 수 있다.

시점을 화자의 직업, 교양 수준, 성별, 연령별, 신앙별, 때로는 사회적 신분별로 세밀히 나누어 생각해 볼 수 있을 것이다. 주요섭의 「사랑손님과 어머니」의 경우 일인칭 관찰자 시점이면서 그 화자를 어린아이인 옥희로 설정함으로써 작품 전체의 분위기를 신선하고 아름답게 하는 효과를 거두고 있다. 시점에 유의하면서 독서를 하면 각 시점, 즉 화자의 위치에 따라 이야기의 의미가 어떻게 변모하는가를 명확하게 이해하게 될 것이다.

이야기의 서술과 초점화

소설의 이야기는 화자 또는 서술자에 의해 이야기되는 어떤 관점을 통해 텍스트 속에 제시된다. 이것은 이미 앞에서 설명한 바 있는 서술 방법과 시점의 유형을 통해 어느 정도 해명된 바 있다. 그러나 일인칭 시점이니 삼인칭 시점이니 하는 서술 방법의 분류는 화자 또는 서술자가 이야기와 맺는 내적/외적 관계를 명시하는 데에 유용하지만, 실제 이야기의 서술 방법을 완전하게 분석하는 데에까지 이르지는 못한다. 예컨대, 일인칭 서술에서는 '나'라는 일인칭 인물이 이야기를 서술한다. 그러나 삼인칭 서술의 경우, '그' 또는 '그녀'는 서술되는 이야기 속의 인물이지 이야기를 서술하는 화자 또는 서술자는 아니다. 여기서 생겨나는 문제가 바로 '누가 이야기하느냐'와 '누가 보느냐'의 문제다. 하나의 인물이 이야기를 말하는 것과 보는 것을 모두 동시에 할 수 있다. 그러나 바로 이 때문에 소설의 서술 방법과 시점의 문제가 서로 혼동되기도 한다.

이러한 문제를 해결하기 위해 주네트가 『서사 담론』에서 내세운 것이 바로 '초점화(facalization)'다. 소설의 이야기에서 '누가 이야기하느냐'와 '누가 보느냐' 하는 문제를 구분해야 하는 것은 텍스트의 서술자와 텍스트의 시점이 동일하지 않다는 데에서 출발한다. '누가 이야기하느냐' 하는 문제는 누가 이야기의 서술을 담당하고 있는가를 말한다. 그러나 '누가 보느냐' 하는 문제는 이야기에서 누구의 시각에 의해 서술되는 내용이 결정되는가 하는 문제와 관련된다. 초점화는 바로 '누가 보느냐' 하는 문제를 중심으로 한다.

이 문제를 보다 명확하게 이해하기 위해서는 영화의 경우를 생각할 수 있다. 영화는 장면에 의존한다. 그렇지만 어떤 이야기를 말해 주기 위해서 영화의 카메라는 어떤 시각을 채택하지 않을 수 없다. 카메라의 위치가 공간적으로 또는 시간적으로 정해져야 한다. 그래야만 영화 속의 장면을 어떤 각도에서 클로즈업할 수도 있고 장면을 전환할 수 있다. 카메라의 공간적 위치에 따라 카메라의 초점이 결정되는 것이다. 소설의 경우에도 이와 비슷한 현상이 나타난다. 소설의 이야기를 말해 주는 화자는 이야기 속의 장면을 그려 내기 위해 누군가의 눈으로 그 장면을 보는 것처럼 서술한다. 말하자면, 초점화라는 방법을 통해 이야기와 공간적 관계를 맺게 되는 것이다.

덕기는 제 방으로 들어가 누우면서 지금 안에서 듣던 말을 생각해 보았다.

지체 보아서 한다고 할아버지가 야단야단치고 얻어 맡긴 아내요 또 그것도 처음에는 좋다가 일본 갈 때쯤은 싫증도 났던 아내이건마는, 시서모 앞에서 남편도 없는 동안에 고생하는 생각을 하면 가엾기도 하였다.

사실 소학교밖에 졸업 못 하고 구식 가정에서 자라났기에 이 속에서 배겨 있지, 요새의 신여성 같았으면야 풍파가 나도 몇 번 났을지 모르겠다고 생각하면, 신지식 없다고 싫어하던 것이 이제는 도리어 잘 되었다고도 생각하였다.

"……덕기도 제사까지 지내고 가라고 하였다……."

덕기는 분명히 조부의 이런 목소리를 들은 법하다. 꿈이 아니었던가 하며 소스라쳐 깨어 눈을 떠 보니 머리맡 창에 볕이 쨍쨍히 비친 것이 어느덧 저녁때가 된 것 같다. 벌써 새로 세시가 넘었다. 아침 먹고 나오는 길로 따뜻한 데 누웠으려니까 잠이 폭폭 왔던 것이다. 어쨌든 머리를 처드니, 인제는 거뜬하고 몸도 풀린 것 같다.

"네 처두 묵으라고 하였다만 모레는 너두 들를 테냐? 들르면 무얼 하느냐마는……."

조부의 못마땅해하는 어떻게 들으면 말을 만들어 보려고 짓궂이 비꼬는 강강한 어투가 또 들린다.

덕기는 부친이 왔나 보다 하고 가만히 유리 구멍으로 내다보았다. 수달피 깃을 댄 검정 외투를 입은 홀쭉한 뒷모양이 뜰을 격하여 툇마루 앞에 보이고 조부는 창을 열고 내다보고 앉았다. 덕기는 일어서려다가 조부가 문을 닫은 뒤에 나가리라 하고 주저앉았다.

"저야 오지요마는 덕기는 붙드실 게 무엇 있습니까. 공부하는 애는 그보다 더한 일이 있더라도 날짜를 대서 하루바삐 보내야지요……."

이것은 부친의 소리다. 부친은 갸냘프고 신경질인 체격 보아서는 목소리라든지 느리게 하는 어조가 퍽 딴판인 인상을 주는 것이었다. 그 부드러운 목소리와 급히 죄치지 않는 느린 말투는 퍽 젊었을 때에도 그랬는지는 모르겠으나 아마 예수교 속에서 얻은 수양인가 보다고 덕기는 생각하였다. 거기다가 비하면 조부의 목소리와 어투는 자기 생긴 거와 같이 몹시 신경질이요 강강하였다.

"그보다 더한 일이라니?"

시비를 차리는 사람이 저편의 말끝을 잡은 것만 다행해하는 듯이 조부의 목소리는 긴장하여졌다.

부친은 잠자코 섰는 모양이다.

"계집자식이 붙드는 게 그보다도 더한 일이냐? 에미 애비가 숨을 몬다면 그보다 더한 일이냐?"

"왜 불관한 일에 그렇게 말씀을 하세요?"

똑같이 부드럽고 똑같이 일 분간에 오십 마디밖에 아니 되는 듯한 말소리다. 그러나 노영감은 아들의 그 말소리가 추근추근히 골을 올리려는 것같이 들려서 더 못마땅하였다.

"그래 무에 어쨌단 말이냐? 에미 애비 제사도 모르는 놈이 당장 숨을 몬다기로 눈 하나 깜짝이나 할 터이냐? 그런 놈을 공부는 시키면 무얼 하니?"

영감은 입에 물려던 담뱃대로 재떨이를 땅땅 친다.

덕기는 더 참을 수가 없어서 아랫방에서 나왔다.

"오늘 가 뵈려고 하였어요. 글피쯤 떠날까 봅니다."

덕기는 부친 앞에 가서 이런 소리를 하고,

"안으로 들어가시지요."

하고 재촉을 하였다.

부친은 잠자코 아들을 바라보다가 모자를 벗고 방 안에다 대고 인사를 한 뒤에 안에는 아니 들르고 대문 편으로 나가 버렸다.

— 염상섭, 『삼대』

앞에 인용한 염상섭의 『삼대』의 한 장면을 보면 초점화의 문제가 야기하는 서술 시각의 중요성이 무엇인가를 쉽게 이해할 수 있다. 여기서 서술자는 이야기의 밖에 서 있다. 전지적 작가 시점이 적용되고 있기 때문이다. 그러나 이 대목에서 중요한 것은 누가 이야기를 말하느냐 하는 문제가 아니다. 오히려 문제가 되는 것은 이 장면이 단순하게 서술자에 의해 이야기되고 있는 것이 아니라 '덕기'라는 인물이 '유리 구멍'으로 내다보고 있는 장면을 그리고 있다는 점이다. 말하자면 서술자가 말하고 있는 내용 자체에 덕기의 시각이 분명하게 제시되어 있는 것이다. 그러므로 이 소설의 서술 방법을 단순하게 '삼인칭 소설'이라고 말한다든지, '전지적 작가 시점'이라는 시점의 유형을 지적하는 것으로는 소설의 서술적 특성을 제대로 이해하기 어렵다.

이처럼 소설의 초점화의 문제는 소설의 화자 또는 서술자의 위치와 시각의 문제를 명확하게 구분하기 위해 필요한 일종의 기법적인 개념이라고 할 수 있다. 초점화의 문제는 '누가 보느냐' 하는 '보는 주체'와 '무엇을 보느냐' 하는 '보이는 대상' 사이의 관계를 통해 성립된다. 그리고 여기에 '누가 이야기하느냐' 하는 서술자의 문제가 연결된다. 그러므로 초점자(focalizer, 보는 자)와 초점화 대상(focalized, 보이는 것)에 서술자가 서로 결합되면서 이루어지는 일종의 삼각관계 속에서 초점화의 문제가 제기된다는 것을 알 수 있다.

소설의 초점화는 초점자와 초점화 대상의 관계 속에서 성립된다. 그러므로 초점화의 주체와 대상을 놓고 이야기와 관계되는 위치와 이야기의 지속 정도에 따라 그 유형을 구분해 볼 수 있다. 초점화의 주체가 되는 초점자는 그 장면이 보이는 지점이다. 그 지점은 이야기의 내부에 있을 수도 있고 외부에 있을 수도 있다. 여기서 외적 초점화(external focalization)와 내적 초점화(internal focalization)의 구분이 가능해진다.

외적 초점화는 이야기의 외부에 위치한 익명의 주체가 초점자의 기능을 수행하고 있는 경우를 말한다. 외적 초점자는 이야기의 바깥에서 이야기의 서술을 담당하는 화자 또는 서술자와 같기 때문에 화자 초점자(narrator-focalizer)라고 한다. 반면에 내적 초점화는 초점화의 위치가 이야기의 내부에 자리한다. 특정 인물의 눈을 통해 보이는 것을 이야기하기 때문에 초점자가 등장인물과 일치한다. 말하자면 인물 초점자(character-focalizer)의 형식을 취하는 것이다. 소설의 독자들은 특정 인물의 시각과 의지를 통해 이야기의 상황을 보게 되므로 그 인물이 제시하는 시각을 수용하게 된다.

그런데 이러한 내적/외적 초점화의 구분은 고정되어 있는 것이 아니다. 하나의 이야기에서 외적 초점자가 자연스럽게 내적 초점자로 바뀌기도 한다. 내적 초점자의 경우에는 하나의 인물에서 다른 인물로 초점자가 바뀔 수도 있다. 이러한 현상은 이야기를 말하는 과정에서 시각의 변화를 드러내기 위한 기법이라고 할 수 있다. 일반적으로 삼인칭 소설의 경우는 외적 초점화가 이루어지며, 일인칭 소설은 대부분 내적 초점화가 가능하다. 그러나 이 같은 방식이 고정되어 있는 것은 아니다. 예컨대, 김동인의 「배따라기」와 같은 액자형 소설의 경우, 일인칭 화자가 등장하는 대목은 이야기의 내용을 전달 서술하는 입장에 서 있기 때문에 부분적으로 외적 초점화가 실현되지만, 장면에 따라 내적 초점화가 이루어지기도 한다. 그러므로 일인칭 소설이니 삼인칭 소설이니 하는 구분 자체가 초점화의 기법에서 본다면 중요한 의미를 가지지 못한다고 할 수 있다.

6 소설의 주제와 문체

소설의 주제

　소설의 이야기는 인간의 삶에 널려 있는 다양한 소재를 바탕으로 한다. 일상의 현실에서 보고 듣고 몸소 겪는 모든 일들이 소설의 이야깃거리가 될 수 있다. 이 같은 소재를 통해서 작가는 하나의 이야기를 만들며, 자기가 그려 보고자 하는 인생을 보여 주게 되는 것이다. 소설의 주제는 바로 이 같은 이야기의 의미라고 할 수 있다. 소설에 등장하는 여러 가지 이야깃거리는 모두 소설의 주제를 위해 동원된다. 소설의 소재는 작가가 말하고자 하는 주제에 의해 어떤 방향으로 조직되며 통일된다. 그러므로 주제는 소재를 해석해 나가는 힘이라고 정의할 수 있다.

　소설의 주제는 작가가 작품 속에서 구현하고자 하는 중심된 의미다. 소설 속에서 쌓아 올려진 의미를 주제라고 할 수 있다. 소설의 주제는 이야기를 통해 구체화된다. 그러므로 소설의 주제는 이야기가 지닌 의미에 해당한다. 소설의 주제는 작품의 내용이며 작가의 사상이다. 작가가 어떤 문제를 다루고자 할 때, 그 다루고자 하는 문제 자체가 주제에 해당한다. 소설의 주제에는 작가 자신이 지니고 있는 인생관이나 세계관이 나타나 있다.

　소설의 주제는 이야기 속에 용해되어 있어야 한다. 고전소설의 경우에는 그 주제가 어떤 도덕적 관념과 결합되어 쉽게 드러난다. 예컨대 「심청전」의 경우, 부모에 대한 효성이라는 주제가 작품의 표면에 노출되어 있다. 주제가 표면화되어 있는 작품은 소설적 흥미가 반감되기 쉽고, 긴밀한 효과도 거두기 힘들다. 소설의 주제는 작품에서 가장 중요한 요건이지만 겉으로 드러나서는 안 된다. 이야기의 줄거리 가운데 쉽게 주제가 드러나면

소설적 흥미도 없어지고 효과도 반감된다.

  소설의 주제는 어떤 사상을 설명하는 것은 아니다. 심훈의 『상록수』와 같은 작품을 보면 농촌 계몽 의식이 작품의 구석구석에서 강조되고 있다. 주제를 표면화하여 강조하고 있기 때문에 등장인물들의 성격조차도 이 같은 주제 의식에 얽매여 있다. 작품에 대한 인상을 강하게 하고 주제 의식을 분명하게 하는 것은 좋지만 이 같은 수법이 반드시 효과적인 것은 아니다. 소설의 주제가 이야기 속에 용해되어 있다는 것은 작품의 내용과 밀착되어 있다는 것을 말한다. 작품 속에 녹아들어 있는 주제를 파악하고 이해하는 일은 소설을 읽는 독자들의 몫이다.

  소설의 주제는 작품의 전체적인 효과를 놓고 파악해야 한다. 소설의 주제는 대체로 이야기 속에 전개되는 사건과 행동을 통해 구현된다. 등장인물의 행동은 소설이 지향하는 어떤 목표를 향해 전개된다. 그러므로 그 행동의 의미 속에 주제가 내포되어 있는 경우가 많다. 소설의 주제는 대체로 이야기의 결말 단계에서 구체적으로 드러난다. 모든 사건과 갈등이 해결되는 순간에 이야기의 의미가 살아나기 때문이다. 이범선의 「학마을 사람들」을 보면 마을 사람들의 행동을 모두 학의 출몰과 함께 연결하여 이야기를 전개하고 있다. 이때 학은 단순한 이야기의 소재라기보다는 하나의 상징적 존재로서 평화와 화합을 의미하기도 한다. 바로 이 같은 의미가 소설의 주제로 발전하는 것이다.

  소설의 주제는 작품을 서술하는 어조를 통해 드러나기도 한다. 작품 속에서 작중 화자 또는 서술자가 어떤 방향으로 이야기를 서술하느냐에 따라 작품의 의미가 달라진다. 채만식의 「치숙」을 보면 작중 화자의 어조가 특이하다. 작중 화자는 자신의 입장을 내세우면서 숙부를 비웃고 야유한다. 대학을 나온 후 사회주의 운동에 가담하였다가 감옥 생활까지 한 숙부가 아무 일도 하지 못하고 숙모에게 얹혀살아 가는 것을 우습게 여기는 것이다. 작중 화자는 일본인 상점에서 일본인의 비위를 맞추면서 돈을 벌고 있는 자신을 내세우면서 숙부의 어정쩡한 지식을 얕보기도 한다. 바로 이 같은 서술적 어조가 이 작품에서는 풍자적인 효과를 거둔다. 부정적인 인물이 자기 입장을 내세워 오히려 긍정적인 인물을 비판하고 있기 때문이다.

소설의 주제가 전체적인 이야기의 분위기에 의해 형성되는 경우도 있다. 작품의 이야기가 지닌 배경이나 분위기는 독자들에게 어떤 의미를 연상시키는 기능을 가진다. 그러므로 소설의 분위기가 소설 내용의 방향이나 의미의 윤곽을 암시하기도 한다. 김동리의 「무녀도」를 보면, 무당 모화가 살고 있는 집의 을씨년스러운 분위기가 잘 묘사되어 있다. 이러한 음험한 분위기를 통해 이야기의 방향과 그 의미가 암시된다.

하나의 작품은 하나의 주제를 가진다. 주제는 작품이 지닌 궁극적인 의미이기 때문에 하나의 의미로 요약된다. 주제의 단일성이란 의미의 핵심을 말하는 것이다. 하나의 소설에서 다루어지는 이야기를 보면 여러 가지 의미들을 내포한다. 소설의 주제는 그 이야기의 의미들이 통합되는 과정에서 드러난다. 그런데 소설은 하나의 이야기 속에 다양한 사건들과 인물들이 등장하기 때문에 그 의미를 하나로 집약해 놓기가 어렵다. 하나의 이야기라고 하더라도 여러 가지 의미가 내포될 수 있는 것이다. 그러므로 소설의 주제는 복합적인 의미 속에서 형성된다. 이광수의 『무정』과 같은 장편소설의 경우 등장인물들이 다양하고 사건도 우여곡절이 많다. 그러므로 이야기의 내용도 복합적이다. 남자 주인공의 경우를 중심으로 보면, 이 소설에는 사랑의 성취라는 주제가 자리 잡고 있다. 그러나 여성 주인공의 경우를 보면, 고난과 역경을 이기고 새로운 교육의 길을 찾아나서는 계몽 의식이 강하게 드러난다. 그러므로 이 작품은 주제 내용이 복합적이다. 물론 자유연애와 신교육이라는 것 자체가 더 큰 의미의 사회적 계몽 의식에 해당한다.

소설의 언어와 문체

　문학은 언어로 이루어지는 예술이다. 소설의 경우에는 운문으로 이루어지는 시와는 달리 산문으로 이루어진다. 그러나 어떤 경우든지 작가나 시인이 말을 어떻게 부리며 쓰는가에 따라서 그 작품의 의미나 느낌 혹은 그 강도가 달라지기 마련이다. 소설의 문체는 이야기를 서술하는 문장의 독특한 표현 방식을 말한다. 문체는 고정되어 있는 문장의 유형이 아니다. 흔히 간결체, 만연체, 강건체, 우유체 등으로 문체 유형을 구분하는 경우가 많은데, 이러한 문체 유형을 갖고는 문체가 지닌 중요성을 제대로 설명할 수 없다. 문체는 문장의 어떤 유형을 요구하는 것이 아니라 언어를 선택하고 배열하는 과정에서 자연스럽게 이루어지는 문장의 표현 구조일 뿐이다.

　소설의 문체는 작가마다 다르다. 두 사람의 작가가 똑같은 내용의 이야기를 소설로 만들었다고 해서 반드시 같은 작품이 될 수는 없는 일이다. 작가마다 구상하는 방법이 다르고 언어를 다루는 방법도 다르기 때문이다. 소설마다 그 문체가 특이한 것은 어휘 선택, 문장의 길이, 비유나 암시 등과 같은 표현 방식 등이 서로 다르기 때문에 나타나는 현상이다. 작가마다 자기 특유의 언어 표현 방식을 가지고 있으므로, 작품 전반에 흐르는 작가의 감정적 자세인 어조(tone)가 서로 다르게 형성된다고 할 수 있다.

　문체는 작가의 몫이다. 작가마다 특이한 문체가 있고, 그 문체에 의해 작품의 성향이 결정되기도 한다. 이광수의 문체는 표면적으로 엄숙한 어조가 흐르는 한편 단호한 어조를 보인다고 평가되고 있다. 그의 문체는 서술의 조리가 있지만, 형상적인 표현에는 부족함이 있다고 지적되기도 한다. 이러한 특징은 이광수의 계몽주의자로서의 면모를 나타내 준다. 즉 민족의 지도자로 자처하며 당대의 독자들에게 설교하기를 즐겨한 그의 의식이 문체에 그대로 드러나 있는 것이다. 김동인의 문체는 간결하고 묘사도 치밀하다. 이러한 문체는 소설에서 사건의 속도를 빠르게 하고 긴박한 호흡을 느낄 수 있도록 만들어 준다. 이효석은 감각적 표현과 섬세한 묘사가 뛰어난 작가다. 이러한 표현은 인간의 인식을 원초적이고 감각적인 차원으로 이행시켜 생각하기보다는 느끼도록 하는 특성이 있다. 자연과 주인공의 합일을 주된 주제로 삼는 그의 소설과 잘 어울리는 문체라고 할 수 있다. 하지만 작품의 주제가 현실 비판적이고 풍자적인 경우에 이러한 감각적 문장은 효과를 거두지 못한다. 현실의 부조리한 점을 직시하고 비판하기 위해서는 냉소적이고 독설적인 문체가 적합하다.

    문체의 특징은 대개 어휘의 선택에 의해 좌우된다. 우리말의 경우에는 고유어와 한자어의 차이에서 문체의 특징이 비롯되기도 한다. 고유어는 일상적인 언어로서 직감적이고 정서적인 느낌을 잘 나타낸다. 고유어를 잘 활용하면, 그만큼 부드럽고 정감 있는 글을 쓸 수 있다. 그러나, 한자어는 개념적이고 추상적인 표현이 적절하다. 한자어를 많이 쓰면 글이 딱딱하고, 논리적인 느낌을 준다.

    문장의 유형에 따라서도 문체의 특징이 좌우된다. 문장의 길이를 어떻게 조절하느냐 하는 문제는 작가의 선택에 맡길 수밖에 없다. 글의 성격이나 내용에 따라서 문장의 길이를 적절하게 조절하는 가운데, 문체의 특징을 드러낼 수 있다. 이 밖에도 문체는 여러 가지 요소에 의해 그 특징이 나타난다. 그러나 무엇보다도 중요한 것은 작가의 태도와 선택에 따라 결정된다는 점이다. 작가가 자기 자신의 문체를 갖는다는 것은 어떤 고정적인 틀에 맞추는 것이 아니라, 스스로 자신의 문체를 만들어 가는 것을 뜻한다.

  소설의 문체상 특징은 지문과 대화를 통해 드러난다. 소설의 지문은 등장인물의 대화를 제외한 문장을 일컫는다. 지문은 등장인물과 배경을 제시하고 사건을 설명하는 서술과 묘사로 이루어진다. 대화는 등장인물이 주고받는 말인데, 대화를 통해 인물의 성격이 묘사된다. 대화는 사건의 경과를 암시하기도 하고 인물의 상호 관계를 드러내기도 한다. 소설의 지문이 서술 중심으로 이루어진 경우에는 사건의 진행 과정에 대한 요약적인 제시가 많기 때문에 이야기 내용에 대한 이해가 용이하다. 그러나 묘사와 대화를 중심으로 하는 경우에는 인물의 성격이나 사건의 경과를 간접적으로 암시하기 때문에 독자들이 소설의 내용 속으로 빠져들어 가는 이른바 상상적인 참여가 많아져서 그만큼 극적인 효과를 거둘 수 있다.

제6장 희곡

1 희곡의 본질

희곡은 연극의 한 요소로 존재한다. 흔히 연극의 요소를 말할 때 희곡, 배우, 무대, 관객을 손꼽는다. 그러나 희곡이 문학의 한 분야라는 사실도 부인할 수 없다. 희곡은 시나 소설과 마찬가지로 언어를 표현 수단으로 택한다. 그리고 일정한 배경 속에서 인물들의 행위와 사건을 통해 하나의 이야기를 보여 주며, 그 속에서 하나의 주제를 드러낸다. 그렇지만 희곡은 엄격히 말해서 시나 소설과는 그 성격이 다르다. 희곡은 연극의 대본으로서 무대에서 상연될 것을 전제로 한 문학이기 때문이다. 희곡은 하나의 이야기를 무대 위에서 배우들의 행동을 빌려 직접 관객에게 보여 준다. 그러므로 문학성과 함께 연극성이라는 특성을 지닌다.

|희곡의 문학성과 연극성|

희곡은 연극으로서의 무대 상연을 전제하고 있기 때문에, 여러 가지 극적인 특성들을 지닌다. 우선 행동과 대사를 통해 직접적으로 하나의 사건을 제시한다. 작가가 직접적으로 대상을 묘사하거나 설명할 수 없다. 희곡에 나타난 행동과 대사를 통해 극의 진행을 상상해 보아야 한다. 희곡은 시간적·공간적 제약이 많다. 소설은 그 이야기가 얼마든지 길어질 수도 있고, 독자가 마음 내키는 대로 읽다가 중단할 수도 있다. 그러나 희곡은 일단 연극으로 상연될 경우 관객의 육체적·정신적 지속력과 흥미의 연속성에 제한을 받기 마련이다. 따라서 희곡은 이와 같은 한정된 시간과 공간 속에서 일정한 이야기를 행동화하기 위해서 보다 압축되어야 하고 극적이라야 한다. 더구나, 희곡의 배경은 무대 위에서 상연될 수 있는 내용이 되어야 하며, 전체

적인 내용이 하나의 완결된 극적인 구조를 갖추어야 한다.

    희곡은 시나 소설에 비해 제약이 많지만, 바로 그 제약이 희곡의 특성을 이룬다. 희곡은 압축된 구조와 대화의 상징성을 중시한다는 점에서 시의 구조와 공통적인 요소를 가지고 있으며, 인물의 성격과 극의 구성을 놓고 본다면, 소설의 경우와도 유사한 점이 많다. 물론 희곡은 길이가 제한되며, 묘사와 설명이 가능하지 않고, 배경의 이동도 자유롭지 못한 것이 사실이지만, 오히려 이러한 제약성을 바탕으로 전체의 이야기를 하나의 극적인 구조로 압축하여 직접적인 효과를 거둘 수 있다는 점이 특징이라고 할 수 있다.

행동의 문학

    희곡은 인간의 행동을 무대 위에서 표현하는 문학이다. 그리스어의 '움직이다(dran)'라는 단어에서 '드라마'라는 말이 연유한 것만 보아도, 희곡이 인간의 행동을 그리는 것임을 알 수 있다. 희곡은 무대 위에서 인생을 표현하되, 오직 배우의 행동을 통해서 모든 것이 이루어진다. 하나의 이야기 속에 등장인물이 있고, 사건이 있다는 점에서는 소설과 다를 바 없지만, 희곡은 직접 무대 위에서 연기되는 행동이 중심이 되어 하나의 이야기를 전개한다.

    희곡은 무대 위에서 직접적으로 인생을 표현하기 때문에, 보다 직접적이며, 현실적인 것이 특징이다. 희곡의 줄거리는 모두 현재화되어 표현된다. 희곡이 연극으로 상연될 경우, 관객들은 즉석에서 극중 현실과 대면하게 된다. 이 경우에 관객에게 보이는 것은 배우의 연기 즉, 행동이다. 이때의 행동은 일반적인 인간의 행동과 구별하여 극적 행동이라고 한다.

    희곡에서 그려지는 극적 행동은 직접 눈으로 확인할 수 있는 신체 동작이 중심을 이루지만, 인물들이 서로 주고받는 대사도 함께 포함된다. 인물의 내면적인 움직임, 즉 심리 상태도 극적 행동의 하나다. 이러한 극적 행동은 긴장과 갈등을 지닌 채 진행 발전한다. 희곡의 극적 행동은 인물과 직접적인 연관을 맺어야 하고, 행동의 앞뒤가 긴밀하게 이어지도록 연결되어 있다. 그러므로 극적 행동은 절약되고 압축된 의미 있는 행동이다. 희곡은 이러한 극적 행동을 통일되고 집중된 극적인 효과를 거둘 수 있도록 그려 내는 것이다.

희곡은 인물의 대화를 위주로 하는 문학이다. 소설에서도 대화가 등장하지만, 희곡에서는 대화가 차지하고 있는 비중이 매우 크다. 희곡의 형태를 보면 간단한 무대 지시를 제외하고는 전체 내용이 등장인물의 대화로 이루어져 있다. 무언극(無言劇)의 경우 대화가 없고 행동만 있지만, 이러한 유형의 희곡은 예외적인 것이다.

대화의 문학

희곡의 대화는 인물의 성격을 드러내고 사건의 진행을 가능하게 한다. 인물의 성격은 대화를 통해 구체화된다. 희곡의 대화는 구체적인 행동을 수반하기 때문에, 인물의 심리 상태나 성격을 암시해 준다. 인물의 출신 기반이나 교육 수준도 대화를 통해서 드러나며, 취미나 관심도 대화를 통해 나타난다. 희곡의 대화는 인물의 성격을 창조하는 절대적인 요소라고 할 수 있다.

희곡의 대화는 사건을 설명하고 행동을 유발한다. 대화를 통해 인물과 인물 사이의 관계가 암시되기 때문에 플롯의 진행에 관여하게 된다. 희곡은 소설과 달리 모든 사건을 현재화하여 무대 위에서 보여 주는 것이므로, 과거에 대한 설명이 대개 대화를 통해 이루어진다. 대화는 지난 사건을 설명해 주고, 앞으로 일어날 사건을 암시한다.

이처럼 희곡의 대화가 지니는 기능은 매우 중요하다. 희곡의 대화는 일상의 회화처럼 자연스러우면서도 극적인 효과를 드러낼 수 있는 그럴듯한 대화가 되지 않으면 안 된다. 이를 위해서는 대화가 간략하면서도 인상적인 것이 되어야 한다. 극적인 분위기를 지속적으로 살려 나가기 위해서는 대화 속에 긴장감이 담겨야 한다.

희곡의 대화가 일상적인 언어에 치우치면 집중화 효과를 잃게 되며 긴장감을 살리기 어려워진다. 그렇다고 너무 극적인 것에만 매달리면, 과장된 대화, 사실성이 부족한 대화가 되기 쉽다. 희곡의 대화는 행동을 수반하면서 극의 주제를 부각시킬 수 있는 상징성을 지녀야 한다.

2 희곡과 연극적 관습

희곡은 연극 상연을 전제로 그 텍스트 자체가 구성된다. 그러므로 주관적 정서의 표현에 치중하는 시의 경우나 객관적 상황의 서술에 치중하는 소설의 경우와는 성격이 전혀 다른 텍스트의 특성을 드러낸다. 희곡의 텍스트는 무대 상연을 위한 모든 요건을 담아낸다. 극중에 등장하는 인물은 행동과 대사로써 극적 성격을 표현한다. 그리고 이러한 인물의 행동과 대사가 서로 연결되면서 극적인 사건과 상황이 전개된다. 물론 이러한 극적 상황의 전개를 무대 위에서 효율적으로 처리할 수 있도록 각 장면의 설정과 무대장치, 그리고 장면을 연결한 막의 설정 등도 지문을 통해 표시해 둔다.

다음의 예를 보자

연극 상연을 위한 텍스트

등장인물
최명서: 병들고 가난한 늙은이
명서 처
금녀: 그들의 딸
강경선
경선 처
순돌: 경선의 장남
삼조
구장
이웃 여자: 60여 세
우편배달부

때
192×년 가을

1막 뒷부분

　무대: 읍에서 그다지 멀지 않은 명서의 집. 외양간처럼 음습한 토막집의 내부. 온돌방과 그에 접한 부엌. 방과 부엌 사이에는 벽도 없이 통하였다.
　천장과 벽이 시커멓게 그을은 것은 부엌 연기 때문이다. 온돌방의 후면에는 골방으로 통하는 방문이 보인다.
　좌편에 한길로 통한 출입구, 우편에는 문 없는 창 하나, 창으로 가을 석양의 여윈 광선이 흘러 들어올 뿐, 대체로 토막 안은 어두컴컴하다. 우편 방에 꾸부려 앉은 육십 노인은 금녀의 아버지인 명서. 편지를 쓰고 있다. 오랫동안의 병으로 정신이 매우 흐릿한 듯하다. 그가 가진 침울한 성질은 선천적이라기보다 그의 생활의 궁핍과 다년의 병고가 그에 영향함이 적지 않다. 좌편 부엌에서 금녀는 타념 없이 가마니를 짜고 있다. 그의 멍하니 커다란 눈에는 일종의 병약과 예지의 빛을 감췄다.
　경선의 처 등장. 뚱뚱하고 앙탈 궂은 40세쯤 되는 여자다.

　경선 처: 아이, 속상해. 우리 집 영감 좀 찾아 주우. (집 안을 이리저리 찾는다.)
　명서 처: 왜 이 성화야?
　경선 처: (가마니를 들춰 본다. 그 밑에 경선이 죽은 듯이 엎디었다.) 글쎄 이게 무슨 병신굿이란 말유? 누가 장난하쟀우? 빨리 집에나 가 봐유.
　경선: 쥐새끼처럼 왜 이건 내 꼬리만 물구 다녀? 사람이 숨도 못 쉬게…….

경선 처: 아따, 숨 쉴 팔자가 되었으니 복은 무척 많이 타구 났구려. 글쎄, 여보 그 복은 다 어쩌구서 계집자식을 요렇게 안녕하게 건사한단 말유?

경선: (그 처에게) 이왕 그렇게 돼서 방금 경맬 헌다는 마당에 내가 나서문 뭣해? 속만 상허지.

경선 처: 에그, 말씀은 점잖구, 마음은 무사 태평이십니다그려.

명서: 여보게, 이게 대관절 어떻게 된 셈인가?

경선: 장리쌀 몇 가마니 꾸어다 먹은 게 있는데 그걸 무슨 집행이 나왔다나.

명서 처: (놀라며) 집행?

경선 처: 아따, 남의 애기나 허는 것 같구려. 당신이 병신이라 그렇지. 그래, 사내대장부로서 자기 집이 날아가는 걸 그대로 보고 있담.

명서: 아까 경선이가 양복쟁이가 왔느니 손님이 어떻게 되었느니 하기에 우린 또 농담인 줄만 알구 웃구만 있었지.

경선 처: 이 양반은 뭐든지 농담으로만 돌려 버리쥬. 그게 병이에유.

명서: 아무리 받을 게 중하기로서니 사람을 거리로 내쫓는, 그런…….

명서 처: 빨리 가 봐유, 빵보 영감.

경선 처: (기가 막혀 발을 구르며) 어서 가서 말 좀 해유. 저눔들이 우리 누더기 쪼각꺼정 마구 가져가나 봐. 어서 좀 빨리.

경선: 난 싫어, 그걸 어떻게 나더러 보구 섰으란 말야? 우리 핼 가져가는 게 뭐 이번이 처음이구, 또 마지막인가 어디?

경선 처: (혀를 끌끌 차며) 에그, 저 꼴에 불알이 달렸으니 기가 맥힐 노릇이지. 동네방네 쏘다니면서 술이나 처먹구 엄벙뗑한 소리나 허라문 잘하였지, 남의 앞에 나서라문 그만 주먹

맞은 감투가 돼 버린단 말여.

경선: 우리 집 겉은 걸랑 제 멋대루 떠 가지구 가래. 난 사내답게 다 내줄 테야. 내가 그까짓 걸 두구 떨어? 그런 걸 가지고 울었다문 난 말라서 벌써 북어 신세가 됐을걸.

순돌이, 5~6세밖에 안 되는 소아 울며 등장.

순돌: 엄마, 어서 와, 다 가져가. 다 가져가.

경선 처: 에그, 저걸 어쩌나? 어서 가 봐유.

경선: (치미는 울화를 억제 못 하는 듯이) 제에기 망할 것, 될 대루 되래라. 뭐가 뭔지 뒤죽박죽이다. (이렇게 악을 쓰다가 갑자기 무엇을 생각하였는지) 어허허허…… 이놈의 일은 점점 가경으로 몰아치는구나. 인젠 어디로 가란 말씀요? 온 세상을 토파 헤매란 말씀이우? (눈에는 눈물이 맺힌다.)

경선 처: 바로 미쳤군.

경선: 에키, 망헐 눔의 세상 같으니라구. (내빼다시피 퇴장)

— 유치진, 「토막」

앞의 예문에서 볼 수 있는 것처럼, 희곡의 본문은 대부분 등장인물의 대사로 이루어져 있다. 희곡의 텍스트는 무대 위에서의 상연을 전제로 다양한 요소가 함께 표시된다. 이때 주목해야 할 것이 희곡의 컨벤션(convention)에 대한 이해다. 컨벤션은 '극적 관습'이라고 번역할 수 있다. 희곡의 내용은 그대로 무대 위에서 펼쳐지고 관객들이 이를 보게 된다. 희곡은 언제나 무대 위에서 펼쳐지는 사건을 관객이 관람하고 있다고 가정하는 셈이다. 그러므로 무대 위의 사건은 언제나 현실 그 자체처럼 펼쳐지며, 관객은 이를 실제의 사건처럼 인식하게 된다. 무대 위의 사건이 실제의 그것과 다르다는 것은 명백한 일이지만, 관객들은 그 차이를 무시하고 극중 상황에 몰입한다. 바로 여기서 극적 컨벤션의 의미가 살아난다. 극적 컨벤션이 있기 때문에 극중 사건의 리얼리티에 대한 환상을 살릴 수 있으며, 연극적 감수성을 충족시킬 수 있다.

등장인물과 배역

희곡은 극중에 등장하는 모든 등장인물을 텍스트의 맨 앞에서 일일이 소개한다. 이러한 방식은 소설의 경우와 전혀 다르다. 소설은 이야기의 전개 과정에 따라 자연스럽게 새로운 인물이 등장하기도 하고 사라지도 한다. 그러나 희곡의 경우에는 무대에 오르는 모든 인물들을 먼저 소개한다. 이때 등장인물은 연극의 내용과 규모에 따라 한두 명일 수도 있고, 수많은 인물들이 소개될 수도 있다. 여기서 모든 등장인물의 이름, 나이, 직업, 주인공과의 관계 등 극중의 역할이 미리 밝혀진다. 그리고 등장인물의 의상이라든지 분장을 모두 극의 시대적 배경에 맞게 지정한다. 이러한 인물의 설정 방식은 극중 인물의 역할을 미리 제시하여 그 배역을 쉽게 정할 수 있도록 하기 위한 것이라고 할 수 있다. 이러한 인물 소개와 배역 설정도 성격과 행동의 컨벤션에 따르는 것이다. 앞의 예에서 등장인물 '최명서'는 어떤 배우가 그 역할을 담당하든지 간에 극중의 '최명서'로 받아들인다. 그리고 그의 모든 행동이 극적 상황에 맞게 연출된다는 것을 알 수 있다.

무대장치의 설명

희곡에서 가장 중요한 요소 중의 하나가 무대장치에 대한 지정이다. 극적 상황을 이해할 수 있도록 극의 배경을 이루는 '때'와 '곳'을 쓴다. 이것은 시간적·공간적 배경을 지정하는 일이다. 이런 배경의 설정을 더욱 구체화하기 위해 언제 어떤 곳에서 일어난 사건인지를 보여 주기 위한 '무대장치'의 설명이 뒤따른다. 이러한 요소가 중시되는 이유는 희곡이 연극 상연을 전제로 한다는 데에 있다. 무대의 설정과 그 장치를 서두에서 미리 설명함으로써 극중 배우가 자기 역할을 연기하는 데 도움을 주도록 하는 것이다.

앞의 작품에서 '읍에서 그다지 멀지 않은 명서의 집. 외양간처럼 음습한 토막집의 내부. 온돌방과 그에 접한 부엌. 방과 부엌 사이에는 벽도 없이 통하였다. 천장과 벽이 시커멓게 그을은 것은 부엌 연기 때문이다. 온돌방의 후면에는 골방으로 통하는 방문이 보인다. 좌편에 한길로 통한 출입구, 우편에는 문 없는 창 하나, 창으로 가을 석양의 여윈 광선이 흘러 들어올 뿐, 대체로 토막 안은 어두컴컴하다.'라는 무대장치의 설명이 나온다. 그러나 여기서 지정된 무대장치는 극중에서 그대로 실현되지 못한다. 모두 실제와는 상관없이 만들어 낸 가공의 무대 배경, 현수막, 소도구 등을 통해 모두 조작된다. 그럼에도 불구하고 극중에서는 그것이 실제 그대로인 것처럼 받아들여진다. 이것을 무대 세팅의 컨벤션이라고 한다.

대사와 지문

희곡은 소설과 같은 산문 중심의 문학과는 달리 등장인물이 주고받는 말을 중심으로 이루어진다. 대사는 등장인물들이 서로 주고받는 대화와 독백(獨白), 방백(傍白) 등으로 구분된다. 대사는 등장인물의 성격을 암시하고, 어떤 사건을 직접적으로 보여 주면서 동시에 앞으로 일어날 사건을 예견할 수 있게 해 준다. 희곡에서 대사와 함께 쓰는 지문은 등장인물의 동작을 지시하며, 환경에서 생기는 변화와 상태 등을 나타낸다. 지문에서는 너무 지나치게 세밀한 지시를 열거하는 것은 삼가고 있다. 등장인물의 동작을 제한하고, 연기자의 예술적 창조를 막을 수도 있기 때문이다.

장(場)과 막(幕)

　희곡에서는 연극으로 상연되는 과정과 그 진행을 막과 장으로 구분하여 표시한다. 여기서 막의 구분은 극 구성의 단계를 표시하는 필수적 요소이지만 장은 표시되지 않는 경우도 많다. 장의 의미는 단순하게 극중 장면이라고 이해할 수도 있으며 사건의 작은 한 단위라고 설명하는 것이 적절하다. 이에 비해 막은 무대 기술적 요건을 동시에 드러내는 극의 커다란 단락을 뜻한다. 이것은 무대 위에 실제로 장치되어 있는 막의 오르내림 횟수와 일치한다. 막은 극적 행동의 변화를 전제로 하기 때문에 하나의 장으로 이어질 수도 있지만 길고 복잡한 내용일 때는 하나의 막 속에 여러 개의 장이 배치된다.

　그리스 고전극은 원래 막의 구분이 없었지만 르네상스 시대의 연극은 대개 3막 또는 5막의 구분이 일반적이었다. 그러나 오늘날에는 이러한 절대적인 구분이 의미를 잃고 있다. 그 이유는 무대 기술의 발달로 막의 오르내림에 의하지 않고서도 얼마든지 극의 진행을 가능하게 할 수 있게 되었기 때문이다. 현대극에서는 조명의 수법이나 무대의 회전 방식 등으로 얼마든지 극의 변화를 시도할 수 있고 영화의 스크린을 이용한 장면 처리 등도 활용한다. 이러한 새로운 기법으로 인하여 희곡에서의 장과 막의 구분이 실질적인 의미를 잃어 가고 있는 셈이다.

3 극적 인물

개성과 전형성

　희곡의 생명은 인물의 성격에 달려 있다. 희곡은 극중 인물의 행동과 대사를 통하여 직접적으로 그 성격을 표현한다. 성격을 표현하는 것만 아니라 그 성격의 발전 과정까지도 극적으로 형상화하여야 한다. 그러므로 극의 진행 과정은 인물의 성격의 변화와 발전 과정에 초점을 두게 된다.
　희곡의 인물은 개성적이면서도 전형적인 성격을 보여 주어야 한다. 희곡은 인물들 사이의 갈등과 분규를 통해 극적인 상황을 드러낸다. 성격이 유사하거나 개성적인 특징을 지니지 못한 인물은 극적인 효과를 연출하기가 어렵다. 희곡의 인물이 개성적이라는 것은 개별적인 특성이 인상적으로 드러나는 것을 의미한다. 개성이라는 말은 유별나거나 예외적인 것만을 의미하는 말이 아니다. 인간적인 면모를 가지면서도 강렬한 인상을 줄 수 있는 말과 행동과 태도를 보여 주어야 한다. 그런데 이 개성적인 요건은 반드시 전형적인 요건과 결부되어야 한다. 전형적이라는 말은 어떤 사회계층이나 직능, 또는 어느 세대를 대표하는 성격적인 특성을 나타내야 한다는 말이다. 전형적인 성격을 지니지 못하면 극적인 인상을 주기 어렵고, 보편적인 삶의 문제를 보여 주기도 힘들다.
　희곡의 인물은 극적이며 입체적인 인물이 적합하다. 극의 진행과는 관계없이 성격의 변화를 보여 주지 않는 평면적인 인물은 극적인 분위기에 부합되지 못한다. 극적인 상황 속에서 극적인 인물의 극적인 행동이 연출될 때, 극적 효과를 거둘 수 있다. 희곡의 인물은 갈등과 의지의 투쟁을 극적으로 보여 주는 인물이어야 하기 때문에, 소설의 경우보다 훨씬 강렬한 성격을 지녀야만 한다.

희곡에서 인물 성격의 창조는 주로 대화에 의해 이루어진다. 등장인물의 성격, 사건의 진전, 심리의 변화 등이 모두 대화 가운데서 표현되고 대화를 통해서 전달된다. 결국 대화는 희곡의 이야기를 진전시키는 동시에 인물과 인물의 관계를 연결하고 이해시키는 수단이 된다.

극적 대화

그런데 희곡의 대화는 반드시 극중에서 배우의 입을 통해 발화되는 것을 전제로 한다. 무대 위에서 극중 인물이 주고받는 대화는 그들만의 것은 아니다. 극을 관람하고 있는 관객과도 심정적인 소통을 유지해야 한다. 그러므로 희곡의 대화는 극적 대화로 이어져야만 한다.

순돌: 엄마, 어서 와, 다 가져가. 다 가져가.
경선 처: 에그, 저걸 어쩌나? 어서 가 봐유.
경선: (치미는 울화를 억제 못 하는 듯이) 제에기 망할 것, 될 대루 되래라. 뭐가 뭔지 뒤죽박죽이다. (이렇게 악을 쓰다가 갑자기 무엇을 생각하였는지) 어허허허⋯⋯ 이놈의 일은 점점 가경으로 몰아치는구나. 인젠 어디로 가란 말씀요? 온 세상을 토파 헤매란 말씀이우? (눈에는 눈물이 맺힌다.)
경선 처: 바로 미쳤군.
경선: 에키, 망헐 놈의 세상 같으니라구. (내빼다시피 퇴장)
경선 처: 어딜 가유? 예? (남편의 뒤를 따르며) 여보, 이리 와유, 어딜 가유? 여보!

경선의 아내 남편을 부르며 그의 뒤를 쫓는다. 아들 순돌은 어머니의 뒤를 따른다. 금녀와 그 어머니는 자기 집 사립문 앞에서 경선의 식구의 나간 쪽을 기막힌 듯이 바라보고 있다.

─유치진, 「토막」

앞의 인용에서처럼 희곡에서 등장인물의 대화가 극적이어야 한다는 것은 극적 효과를 위한 몇 가지 특징을 살려야 함을 말한다. 희곡에 있어서의 대화가 가지는 특성은 한마디로 말하자면 상징(象徵)과 생략(省略)이라고 할 수 있다. 희곡은 소설처럼 자유자재로 시간과 공간을 이동할 수 없기 때문에, 한 무대에서 일정한 시간과 공간의 제약을 받게 된다. 그런 까닭으로 희곡에서는 꼭 필요한 인물만을 등장시키고, 의미가 없는 설명이나 대화는 생략해야 한다. 이것이 바로 희곡의 대화에서 요구되는 언어의 경제성이다. 등장인물의 대화는 그 인물의 성격이 반영되는 것은 물론 극적 상황의 변화와 발전을 암시해야 한다. 이를 위해서는 등장인물의 연령, 학력, 직장, 사회적 신분, 환경까지도 그 대화 가운데에서 선명하게 묘출(描出)되어야 하고, 상대방에 대한 태도, 반응 등도 함께 드러나야 한다. 이러한 상황적 적합성을 표출하지 못한다면 대화를 통해 극적 긴장감을 살려내기 어렵다. 등장인물의 대화는 극의 진행 과정과 상황에 맞춰 적절한 속도감과 어조를 유지하는 것이 필요하다.

희곡의 대사는 등장인물들이 서로 주고받는 말로만 이루어지는 것이 아니다. 등장인물은 대화의 상대 없이도 혼자서 중얼거린다. 소설의 경우에는 이러한 장면을 서술적 문장 속에서 자연스럽게 처리한다. 예를 들면, '그는 오늘 재수가 더럽군 하고 속으로 중얼거렸다.'라고 기술하면 된다. 그러나 희곡에서는 이러한 방식으로는 등장인물의 속말을 처리할 수 없다. 어떤 방식으로든 속말이 겉으로 발화되어야 하기 때문이다.

희곡에서 등장인물의 혼잣말은 독백과 방백으로 구분하여 설명할 수 있다. 일반적으로 독백은 무대 위에 혼자 나와서 혼자서 중얼대는 말이다. 등장인물의 내적 갈등이나 심경을 무대에서 드러낼 수 있는 방법으로 활용된다. 이와는 달리 방백은 다른 인물들이 무대 위에 나와 있지만 그들을 상대로 하여 던지는 말이 아니다. 관객들만 그 말을 알아듣는 것으로 간주하고 하는 혼잣말이다. 물론 이러한 일은 실제로는 가능하지 않지만 극중에서는 일종의 극적 컨벤션에 의해 가능한 일처럼 연출된다. 실제로 연극에서는 등장인물이 관객을 향하여 직접 은밀하게 속삭이는 방식으로 방백을 활용한다. 이때 관객들은 등장인물이 전해 주는 말을 들을 수 있지만, 다른 등장인물은 전혀 그 말을 알아듣지 못한 것으로 간주된다.

희곡의 내용은 극적인 인물이 행하는 극적 행동에 의해 구체화된다. 극적 행동은 인물의 행위만을 말하는 것은 아니다. 극중 현실 속에서 펼쳐지는 인물의 신체적인 동작은 물론이요, 주고받는 모든 대화도 이에 포함된다. 극적 인물의 내면적인 심리적 변화와 움직임도 모두 여기에 해당된다.

극적 행동

극적 행동은 극의 구성 원리로서 극중에서 발전하고 극의 어떤 목표를 향해 진행된다. 조용히 진전되는 것이 아니라, 긴장감과 갈등을 가진 채로 진행되는 것이다. 그리고 여기서 갈등과 충돌과 해결이 이루어진다. 극적 행동은 단순한 하나의 의미를 지닌 일련의 행동이 아니라, 극적 상황 속에서 갈등의 긴장 관계를 드러내는 것이다.

남자의 소리: 사람 있수, 이 집에?
명서 처: 이애 금녀야, 네 오빠 소리 아니냐? 그렇지! 너두 들었지? 오오, 명수야. 명수가 왔다. 그놈이 왔다. (명서에게) 자, 내 말이 거짓말인가 봐요.

명서: ……이상헌걸.

남자의 소리: 여보!

명서 처: 금녀야, 빨리 사립문을 열어 귀인을 맞아라. 얼른!

금녀: 어머니, 무서워!

명서 처: 에그, 병신 같으니! 그럼, 같이 가자.

(모녀, 다소 공포에 떨면서 입구 쪽으로 나간다.)

남자의 소리: 이 집에 최명서란 사람 있소?

명서 처: 일본서 왔수?

남자의 소리: 그렇소.

명서 처: 일본서?

(그때에 사립문을 박차는 듯이 한 남자 안으로 들어선다. 그는 우편배달부다. 소포를 들었다.)

배달부: (들어서며) 왜 밖에 문패도 없소?

모녀: (무언(無言))

배달부: 빨리 도장을 내요.

명서: 도장?

명서 처: (금녀에게 의아한 듯이) 너의 오빠가 아니지?

금녀: 배달부예요.

명서: (실망한 듯이) 칫!

배달부: 얼른 소포 받아 가요! 원, 무식해도 분수가 있지. 빨리 도장을 내요.

명서: (반항적 어조로) 내겐 도장 같은 건 없소.

배달부: 그럼, 지장이라도…….

명서: (떨리는 손으로 지장을 찍는다. 배달부 퇴장)

명서 처: 음, 그 애에게서 물건이 온 게로구먼.

명서: 뭘까?

명서 처: 세상에, 귀신은 못 속이는 게지! 오늘 아침부터 이상한 생각이 들더니, 이것이 올려구 그랬던가 봐. 당신은 우환

이니 뭐니 해도…….

명서: (소포의 발송인의 이름을 보고) 하아 하! 이건 네 오래비가 아니라 삼조가…….

명서 처: 아니, 삼조가 뭣을 보냈을까? 입때 한마디 소식두 없던 애가……. (소포를 끌러서 궤짝을 떼어 보고)

금녀: (깜짝 놀라) 어머나!

명서 처: (자기의 눈을 의심하듯이) 대체 이게 …… 이게? 에 그머니, 맙소사! 이게 웬일이냐?

명서: (되레 멍청해지며, 궤짝에 쓰인 글자를 읽으며) 최명수의 백골.

금녀: 오빠의?

명서 처: 그럼, 신문에 난 게 역시! 아아, 이 일이 웬일이냐? 명수야! 네가 왜 이 모양으로 돌아왔느냐! (백골 상자를 꽉 안는다.)

금녀: 오빠!

명서: 나는 여태 개 돼지같이 살아 오문서, 한마디 불평두 입 밖에 내지 않구 꾸벅꾸벅 일만 해 준 사람이여. 무엇 때문에, 무엇 때문에 내 자식을 이 지경을 맨들어 보내느냐? 응, 이 육실헐 놈들! (일어서려고 애쓴다.)

금녀: (눈물을 씻으며) 아버지! (하고 붙든다.)

명서: 놓아라! 명수는 어디루 갔니? 다 기울어진 이 집을 뉘게 맽겨 두구 이놈은 어딜?

금녀: 아버지! 아버지!

명서: (궤짝을 들구 비틀거리며) 이놈들아, 왜 뼉다구만 내게 갖다 맽기느냐? 내 자식을 죽인 놈이 이걸 마저 처치해라! (기진하여 쓰러진다. 궤짝에서 백골이 쏟아진다. 밭은기침! 한동안)

──유치진, 「토막」

앞의 장면은 희곡 「토막」에서 극적 긴장이 고조된 장면이다. 일본으로 돈을 벌러 갔다던 아들이 독립운동에 연루되어 체포되었다가 결국 죽음을 당한 채 유골이 되어 집으로 돌아온 장면이다. 이러한 비극적 정황 속에서 등장인물들이 보여 주는 극적 행동은 하나의 주제를 향하여 압축되어 통일을 이룬 완결된 행동이다. 소설의 경우 이야기를 이루는 사건은 매우 다채롭고 다양하게 전개되며, 중요 장면은 상세하게 묘사되고 그리 중요하지 않은 것은 간단히 언급된다. 이러한 서술 방식에 의해 주된 사건에 부수적인 사건들이 함께 어우러져 소설의 이야기를 이루게 되는 것이다. 그러나 희곡은 이와 다르다. 희곡에서의 등장인물의 행동은 무대 위에서 그대로 실연되어야 한다. 소설에서처럼 언어로 묘사되는 것이 아니라 직접적인 행동으로 보여 주어야 한다. 이를 위해 인물의 모든 행동은 지문으로 지시된다. 그렇지만 지문의 내용은 전체 방향만을 제시할 뿐이다. 등장인물은 제시된 방향에 따라 극적인 갈등과 긴장을 불러일으킬 수 있는 절약, 압축, 집중, 통일된 행동을 보여 주어야 한다.

4 희곡의 시간과 공간

희곡은 연극으로 상연된다는 것을 전제로 무대라는 제한된 공간에서 극적 행동을 전개한다. 연극 무대를 떠나서는 희곡의 배경을 생각하기 어렵다. 희곡의 배경은 극적 행동이 이루어지는 시간과 공간을 모두 포함한다. 희곡에서의 시간과 공간은 극적 상황을 구체화할 수 있는 때와 장소를 말한다. 시간과 공간이 주어져야만 희곡에서 극적 행동의 주체가 분명해지고 행동의 구체성이 확보된다. 그러나 희곡은 소설의 경우와는 달라서, 무대 위에서 상연되는 것을 목적으로 하기 때문에, 시간과 공간의 제약이 따른다. 이러한 제약성은 희곡의 극적 특성을 최대한 살려 낼 수 있을 때에만 극복할 수 있는 것이다.

희곡에서의 시간은 연극으로서의 공연에 필요한 시간을 먼저 설정하지 않고서는 생각하기 어렵다. 공연 시간은 무대 위에서 막이 열리고 극이 시작되는 때부터 막이 내리고 극이 끝나기까지의 시간을 의미한다. 이 시간 동안 관객은 객석에 앉아 극을 관람한다. 그러므로 공연 시간은 극의 실제 공연에 필요한 물리적인 시간이다. 이 공연 시간은 아무리 길게 잡아도 두 시간을 크게 넘지 않는다.

희곡에서의 시간은 연극의 공연에 실제로 소요되는 외적·물리적 시간만을 의미하는 것이 아니다. 희곡에서의 시간은 극중에서 그려지는 극의 시간을 의미하기도 한다. 극의 시간은 극에서 다루는 이야기의 시간이다. 이 극의 시간 안에서 등장인물들이 서로 활동하고 갈등하면서 사건을 이어간다. 그러므로 이 극의 시간은 이야기의 배경에 직접 연결된다. 극의 이야기가 특정

연극과 시간

한 역사적 시대를 그려 낸 것이라면 극의 시간도 그 특정 시대로 한정된다. 어떤 영웅적 인물의 생애를 다루는 것이라면 그 인물이 살았던 시대적 상황과 함께 그의 일생이라는 시간이 극의 시간으로 다루어지게 된다. 그러므로 극의 시간은 얼마든지 변화 가능하다. 이것은 하루 또는 몇 달, 그리고 수년으로 늘어날 수 있다. 물론 이러한 극의 시간은 있는 그대로 무대 위에서 실연되기는 어려운 일이다. 아무리 긴 시간의 이야기라 하더라도 실제로 연극 상연에 필요한 두 시간 내외의 공연 시간의 물리적 제한 내에서 처리되지 않으면 안 된다. 이를 위해서 일차적으로 활용되는 것이 바로 행동과 대화의 생략과 압축이다. 그리고 장과 막의 활용을 통해 시간의 경과와 전환을 표시하기도 한다.

　　금녀: 아버지 몸이 좀 풀리시거든 제발 오빠헌테 편지를 한 장 해 보세유 예. 그러문 금방 그 구장의 말이 정말인지 아닌지 알 것 아녜유?
　　명서: 오늘 삼조(三䑛)두 갔으니까 얼마 안 되서 무슨 소식이 있겠지. 그때꺼정 기다려 볼 일이여.
　　금녀: 아버지, 가만히 좀 주무세요.
　　(금녀는 골방 문을 닫아 준다. 무대에는 명서의 처 혼자. 명서의 처 눈물을 씻고 구장에게 던진 신문지를 도로 주워 펴 본다. 조용히 느낀다. 무대 뒤에서 구우 구우하며 닭 부르는 이웃 여자의 소리 들리더니 출입구에서 집 안을 기웃이 들여다본다.)
　　이웃 여자: 금녀네, 우리 집 병아리 여기 안 왔어? 흰 눔이 한 마리 어디 갔는지 안 뵈는데…….
　　금녀: (골방에서 나오며) 못 봤어유.
　　이웃 여자: 그럼 어딜 갔을까? 해가 다 저물었는데……. (다시 '구우구우' 부르며 무대 뒤로 지나간다.)

(황혼이 내린다. 금녀 어머니는 한숨을 쉬고 마루 끝에 앉았다. 골방에서는 명서의 신음 소리 간간이 들린다.)

제2막

무대

읍(邑)에서 그다지 멀지 않은 명서의 집. 외양간처럼 음습(陰濕)한 토막집의 내부. 온돌방과 그에 접한 부엌. 방과 부엌 사이에는 벽도 없이 통하였다. 천장과 벽이 시커멓게 그을은 것은 부엌 연기 때문이다. 온돌방의 후면에는 골방으로 통하는 방문이 보인다.

왼편에 한길로 통한 출입구. 오른편에는 문 없는 창 하나. 대체로 토막 안은 어두컴컴하다.

명서: (혼잣말로) 집 안이 허통한 것 같구나. 초상난 집같이……. (금녀와 그 어머니, 다시 나타나서 조용히 마루 끝에 앉는다. 금녀는 말없이 똬리 만드는 일을 시작한다. 명서는 골방으로 기어 들어간다.)

명서 처: (먹을 것을 끓이려고 불을 피우며) 오늘은 이래저래 일이 많이 밀렸지?

금녀: 예.

명서 처: 내일 장을 봐 먹으려문, 오늘 저녁은 또 밤샘을 해야겠구나.

(이웃 여자 등장)

이웃 여자: 금녀네, 순돌네가 금방 떠났다메?

명서 처: 왜?

이웃 여자: 어이구, 저 망할 년 봐, 아무 말 없이! 내 돈 꾸어 간 것 속절없이 떼었구나. 앨 써 달걀 팔아 모은 돈을…….

명서 처: 노자 보태 준 셈 치게나.

———유치진, 「토막」

앞의 인용은 희곡 「토막」에서 1막이 끝나고 2막이 시작되는 부분이다. 무대 위의 장면은 1막과 2막이 동일하게 '명서의 집'으로 설정되어 있지만 막을 한 번 바꿈으로써 시간의 경과를 표시하고 사건의 극적 전환을 가능하게 한다. 이러한 시간 처리 방식은 소설의 경우에 흔히 볼 수 있는 생략이나 압축의 방법과 크게 다를 바 없다.

연극과 무대 공간

희곡에서 그려 내는 공간은 극의 무대를 통해서만 볼 수 있다. 희곡의 첫머리에서는 극중 사건이 일어나는 장소를 지시한다. 이러한 관습은 희곡이라는 문학 양식이 연극으로 상연된다는 것을 전제한다는 점을 암시하기 위한 관습적 장치다. 그리고 그 배경의 여러 가지 특징들을 제시하기 위한 무대장치 설명이 이어진다. 여기서 설명되는 무대장치는 희곡이 제시하는 극적 공간이 아니라 실제 연극이 상연되는 무대 공간에 해당한다.

희곡에서 다루는 이야기가 아무리 광대한 장면을 배경으로 한다 하더라도 실제 무대 위에서는 무대라는 제한된 공간에서 보여 줄 수 있는 만큼만 보이게 된다. 그러므로 희곡의 극적 공간은 무대 공간이라는 물리적 제약을 벗어날 수 없는 것이다. 이러한 이유 때문에 무대 공간은 희곡이 그려 내고자 하는 극적 공간을 상징하고 응축하여 드러내야만 한다. 무대 공간은 고정적이며 제한적인 것이지만 희곡이 표현하고자 하는 모든 성격과 사건과 갈등이 생성되고 변화하고 발전하는 창조적 공간이다.

무대 공간은 극중에 등장하는 인물들의 삶의 현실을 재현한다. 물론 삶의 모든 과정을 보여 주는 것이 아니라 극적으로 의미 있는 사건들을 보여 준다. 그러므로 등장인물이 무대 위로 등장하는 것은 희곡의 극적 공간에서 실제 연극의 무대 공간으로 들어서는 것을 뜻한다. 그리고 그 자체가 하나의 의미 있는 행동으로 관객들에게 가시화되는 것이다. 등장인물은 무대 위에서 자신이 맡은 역할이 끝나면 무대 뒤로 퇴장한다. 이것은 등장인물의 소멸을 의미하는 것이 아니다. 관객의 눈에 보이지는 않지만 무대 공간으로부터 더 넓은 극적 공간으로 이동한 것이다. 그가 무대 뒤에서 무엇을 하고 있는지는 직접 볼 수 없지만 무대 뒤에서도 극중 사건과 관련되는 어떤 일을 하고 있는 중이라고 상상할 수 있다. 그렇기 때문에 그 인물이 다시 무대 위로 등장할 경우 모든 행동은 이미 무대 뒤에서부터 진행되고 있었던 것처럼 자연스럽게 이어지는 것이다.

서양의 르네상스 시대 연극에서는 극적 상황과 관련하여 '삼일치법칙'이라는 것을 내세우기도 하였다. '삼일치법칙'은 아리스토텔레스의 『시학』에서 설명한 비극의 본질적 요건을 변용한 것으로, 극적 시간과 공간의 문제에 대한 제약과 통일을 강조한다.

삼일치법칙

삼일치법칙 가운데 첫 번째 원칙은 시간의 통일이다. 극중에서 다루는 사건의 시간이 하루를 넘어서는 안 된다는 제한을 말한다. 『시학』에서는 비극에서 취급되는 시간이 태양의 1회전 동안에 국한되거나 그것을 초과하지 않는 시간으로 한정된다고 언급한 바 있다. 둘째 원칙은 장소의 통일이다. 극중 사건이 전개되는 곳이 하나의 장소로 제한되어야 한다는 원칙이다. 이 원칙은 『시학』과는 관계가 없지만, 고전극 공연에서 생겨난 무대의 조건이라든지 코러스의 존재 등으로 인한 제약을 고려하여 만들어 낸 규칙이라고 할 수 있다. 그러나 희랍극 이후의 연극은 점차 이 조건을 벗어나고 있다. 셋째 원칙은 행동의 통일이다. 이것은 『시학』의, 비극이 완결성을 지닌 일정한 길이가 있는 행동을 모방한다는 지적에 기초한다. 물론 아리스토텔레스가 강조한 것은 행동의 유기적 통일이지 단일 사건을 뜻하는 것은 아니었다.

연극에서 삼일치법칙이 일반화된 것은 17세기 프랑스 고전극에서다. 프랑스의 극작가인 코르네유(P. Corneille), 몰리에르(Moliére), 라신(J. Racine) 등은 아리스토텔레스가 『시학』에서 밝힌 비극의 특성에 관한 여러 가지 주장들에 근거하여 일종의 극작 원리로서 장소·시간·행동 세 요소의 일치를 내세웠다. 그러나 이러한 고전극 법칙은 셰익스피어의 비극에서부터 점차 무시되었으며 셰익스피어의 극작술에 입각한 레싱(G. E. Lessing)이나 위고(V. Hugo)와 같은 낭만파의 극에서는 완전히 부정되었다. 특히 위고는 『크롬웰』 서문에서 고전극 법칙으로 알려진 삼일치법칙을 논리적으로 부정한다. 그리고 그의 희곡 작품에서 이 원리를 의도적으로 파기한 것은 잘 알려진 일이다.

하지만 연극의 삼일치법칙은 오랫동안 희곡의 구성에서 이상적 원칙처럼 지켜져 왔기 때문에 희곡의 양식적 특성이 이에 따라 결정되었던 것이 사실이다. 특히 그중에 행동의 일치는 지금까지도 일반적으로 지켜 오고 있는 원리다. 근대극에 있어서 입센(H. Ibsen) 등은 이 법칙을 자신의 극작 원리로 새롭게 해석하여 상상력을 심화시켜 놓은 바 있다. 우리나라의 희곡 작품들도 이러한 경향을 대체로 따른 것들이 많다.

현대극에서는 삼일치법칙을 따른 작품을 찾아볼 수 없다. 무대의 조건이나 연출 기법 등이 변화하고 발전하였기 때문이다. 그러나 극적 상황의 표출을 위해 중시된 삼일치법칙은 오늘날에는 연극에서 각각의 요소들의 조화와 통일을 위해 참고할 수 있는 것이라고 하겠다.

5 극적 구성

희곡의 구성

　희곡이 지닌 가장 중요한 극적인 특질은 구성을 통해 드러난다. 희곡에서는 인물과 사건과 배경을 구성의 3요소라고 한다. 이들 요소는 서로 어울려서 하나의 극적 구성을 가능하게 한다. 희곡은 인과 관계에 의해 논리적이며 필연적으로 극적 행동이 이어지며, 전체 내용의 유기적인 통일이 이루어져야 한다.

　희곡에서 극적 구성의 목표는 극적 효과를 거두는 데에 있다. 극적 효과는 극의 발단에서부터 긴장감을 주는 위기를 설정하여 그 위기가 지속적으로 쌓여서 절정에 이르는 과정에서 자연스럽게 이루어진다. 극적 상황이 대립과 갈등 속에서 지속될 수 있도록 희곡을 구성해야만 극적 효과를 얻을 수 있을 것이다.

　희곡의 극적 구성은 극의 시작과 끝 사이에 5단계의 구분을 두는 것이 보통이다. 발단—전개—절정—반전—결말의 5단계가 바로 그것이다. 이 단계의 과정을 줄여서 발단—전개—결말의 3단계로 구분하기도 한다. 이러한 단계를 거쳐 비로소 하나의 극은 효과적인 작품이 될 수 있다.

구성의 단계

　① 발단

　발단은 사건의 시작이요, 이야기의 실마리다. 극에서 사건이 벌어지는 장소와 때가 제시되고, 등장인물이 어떤 사람이냐 하는 것과 등장인물들의 관계가 어떠한가를 드러낸다. 그리고 이 단계에서 앞으로 어떤 사건이 벌어질 것인가를 암시해 준다. 발단 단계에서는 극의 진행 방향과 작품의 주제가 무엇인가를 슬쩍 암시해 주는 것이 보통이다.

　극의 발단은 가능한 한 간단하고도 알기 쉬워야 하고 자연스러워야 한다. 그러나 어디까지나 앞으로 전개될 이야기의 소개이니만큼, 시초부터 지나치게 긴장되거나 강렬한 인상을 심어 주는 것은 바람직하지 않다. 왜냐하면, 극의 시작 단계에 지나치게 사건의 비중이 치우치면 장차 다가올 클라이맥스의 인상이 흐려질 우려가 있기 때문이다. 따라서 이 도입부에서는 작품의 일정한 방향과 성격을 제시하는 것이 좋다.

　② 전개
　여러 가지 사건들이 일어나고 인물들이 서로 얽혀 긴장감이 점점 높아지는 단계다. 이 부분은 극적 행동의 상승 부분으로서 극의 중심부가 된다. 등장인물의 행동이 변화하고 발전하며, 더욱 복잡해져야 한다. 극적 긴장감을 주기 위하여 몇 개의 위기가 준비되어야 하며, 하나의 위기가 끝날 때마다 극의 내부는 고무풍선처럼 팽창하면서 절정을 향해 상승해 간다. 여기서 주의해야 할 것은, 발단 부분과 관계없는 인물이나 사건을 함부로 만들어서는 안 된다는 것이다. 사건은 언제나 오직 테마의 전개를 위해 꼭 필요한 것이어야 한다. 전개 부분은 극적인 긴장과 흥미를 더해 주며 갈등과 분규가 심화되는 부분이기 때문에 갈등 단계라고도 한다.

　③ 절정
　발단에서 시작된 극적 행동은 전개 단계에서 성숙하여 위기를 겪으며 절정에 이른다. 처음에는 모호하였던 일들이 점점 명료해지고, 극 전체의 원인과 결과가 통일되어 그 범위를 한정짓는 곳이 곧 절정이다. 이 부분을 클라이맥스라고도 한다.

작품 전체에 있어서의 극적인 행동이 최고조에 이르는 부분이 절정이다. 절정은 발단부터 연쇄적으로 나타난 위기가 한데 뭉쳐 가장 격렬하고도 긴박하게 형성되어야 한다. 그리고 극의 전개 과정에서 심화되어 온 갈등의 해결을 위한 하나의 분기점이라야 한다. 그러므로 절정 단계를 설정하는 문제는 희곡 구성에 있어서 하나의 필수적인 요건이다. 반드시 정해진 것은 아니지만, 절정 단계는 대개 극의 후반부, 전체의 3분의 2 지점에 설정한다.

④ 반전

절정 단계에서 하강하기 시작한 극적 행동은 대개 예상을 뒤집고 방향을 달리하여 반전한다. 극의 결말이 예상하였던 대로 되어 버린다면, 극적 흥미가 사라져 버린다. 따라서 결말에 대한 예상을 뒤집어 놓으면서, 사건을 극적으로 해결하는 동기가 설정되어야 한다. 이것은 지속되어 온 극적 긴장 상태를 해소하면서 동시에 만족감과 하나의 희열을 줄 수 있어야 한다. 이 같은 반전의 단계를 파국이라고도 한다.

그러나, 이 파국의 단계는 극의 진행에서 어디까지나 논리적이며 필연적인 반전을 이루어야 하며, 우발적이거나 조작적이어서는 안 된다. 그리고 시간적으로 봐서도 반전을 거쳐 파국으로 이르는 과정은 가능한 한 짧은 시간 내에 이루어져야만 한다. 왜냐하면, 그 시간이 길면 길수록 극적 흥미는 쇠퇴하기 쉽고, 그렇게 되면 작품 전체의 인상도 흐려지기 때문이다. 클라이맥스에서 파국에 이르기까지의 과정은 간결하면서도 기민하게 진행되는 것이 가장 효과적이다.

반전 단계는 극적 행위의 고조된 긴장 상태가 풀리고, 갈등이 해소되는 부분이다. 그렇기 때문에, 이 단계에서 관객의 감정을 예술적인 정서로 변화시키기 위하여 작품이 노리는 테마의 예술적 전달을 꾀하게 된다.

⑤ 결말

결말에서는 모든 사건이 완전히 해결되어야 한다. 극이 계속되는 동안 품었던 의문이나 불안도 이 단계에서 완전히 해결되어야 함은 물론이다. 여기서는 다른 단계에 있었던 사건이 되풀이될 수 없을 뿐 아니라, 미해결로 남는 것이 있어서도 안 된다. 그리고 결말의 단계는 반전보다 더욱 간결해야 한다.

이상의 5단계를 기―승―전―결과 견주어 보면, 발단은 기(起), 전개는 승(承), 절정은 전(轉), 반전과 결말은 결(結)에 해당한다. 이를 다음과 같이 그림으로 표시할 수 있다.

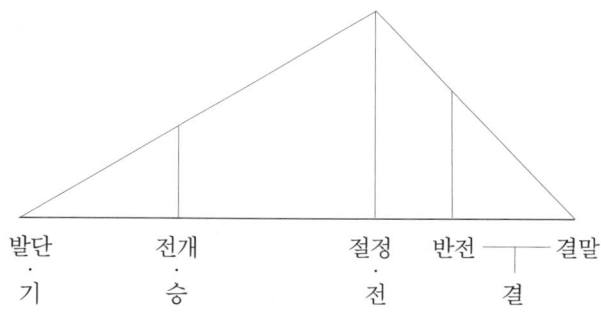

6 비극과 희극

비극

비극은 극 양식을 대표한다. 비극은 고대 그리스 시대부터 발전해 온 오랜 역사를 가지고 있다. 비극은 고양된 주제를 묘사하며, 불행한 결말을 맺게 된다. 그러나 비극의 개념은 시대와 역사에 따라 변하고 있다. 그리스 시대의 비극은 비극적 결함이라고 하는 운명의 요건으로 인하여 파멸하는 인간의 모습을 그려 냈다. 근대의 비극은 성격의 문제나 상황의 문제로 인하여 패배하는 인간의 모습을 보여 준다.

비극(tragedy)이라는 말은 고대 그리스어에서 비롯되었다. 이 말의 어원인 '트라고이디아(tragoidia)'는 산양을 뜻하는 '트라고스(tragos)'와 노래를 뜻하는 '오이데(oide)'의 합성어다. 비극의 본질과 그 구성 문제는 아리스토텔레스의 『시학』에 상세하게 설명되어 있다. 이 논의는 물론 서구에서 문학 예술 일반론의 성격으로 확대되기도 하였지만 아직도 비극의 근본 원리를 말하고자 할 경우에는 아리스토텔레스의 견해에 의존한다.

비극은 그 본질적 속성이 역사적이라기보다 철학적이다. 비극의 주인공으로는 일상적인 주변 인간들보다 고귀하며 비범한 인물을 등장시킨다. 그런데 이 주인공은 이른바 비극적 결함이라고 하는 운명적 특징을 지니고 있다. 비극의 관객들은 이 주인공의 비극적 운명에 대한 공포와 비애를 체험하면서 카타르시스에 이르게 된다. 아리스토텔레스는 이 같은 주장에 의해 비극을 인간의 삶의 중심에 위치시킨다. 아리스토텔레스는 비극의 결말이 불행하게 끝나는 것이 좋다고 보았으나, 불행한 결말이 비극에 필수적이라고는 생각하지 않았다. 사실 그리스비극

가운데 결말이 좋게 끝나는 작품도 적지 않다.

    이러한 비극의 속성과 그 전통은 중세를 거쳐 르네상스 시대를 지나면서 점차 그 유형이 고정된다. 비극은 일상적인 평민의 삶을 다루지 않고 왕과 귀족의 이야기를 다룬다는 점, 비극은 주인공의 불행(죽음)으로 끝이 난다는 점, 비극은 인간의 이지적인 측면보다 정서에 호소하는 장중하고도 숭고한 미의식을 구현한다는 점 등이 바로 그것이다. 이러한 비극의 성격은 아리스토텔레스가 『시학』에서 강조하였던 줄거리의 단일성에 덧붙여 사건은 하루 이내의 것, 장소는 일정하여야 한다는 '삼일치 법칙'을 고수하게 되면서 그 기본적인 틀을 유지하게 된다. 그러나 18세기에는 서민의 이야기를 다룬 비극도 쓰이기 시작하면서 전통적인 비극 개념도 변질되기에 이른다.

비극의 변화

    고대 그리스에서 기원전 4~5세기경에 비극의 형태가 갖춰진다. 그리스 3대 비극 시인으로 소포클레스(Sophocles), 아이스퀼로스(Aischylos), 에우리피데스(Euripides)를 손꼽는다. 소포클레스의 비극 가운데에는 「아이아스」, 「오이디푸스 왕」, 「안티고네」 등이 현전한다. 아이스퀼로스의 작품으로는 「페르시아인들」, 「오레스테이아 3부작 ― 아가멤논, 코에포로이, 자비로운 여신들」, 「결박된 프로메테우스」 등이 있다. 에우리피데스는 3대 비극 작가 중 가장 많은 작품을 남겼으며 「메데이아」, 「히폴리토스」, 「트로이의 여인」, 「헬레네」, 「바카이/바커스의 여신도들」, 「페니키아의 여인」 등이 전한다. 이러한 작품들은 널리 구연되면서 비극의 전통이 확립되었으며, 비극 자체의 절정기를 열기도 하였다. 그러나 로마 시대에는 주로 그리스 비극의 번안에 주력하였으며 중세 종교극은 본질적으로 비극성을 띠지 않았다.

    16세기 말 영국의 셰익스피어가 등장함으로써 비극의 역사는 새로운 장을 열었다. 셰익스피어의 「햄릿」, 「맥베스」, 「오셀로」, 「리어 왕」 등은 '셰익스피어 4대 비극'으로 손꼽히면서 또다시 한 봉우리를 형성하였다. 「맥베스」는 스코틀랜드의 왕 덩컨을 암살하고 자신이 왕위에 오른 맥베스 장군의 비극적인 몰락 과정을 그려 낸다. 「오셀로」는 자신의 아내를 의처증으로 목졸라 죽이고 스스로 자살하는 오셀로 장군의 비극적 삶을 보여 준다. 「햄릿」의 주인공인 햄릿 왕자는 숙부가 친형인 아버지를 독살하고 어머니를 아내로 취하였다는 사실을 알게 된 후 그 복수를 실현하고 자신도 목숨을 잃게 된다. 「리어 왕」은 세 딸을 둔 리어 왕의 운명적인 삶의 비극을 그려 낸다. 이 작품들은 공통적으로 인간의 내면에 자리하고 있는 선과 악에 대한 근본적인 자세를 문제 삼으면서 그로 인한 고뇌와 번민, 새로운 깨달음, 그리고 비극적인 파멸의 과정을 깊이 있게 보여 주고 있다.

17세기 프랑스의 극작가인 코르네유와 라신은 고대 그리스의 비극을 모범으로 삼아 비극의 새로운 영역을 개척하였다. 이들은 이른바 '삼일치법칙'을 중시하면서 프랑스 고전주의 비극을 확립하였다. 흔히 프랑스의 고전주의 비극은 코르네유에 의하여 확립되고 라신에 의하여 완성되었다고 평가받는다. 코르네유는 운명과 싸워 이기는 의지의 비극을 창조하였는데 그의 대표작인 「르 시드」는 대성공을 거두었다. 라신은 의지의 영웅 대신, 운명에 짓눌리고 정열에 사로잡히는 인간을 그려 내 고전 비극의 전형을 확립하며 「앙드로마크」, 「페드르」 등의 걸작 비극을 남겼다. 「페드르」는 고대 그리스의 비극 작가 에우리피데스와 세네카(Seneca)의 「히폴리토스」에서 소재를 따온 것이다. 아테네의 왕 테제의 젊은 왕비 페드르는 전실 자식인 이폴리트에게 이룰 수 없는 연정을 품고, 자신의 운명에 저항하다가 끝내는 스스로 목숨을 끊는다.

그런데 18세기부터 전통적인 개념의 비극은 붕괴되기 시작한다. 비극의 뒤를 이어 새로운 형식의 멜로드라마, 센티멘털 드라마가 유행하였으며, 독일의 레싱, 괴테(J. W. Goethe), 실러(J. Schiller) 등이 새로운 근대비극의 가능성을 모색하였다. 이러한 경향은 19세기의 시민 비극으로 연결되었고, 입센, 스트린드베리(J. A. Strindberg) 등의 자연주의 비극으로 발전한다. 하지만 산문문학이 일반적 표현 수단으로 성장하면서 운문으로 쓰인 고전 비극의 장중함은 더 이상 추구되기 어려운 상황을 맞게된다. 특히 근대 문명의 발전과 함께 경험적 합리주의가 중시되면서 세계의 신비성에 대한 인간의 감각이 변화한다. 신의 부재 또는 소멸이라는 새로운 인식에 따라 인간의 가치 기준이 혼란을 초래하면서 순수한 의미의 비극이 더 이상 불가능하게 되었다는 점도 주목할 필요가 있다.

비극의 특징

비극은 흔히 운명비극과 성격비극으로 구분되기도 한다. 그러나 이러한 구분은 절대적인 것이 아니다. 그리스 고전 비극의 대표작으로 알려진 소포클레스의 「오이디푸스 왕」의 경우를 보자. 오이디푸스는 이전에 '아버지를 죽이고 어머니와 잠자리를 같이하여 자식을 가질 것'이라는 신탁을 피해 고향 코린토스를 도망치듯 떠난다. 그는 방랑 도중에 포키스의 길가에서 초로의 남자 일행을 죽이게 되는데, 바로 그가 자신의 생부임을 알지 못한다. 아무런 죄도 없는 오이디푸스가 운명에 농락당하는 줄거리를 놓고 본다면 「오이디푸스 왕」은 전형적인 운명비극에 해당한다. 그러나 오이디푸스가 보여 주는 의식과 행동의 변화를 생각한다면 이것은 훌륭한 성격비극이다.

일반적으로 비극이라는 말은 인간 생활에서 불행이라든지 슬픔이라는 말과 거의 유사하게 쓰인다. 그러나 극 양식으로서의 비극이라는 말은 단순히 삶의 불행이나 슬픔을 의미하는 것은 아니다. 비극은 주동적 인물이 갈등과 투쟁을 거쳐 좌절에 이르는 과정을 그려 낸다. 비극의 주인공은 대개 선(善)을 대표하지만, 자신이 운명적으로 감수해야 하는 비극적 결함으로 인하여 파멸의 길로 들어선다. 여기서 비극적 결함(hamartia, tragic flaw)이라는 말은 비극의 주인공을 불행에 빠지게 만드는 운명적 결함을 말한다. 주인공은 자신이 어떤 행위를 하면서도 그것에 대한 자각을 가지지 못하기 때문에 결국 돌이킬 수 없는 파멸의 길로 빠져든다. 그러므로 비극의 결말은 주동적 인물의 불행과 파멸로 특징지어진다. 이러한 비극의 과정을 보면서 관객들은 주인공의 운명에 대해 연민을 느끼면서 동시에 그런 고통과 운명에 대해 공포를 느끼게 된다. 그리고 그 대단원의 막이 내리면 연민과 공포의 감정 속에서 고조되었던 긴장이 해소된다. 이러한 긴장 해소의 정서적 순화 작용을 '카타르시스'라고 하는데, 카타르시스라는 정서의 순화 작용은 비극을 통한 값진 인생의 체험을 바탕으로 정신의 평정을 얻는 것을 말한다.

희극

희극은 인간의 성격이나 행동에 존재하는 모순과 부조리 같은 약점을 묘사하여 골계미를 드러낸다. 비극이 엄숙하고 진지하게 인생의 고뇌를 그리는 반면에, 희극은 명랑하고 경쾌한 기분 속에서 인간의 결점이나 사회의 비리를 꼬집어 내어 웃음으로 분규를 해소한다.

희극을 뜻하는 '코미디(comedy)'라는 말은 그리스 희극인 '코모이디아(komoidia)'에서 유래한다. 이 말은 제연(祭宴)의 행렬을 뜻하는 '코모스(komos)'와 노래를 뜻하는 '오이데(oide)'의 합성어다. 코모이디아가 디오니소스 축제 때 불려진 남근 숭배 노래에서 유래되었다는 설은 이미 널리 인정되고 있다. 그러나 코미디라는 말은 르네상스 시대 이후 단테(A. Dante)의 『신곡(神曲)』의 원제목인 『디비나 코메디아(Divina Commedia)』에서처럼 극 이외의 문학 양식에서 사용되기도 한다.

　희극의 가장 중요한 특성은 경쾌하며 웃음이 위주가 된다는 점이다. 희극의 웃음은 인간성의 불합리나 사회의 모순을 꼬집어 내는 데에서 빚어지는 웃음이다. 그러므로 희극에는 기지와 풍자와 해학 등의 요소가 작용하며, 동시에 비판 정신이 강조된다. 희극은 행복하고 즐겁게 결말을 맺는다. 주동인물이 처음에는 패배하고 고전하지만, 결국은 모든 장애를 극복하고 행복에 이르는 것이 희극이다. 희극의 인물은 서민적이며 사회적인 성격이 강하다는 점에서, 비극의 인물이 고귀한 신분의 인물로 그려지는 점과 서로 다르다.

　아리스토텔레스의 『시학』은 비극의 이론적 기반을 제공하고 있지만, 희극에 관한 논의가 그리 많지 않다. 아리스토텔레스는 희극을 비극과 대조하면서 희극은 일상적 인간보다 뒤처진 사람을 그리고 있지만 그 열등함이나 우스운 모양이 사람들에게 어떤 고통을 주는 성질의 것은 아니라고 간단히 정의하였다. 이러한 견해는 희극이 인간의 일상생활을 묘사하되 그 결말이 웃음과 행복으로 끝나는 연극이라고 규정한 르네상스 시대 이후의 일반화된 희극의 정의로 발전한다. 중세 이후까지 희극은 일반 사람들보다 모자라는 인물을 웃음거리로 만듦으로써 관객을 교화한다는 것이 일반화된 논리였다. 18세기 말부터는 상대방에 대한 우월감에서 희극의 웃음이 가능해지는 것이 아니라 대상이 지닌 부조화성에서 웃음이 비롯된다는 점을 강조하게 된다. 그러나 오늘날에는 희극에 담긴 희극 정신과 그 문학적 효과를 높이 평가한다. 낭만주의 예술에서 높게 평가하는 아이러니, 사회적 모순에 대한 비판과 조소, 삶의 부조리성의 적극적 표현 등에서 희극의 특징이 드러난다.

희극의 발전

희극의 역사는 기원전 5세기경으로 거슬러 올라간다. 고대 그리스에서 행해지던 디오니소스 축제 때 풍요를 비는 축제 행렬과 남근 숭배 의례, 그리고 집권층에 대한 풍자와 비판의 노래 등이 극 형식으로 정착되면서 희극이 만들어졌다. 비극이 왕후 귀족들의 운명적인 삶과 숭고한 세계를 주로 다룬 점에 비한다면, 희극은 일반 시민들의 평범한 일상생활을 주로 다룬다. 당시의 대표적인 희극으로 손꼽히는 아리스토파네(Aristophanes)의 「여자의 평화」와 같은 작품들은 통렬한 사회 비판 희극이지만 민주제가 끝나면서 그 경향도 쇠퇴하였다. 기원전 4세기부터는 현실 사회의 비판이나 조롱을 위주로 하던 희극의 경향이 사라진 대신에 메난드로스(Menandros)로 대표되는 흥겨운 웃음거리를 줄거리로 하는 새로운 희극이 주류를 이루게 된다. 이 희극은 헬레니즘 전파와 함께 로마에 전해져 기원전 2세기 이후 플라우투스(Plautus), 테렌티우스(Terentius)에 의해 발전한다. 이것은 젊은 연인들의 파란곡절을 흥미롭게 다루면서 그 속에서 전형적 인물들을 탄생시킴으로써 유럽 전통 희극의 원류로 자리 잡는다.

중세 이후 희극은 다양한 분화를 보인다. 독일에서는 작스(H. Sachs)의 사육제극(謝肉祭劇)이 등장하였고, 르네상스 시대의 이탈리아에서는 로마 희극이 재발견되어 이것을 모방한 교양 희극이 생겼다. 엘리자베스 왕조 시대의 영국에서는 존슨(B. Jonson)은 신고전주의의 원칙을 옹호하면서 「모든 사람 자기 기질대로」, 「연금술사」 등과 같은 이른바 '기질 희극(comedy of humours)'이라는 영역을 발전시켰다. 그는 몸을 지배하는 체액의 구조가 은유적으로 전반적인 성격에 적용될 수도 있음에 주목하여, 특정한 한 기질이 한 사람을 사로잡아 한 가지 방식으로 행동하게 만들 수도 있음을 보여 주고자 하였다. 그러므로 존슨의 희극의 주인공은 특정한 한 가지 기질을 대표하며, 체액의 부조화로 인하여 기본적으로 풍자적인 인물이 된다. 셰익스피어의 희극은 낭만적 희극이라고 불린다. 그의 「한여름 밤의 꿈」, 「십이야(十二夜)」, 「베니스의 상인」은 마치 중세 로맨스의 세계와도 같이 있을 성싶지 않은 환상적이고 이상적인 세계를 보여 준다. 셰익스피어 희극의 주인공들은 조소도 멸시도 일으키지 않는다. 이런 의미에서 셰익스피어의 희극은 풍자가 아니다. 인간 세태를 보면서 그것을 해학의 비전으로 극화하였을 뿐이다.

프랑스는 이보다 늦게 17세기에 이르러 코르네유와 몰리에르 등이 희극 전통의 기초를 마련하였다. 몰리에르는 세태 풍속에 대한 적확한 묘사, 유쾌하고 흥미로운 극적 전개, 인간 내면의 갈등과 변화에 대한 극적 설정 등을 특징으로 하는 많은 희극 작품을 남겼다. 위선자에 대한 분노를 극적으로 형상화한 「동 쥐앙」, 「인간 혐오자」, 구두쇠의 전형을 그린 「수전노」 등이 특히 유명하다. 이 작품들은 오늘날에도 극장의 중요한 레퍼토리로 상연되고 있는데, 시대 풍속에 대한 예리한 비판적 시각을 바탕으로 인간 내면의 이중성을 묘사하고 있기 때문이다.

18세기 이후 서구에서는 근대적인 시민계급의 성립과 함께 다양한 시민극 형태로 희극이 발전하였다. 특히 사실적으로 사회나 시대를 풍자한 희극이 생겼으며, 시대고를 배경으로 인간의 복잡한 심리를 묘사한 낭만파 희극도 등장하였다. 자연주의가 등장하는 19세기 후반에는 사회 비판적인 성향이 강해져 하웁트만(G. Hauptmann)이나 쇼(G. B. Shaw) 등의 희극이 주목되기도 하였다. 그러나 20세기 이후 비극이라든지 희극과 같은 극 양식의 전통이 무너지고 장르의 구별도 무의미해지기 시작한다. 오늘날에는 비극보다 비판적·주지적인 경향이 강한 희극이 독립된 장르로 부각되고 있다.

희극의 넓은 범위를 편의에 따라 분류해 보면 희극적인 요소

희극의 특징

를 중요시하는 유형에는 저속한 유머나 우스꽝스러운 몸짓을 쓰는 소극(笑劇, farce), 춤과 노래를 곁들인 촌극 보드빌, 대화가 섞인 가극 오페라코미크, 저속하면서 풍자적인 희가극 벌레스크 등이 포함된다. 극의 내용에 따라서는 탐욕·소심 등 등장인물의 특정 성격에 의해 진행되는 성격희극, 풍속에 집착하는 인간의 행동을 풍자하는 풍속희극, 실존 인물이나 사회를 풍자하는 풍자희극 등으로 나눌 수 있다. 오늘날의 희비극에는 특별히 블랙코미디나 부조리극이라고 불리는 것이 있다.

희극은 가볍고 경쾌하며 웃음과 흥미가 주가 되는 극이다. 이것은 비극이 엄숙하고 진지하며 비장한 미를 추구하는 것과는 대비되는 특징이다. 희극의 웃음은 여러 가지 의미를 지니지만 주로 인간성의 불합리와 사회의 모순 등을 비판 풍자하고 폭로 조소하는 데에서 온다. 희극은 인간의 지성과 도덕에 호소하는 측면이 강하다. 비극이 연민과 공포의 정서에 기초하는 것이라면, 희극은 풍자와 비판을 지향한다. 인간성의 모순과 불합리를 폭로하고 사회적 부정과 비리를 비판한다. 이를 위해서는 인간과 사회에 대한 날카로운 분석과 치밀한 해석이 필요하다.

희극에서 그려 내는 인물은 대체로 어떤 유형으로 고정되는 경우가 많다. 비극의 주인공이 대개 비범한 존재이지만 비극적 결점을 지니고 있는 것에 비한다면, 희극의 주인공은 일상적인 서민층 인물이다. 그러므로 사회규범에 쉽게 순응하고 윤리적 요구에 맞게 행동한다. 희극의 주인공은 악인형이 아니다. 오히려 평범한 시정의 인간이다. 이러한 인간이 보여 주는 속인(俗人)으로서의 행태와 의식을 통해 역설적으로 건전한 사회적 규범의 의미와 가치를 제시한다.

제7장 문예사조와 문학 사상

1 고전주의

고전주의(Classicism)는 넓은 의미로는 그리스와 로마의 고전적 문예를 계승하려는 경향을 일반적으로 일컫는 용어이지만, 좁은 의미로는 17세기에 프랑스에서 발생하여 유럽의 여러 나라로 파급된 문예사조를 가리킨다. 여기서 먼저 유의해야 할 것은 '고전(古典)'이라는 용어의 개념이다. 고전이라는 말은 글자 그대로 오래된 책을 뜻한다. 그러나 단순히 시간이 오래된 옛날 책을 고전이라고 말하지는 않는다. 고전은 오랜 세월이 지나면서도 변하지 않는 어떤 규범이나 가치를 담고 있는 소중한 책을 뜻한다. 한국의 고전이니 동양의 고전이니 하는 말이 널리 쓰이고 있음을 보면 이를 쉽게 짐작할 수 있다. 그런데 서양의 경우 영어의 '클래식(classic)'이라든지 독일어의 '클라시크(klassik)'라는 말은 모두 라틴어의 '클라시쿠스(classicus)'에서 비롯된 것으로, 원래의 의미가 '최상급 계층에 속하는 시민'이라는 뜻이라고 한다. 이 말이 점차 모범적인 작가 또는 작품을 지칭하는 것으로 전용되면서 자연스럽게 예술 전반으로 확대된 것이다.

그런데 고전이라는 말과 함께 널리 쓰이고 있는 '고전적'이라는 말은 그 의미가 단순하지 않다. 이 말은 이념과 가치, 양식과 스타일, 유행과 취향 등에 이르기까지 모든 영역에서 다양한 의미로 사용된다. 이 말에 내포된 의미를 몇 가지로 나누어 보면 다음과 같다. 첫째, 이 말은 근대적이라는 말과 대조를 이루는 시대적 의미를 담고 있다. 서양의 경우 고전적이라는 말은 고대 로마나 그리스 시대의 요소를 담고 있다는 뜻이 포함된

고전주의의 개념

다. 동양의 경우에도 고전적이라는 말은 근대 이전의 시대로 거슬러 올라간다. 이 말은 고대 생활양식과 문화와 예술의 본질을 함축한다. 둘째, 이 말은 가치의 규범성을 의미한다. 다시 말하자면 일시적인 유행이나 사회 풍조를 따르지 않고 시대를 초월하는 본질적인 가치를 의미한다. 셋째, 이 말은 파격적이거나 실험적인 것과는 대조되는 균형과 조화를 의미한다.

고전주의의 성격은 '고전' 또는 '고전적'이라는 말의 의미를 분명하게 이해할 때에 더욱 명백해진다. 서구의 고전주의는 감각이나 감성으로 느껴지는 것을 의심하고 이성을 통해 객관적으로 합당한 진실에 이르는 것을 중시하였던 데카르트의 철학이 지성사적 배경을 이루고 있다. 정치적으로는 프랑스 절대 군주 제도의 이념과 상통하는데, 특히 루이 14세는 문학가와 예술가들을 보호하고 그들의 창작 활동을 지원함으로써 고전주의 문화의 꽃을 피우게 하였다. 고전주의의 가장 큰 특징은 이성과 직관의 조화에 의해 인간의 본성이 완전한 것이 된다는 가정에서 출발한다는 점이다. 이에 따라 고전주의는 내용과 함께 형식을 중시하고, 내용과 형식이 조화되는 세계를 추구한다. 즉, 고전주의가 추구하는 것은 질서와 조화의 미이며 이를 통한 정밀과 안식, 온화와 우아의 쾌감이라고 할 수 있다. 고전주의의 또 다른 특징으로는 개성이나 독창성보다는 규범성과 보편성을 중시한다는 점을 들 수 있다. 지나치리만큼 유형적인 것, 보편적인 것에 중점을 둠으로써 개성적인 것이 경시되었으며, 이성을 중시함으로써 예술가의 천재성이나 상상력은 평가절하되었다. 이러한 성격은 도덕적 합당성을 문예의 목표로 삼는 데까지 이르게 된다. 한마디로 고전주의는 이성과 본능의 조화를 통해 보편적이고 사회적인 질서의 미를 추구하는 사조라고 할 수 있는데, 이와 같은 고전주의 정신은 시에 있어서의 대구법, 극에 있어서 삼일치법칙, 미술에서의 대칭법 등을 강조하는 것으로 나타난다.

고전주의는 프랑스에서 시작되어 유럽 전역으로 확대되었다. 고대 그리스·로마의 훌륭한 작품을 고전적 규범으로 삼아 그것을 따르려 하였던 고전주의 문학의 가장 풍요로운 성과는 17세기 후반 프랑스 문학에서 나타난다. 프랑스 문학에서 고전주의가 한 나라의 문화의 정수를 나타낸다고까지 일컬어질 만큼 완숙에 이르게 되었기 때문이다.

고전주의 문학

프랑스 고전주의 문학은 독특한 성립 배경을 지니고 있다. 17세기 초반 시인 말레르브(F. Malherbe) 등은 어법·작시법(作詩法)에서의 명료성·간결성 등을 요구하면서 고전주의 사조의 출발점에 선다. 이러한 주장은 16세기 후반 프랑스를 혼란에 빠뜨린 신구교도 사이의 종교전쟁 시대에 생긴 바로크 예술의 주제와 그 표현의 변화무쌍함, 과격함에 대한 반동에서 비롯된 것이다. 종교전쟁이 끝난 후 국왕 루이 13세 때의 재상인 추기경 리슐리외는 정치·경제·문화 모든 방면에서 중앙집권체제를 확립하고 아카데미 프랑세즈(Académie Française)를 창설(1635)하였으며 문인·예술가를 비호함으로써 고전주의 확립의 제도적 기반을 구축하였다. 아카데미 프랑세즈의 중심인물인 샤플랭은 아리스토텔레스의 『시학』을 정리하면서 고전주의의 이론적 규준이 되는 '규칙론'을 확립하기에 이른다.

고전주의 문학은 프랑스 문학 가운데에서도 극문학, 특히 비극을 중심으로 크게 성행한다. 코르네유, 라신, 몰리에르는 고전주의 문학의 3대 작가로 유명하다. 코르네유는 고전주의적 이론의 규칙에 맞춰 「르시드」, 「오라스」, 「신나」 등과 같은 영웅적인 삶과 사랑과 연애의 갈등 등을 다룬 대표적인 비극을 발표하였으며 「시극론」, 「비극론」, 「3통일론」 등의 이론을 내세웠다. 코르네유를 계승한 라신은 고유의 빼어난 비극적 세계를 구축하면서 「페드르」, 「베레니스」 등의 작품을 통해 주로 사랑과 연애의 모순과 비극을 묘사하였다. 몰리에르는 희극 영역을 크게 발전시켰다. 그는 「수전노」, 「동 쥐앙」 등의 희극을 통해 비지성적인 인물들의 행위를 비판하거나 위선적인 인간들을 풍자하였다. 부알로(N. Boileau)의 「시법(詩法)」은 고전주의 문학의 반세기에 걸친 시인·작가들의 실천을 정리하여 하나의 미적 기준을 만든 것으로 고전주의 미학의 정수로 평가되기도 한다. 극문학 이외의 영역에서는 라 퐁텐(J. La Fontaine)의 「우화(寓話)」, 라 파예트 부인(夫人)의 「클레브 공작부인」 등이 고전주의의 기념비적인 작품으로 평가된다.

독일의 고전주의 문학은 괴테와 실러의 문학으로 대변된다. 괴테는 칸트(I. Kant)의 철학 사상, 고대 희랍의 예술과 그 정신을 계승하여 고전적으로 조화 있는 근대적 인간상을 문학으로 표현하였다. 괴테의 『젊은 베르테르의 슬픔』은 이른바 '질풍노도 운동'의 영향으로부터 벗어나지 못하였지만 인간과 자연, 감성과 이성 사이의 균형에 대한 합리주의적 해석이 돋보인다. 그는 대작인 『파우스트』에서 전통적인 기독교의 속박에서 벗어나려는 인간형을 창조하였다. 괴테가 보여 준 근대적인 인간 의식은 뒤에 독일적 낭만주의가 확립될 수 있는 길을 열어 놓았다. 실러는 문학과 예술을 통해 도덕적 자유와 인간성의 완성을 추구하였다. 그가 발표한 『오를레앙의 처녀』, 『빌헬름 텔』 등은 고상한 이상주의의 전형으로 손꼽힌다.

프랑스의 고전주의 문학은 영국 문학에도 큰 영향을 미쳤다. 영국에서는 극문학의 영역만이 아니라 시문학 분야에서도 그 성과가 나타났다. 셰익스피어의 희곡은 고전극으로서 희랍 시대의 비극적 전통을 계승 발전시켰다. 그의 최대의 걸작인 「햄릿」은 내성적 인간의 갈등과 고뇌를 극적 무대로 옮겨 놓음으로써 행동에 기초하기보다는 성격에 기초한 비극의 새로운 아름다움을 창조하였다. 「리어 왕」, 「맥베스」, 「오셀로」 등은 셰익스피어의 대표적인 비극에 해당한다. 존슨과 드라이든(J. Dryden)은 고전주의 시법을 확립하여 놓음으로써 이를 바탕으로 18세기에 포프(A. Pope)를 중심으로 하는 이른바 '오거스턴 시대'를 가능하게 만들었다.

2 낭만주의

낭만주의의 개념

　낭만주의(Romanticism)는 18세기 후반에서 19세기 전반에 걸쳐 독일, 영국, 프랑스를 중심으로 발전해 나간 문예사조다. 고전주의가 지나치게 보편적이고 유형적인 것을 중시한 데 반발하여, 낭만주의는 자유분방한 개성을 중시하고 현실보다는 이상적인 세계를 동경하는 새로운 경향을 나타낸다.
　영어의 '로맨티시즘(Romanticism)'이라는 말은 중세 라틴어의 부사 '로마니세(romanice)'에서 그 어원을 찾을 수 있다. 이 말은 '가공(可恐)스럽다.' '기이하다.' '경이롭다.' 등의 의미를 지닌다. 이러한 의미는 중세에 유행한 운문체 이야기인 '로망(roman)'의 특징과도 관련되어 있다. 이 말을 문학 용어로 사용하면서 낭만주의 이론의 기반을 제공한 것은 독일의 슐레겔(Schlegel) 형제다. 이들은 이 용어를 고전주의에 대립하는 개념으로 사용한 바 있는데, 인간은 천성적으로 선량하나 문명에 의해 타락한다는 근본이념 아래 이성보다 정서를 신뢰하였다. 이것이 낭만적 개인주의의 근원이 되었다. 그리고 여기에서 주관적 감정과 사고를 중시하고 영혼의 내적 추구에 집착하면서 초월적 세계에 대한 동경과 함께 현실 정치의 이념이나 도덕에 대한 저항과 위선에 대한 증오가 생겨났다. 프랑스의 철학자 데카르트(R. Descartes)와 루소(J. Rousseau)의 사상으로부터 직접적인 영향을 받으면서 유럽 전역에 널리 유행한 낭만주의는 18세기 중엽부터 19세기 중엽에 이르기까지 정치·철학 등 모든 학문·예술과 관계가 있으며 다양한 의미를 가진다.
　고전주의가 르네상스에 근거를 두었다면, 낭만주의의 정

신적 배경은 계몽사상이라고 할 수 있다. 프랑스의 디드로(D. Diderot), 볼테르(Voltaire) 등 계몽사상가들은 절대 군주 체제의 모순을 비판하면서 근대적인 시민사회의 등장을 꿈꾸었다. 이들의 사상은 루소에 이르러 '자연으로 돌아가라.'라는 구호로 발전하였으며, 고전주의의 이성 중심적 사고를 극복하고 개인의 감성에 가치를 두는 새로운 경향을 확대하였다. 이는 사회적 불평들을 불러온 고전주의 시대의 구체제가 인위적 질서에 기반을 둠으로써 한계에 이르렀다고 보고 개인의 개성을 어떠한 인위적 제약도 없는 상태에서 자유롭게 발전시키는 것을 중시한 것이다.

낭만주의의 특징으로는 무엇보다도 그것이 개인 중심적이라는 점을 들 수 있다. 고전주의가 보편적인 인간성을 추구하는 데 비하여, 낭만주의는 특수하고 개인적인 사실에 역점을 두며, 따라서 개인의 감성, 열정, 이상 등을 중시한다. 낭만주의는 고정된 사회 이념이나 규범화한 도덕률에 저항하면서 초현실적인 시계를 동경하는 이상주의를 특징으로 한다. 이러한 낭만주의의 성격은 문학을 통해 꽃을 피웠고 문학 자체의 본질적인 속성처럼 널리 확대되었다.

낭만주의는 문학과 예술에서 이른바 낭만적 열정과 풍부한 감성, 개성의 해방과 자유, 초월적 세계에 대한 이상과 동경 등을 주된 경향으로 드러낸다. 그러므로 낭만주의 예술은 꿈과 이상이 중심을 이루기도 하고 현실 도피와 퇴폐성을 강하게 드러내기도 한다. 그리고 문예상의 고전적 규범이나 관습을 부정하고 상상력과 감성을 바탕으로 하는 예술의 창조에 무한한 가치를 부여하게 되는 것이다.

낭만주의 문학

독일에서의 낭만주의는 괴테의 뒤를 이어 등장한 슐레겔 형제와 노발리스(Novalis), 호프만(E. T. Hoffmann), 브렌타노(C.

Brentano) 등에 의해 발전하였다. 낭만주의는 전제군주제와 같은 낡고 병든 사회제도와 부자연스러운 인습을 파괴하고 인간의 정신을 해방시켜 새로운 지식과 정서를 통해 새로운 세계를 창조하려는 문학 혁명 운동으로 발전하였다. 노발리스의 『푸른 꽃』은 신비적이고도 절대적인 순수미를 추구하는 데에 성공함으로써 낭만주의 시인들의 이상을 상징하는 작품으로 남아 있다.

영국의 낭만주의는 산업혁명을 통해 기존 사회조직이 붕괴되고 새로운 질서가 형성되어 가는 역사적 과정을 배경으로 성립되었다. 자연의 아름다움과 경건함을 시적으로 형상화한 시인 블레이크(W. Blake)는 영국 낭만주의 문학의 선구자로 손꼽힌다. 낭만주의 문학은 워즈워스(W. Wordsworth), 콜리지(S. T. Coleridge), 바이런(G. G Byron), 셸리(P. B. Shelley), 키츠(J. Keats) 등의 시인과 소설가 스콧(W. Scott) 등을 통해 열정적인 꽃을 피웠고 전세계로 확산되는 하나의 유행 사조로 발전한다. 워즈워스와 콜리지의 『서정시가집』은 영국 낭만주의의 서곡으로 간주되고 있다. 이 책의 서문에서 콜리지는 시를 '끊임없이 흘러넘치는 힘찬 감정'이라고 말하였는데, 이것은 정서의 표현으로서 시의 본질을 지적한 것으로 유명하다. 콜리지는 인간의 다양한 체험과 정서를 유기적으로 결합하여 하나의 시 작품을 만들어 내는 창조력을 상상력(imagination)이라고 규정함으로써 인간의 창조적 능력과 정서의 무한함을 강조하는 낭만주의 시론의 기반을 확립하였다.

프랑스의 낭만주의는 1789년 프랑스 대혁명을 거치면서 이루어진 사회적 변혁 과정을 배경으로 한다. 영국이나 독일에 비해 늦은 시기에 해당하는 19세기 초반을 프랑스에서는 낭만주의 시대로 간주한다. 대표적인 낭만주의 작가로는 위고, 스탕달(Stendhal) 등이 있다. 위고는 희곡 「에르나니」를 통해 프랑스 낭만주의의 서막을 올렸으며, 이후에도 『파리의 노트르담』, 『레

미제라블』 등의 소설을 통해 사회적 평등의 문제를 다룸으로써 자유, 평등, 인도주의라는 낭만주의적 이상을 추구해 나갔다. 스탕달의 『적과 흑』에서는 주인공 줄리앙 소렐의 삶에 낭만적 열정과 의지가 집약되어 나타나고 있다.

 낭만주의는 한국 근대문학의 초창기에 해당하는 3·1운동 직후에 널리 소개된 바 있다. 특히 워즈워스, 바이런, 셸리 등의 시 작품이 번역 소개되면서 한국 근대시의 형성에 큰 영향을 미쳤으며, 1920년대 초기의 《백조》 동인에 속하는 이상화, 나도향, 박종화, 박영희, 홍사용 등의 감상적인 시 작품들을 통해서도 낭만주의적 이상을 향한 열정을 확인할 수 있다.

3 사실주의

사실주의의 개념

사실주의(Realism)는 19세기 중반 유럽에서 시작된 문예사조다. 낭만주의가 지나치게 이상주의적 정취나 회의와 우울에 빠져 현실에 대한 객관적 이해가 부족하였다고 비판하며, 현실을 있는 그대로 그려 내려는 새로운 경향으로 나타난 것이다. 사실주의는 주로 근대 시민사회의 성립과 함께 소설의 영역에서 그 위력을 발휘하였다. 대상을 있는 그대로 그려 내기 위한 사실적 기법과 삶의 실재성 인식을 중시하는 사실적 정신은 사실주의 문학의 중요한 특성으로 자리 잡았다.

사실주의의 정신사적 배경으로는 19세기 유럽을 휩쓴 실증철학과 자연과학의 발전을 들 수 있다. 19세기에는 자연과학의 발전에 힘입어 과학적 관찰과 방법을 통해 사실을 파악하려는 사조가 지배적이었는데, 콩트의 실증철학은 사회적·역사적 현상에 대한 문제는 추상적 사변에 의해서가 아니라 과학적·실증적 방법에 의해 설명되어야 한다는 점을 내세웠다. 인간의 자유와 개성을 중시한 밀의 공리주의적 사회철학이라든지 인간의 생명에 대한 과학적 해명을 제기한 다윈의 진화론 등은 사실주의의 성립 기반을 이룬다.

사실주의 문학은 무엇보다도 먼저 삶의 현실에 대한 객관적 인식을 중시한다. 사실주의 작품은 현실을 있는 그대로 이해하고 묘사하는 작법을 채택하며, 작중인물도 일상적인 평범한 사람들로 설정한다. 객관적 묘사를 통해 개인과 사회의 관계를 올바르게 파악하고자 하며, 인간의 환경적 요인과 부정적 측면마저도 사실 그대로 드러냄으로서 삶의 문제를 객관적으로 이해하고자 한다. 이러한 태도는 실증주의 정신과 일맥상통하는 것이다. 인간이란 더 이상 신비로운 것이 아니라 하나의 생물학적 존재다. 그리고 그 삶은 사회 역사적 조건에 의해 결정된다. 그러므로 인간에 대한 탐구는 객관적인 사회과학적 방식에 의해 가능해진다.

사실주의 문학에서 추구하는 객관성이란 대상으로서의 현실을 보는 자세와 관련된다. 이것은 문학의 창조적 주체인 작가의 개성을 강조하는 낭만주의와는 그 성향을 달리한다. 낭만주의가 고전주의에 반발하면서 개성을 강하게 옹호한 반면, 사실주의는 개성을 중시하기보다는 대상을 있는 그대로 관찰하여 묘사하는 객관적 인식을 중시한다. 이러한 태도의 변화로 인하여 사실주의 문학은 개인의 삶을 개인과 개인, 개인과 사회의 관계 속에서 전체적으로 파악하고자 한다. 한 개인의 삶은 그와 관련되어 있는 다른 인간들과의 관계 속에서 의미를 지니며 사회적으로 확대된다. 이처럼 개인의 삶이란 것이 사회적으로 조건 지어지는 것이기 때문에, 사회 역사적 관계를 떠나서는 삶의 의미를 인식하기 어려운 일이다.

사실주의 문학에서 강조하는 객관적 관찰과 사실적 묘사는 프랑스의 작가 플로베르(G. Flaubert)가 주장한 이른바 '일물일어설(一物一語說)'의 정신과 그대로 일치한다. 플로베르는 그의 제자인 모파상(G. Maupassant)에게 이 세상에는 똑같은 두 개의 모래가 없으며 두 마리의 파리도 없다고 충고한다. 사물의 이름에는 오직 하나의 명사, 움직임에는 하나의 동사, 그것을 형용하는 데에는 오직 하나의 형용사가 있을 뿐이므로, 작가는 바로 이 하나밖에 없는 말을 찾아내야 한다는 것이 플로베르의 지론이다.

사실주의 문학

프랑스의 사실주의 문학은 반고전주의적 경향을 드러내면서 발전해 온 낭만주의와 직접적으로 연결되어 있다. 그러나 낭만주의가 빠져든 정서의 과잉, 주관성의 강조, 현실 초월적인 태도 등에 반발하면서 현실 지향적 경향을 분명하게 드러낸다. 프랑스 사실주의 문학을 꽃 피운 작가로는 발자크(Balzac), 플로베르, 모파상 등이 손꼽힌다. 발자크의『인간 희극』은 농민 생활과 파리 생활을 광범하게 묘사함으로써 '한 시대의 박물지'라는 별명을 얻었다. 플로베르는『보바리 부인』에서 등장인물의 성격과 주변 환경을 세밀하게 묘사하면서 주인공의 비극적 파멸을 그려 냄으로써 사실주의를 완성하였다고 평가되며, 모파상은 『여자의 일생』,「목걸이」등의 작품을 통해 사실적인 태도를 극단적으로 확대시킴으로써 사실주의 문학의 정점을 이루었다.

영국에서는 디킨스(C. J. Dickens)와 새커리(W. M. Thackeray)가 사실주의를 대표한다. 디킨스는『데이비드 코퍼필드』,『올리버 트위스트』등의 작품을 통해 가난한 사람들의 비참한 생활을 생생하게 그려 냈으며, 새커리의 대표작『허영의 시장』은 상류계급의 허영과 속물적 성격을 풍자적이며 사실적으로 묘사하였다. 이 밖에 오스틴(J. Austen)의『오만과 편견』, 하디(T. Hardy)의『테스』, 브론테(E. Bronte)의『폭풍의 언덕』등이 사실주의 경향을 드러내는 화제작이다.

러시아에서도 사실주의는 소설을 통해 꽃을 피웠다.『대위의 딸』을 쓴 푸시킨(A. S. Pushkin),「검찰관」·「외투」등의 작품을 남긴 고골리(N. V. Gogoli) 등이 초기 사실주의를 대표한다. 톨스토이는『전쟁과 평화』,『안나 카레니나』등을 통해 대문호로 자리 잡았으며, 도스토옙스키(F. M. Dostoevsky)는『죄와 벌』,『카라마조프의 형제들』과 같은 작품을 통해 인물들의 내면과 의식을 묘사함으로써 새로운 심리적 사실주의의 영역을 개척한 것으로 알려져 있다.

한국에서는 1920년대 이후 현진건의 「빈처」, 「운수 좋은 날」, 염상섭의 「만세전」, 『삼대』, 이기영의 『고향』, 채만식의 『탁류』, 『태평천하』 등의 작품을 통해 사실주의가 발전하였다. 이 같은 사실주의적인 창작 방법은 해방 이후에도 그대로 이어져서 한국 현대문학사에서 소설의 핵심을 이루어 왔다고 해도 과언이 아니다.

사실주의와 자연주의

19세기 후반 사실주의의 등장과 때를 같이하여 프랑스를 중심으로 발전한 문학사조가 자연주의다. 자연주의는 대개 사실주의와 그 맥을 같이하기 때문에 넓은 의미의 사실주의에 포함되기도 한다.

자연주의는 19세기 이후의 과학의 발전과 물질문명의 발달 등을 배경으로 확립된 과학 정신과 결정론적 사고를 중시한다. 자연주의자들은 인간이란 전적으로 자연의 질서에 종속되어 있는 존재로서 자연을 지배하고 있는 인과율의 법칙을 따른다고 생각한다. 이에 따라 인간은 그저 조금 고등한 동물일 뿐으로 성격이나 운명이 환경과 유전이라는 요소에 의해 결정되며, 성격과 충동적인 본능, 특히 배고픔과 성의 본능에 종속적인 존재라고 파악한다. 자연주의 문학은 근대적인 과학의 발전을 문학을 통해 그대로 긍정한다. 자연주의 문학이 내세우는 과학적인 창작 방법은 인간의 본능에 대한 치밀한 분석, 추하고 어두운 인간 생활의 묘사, 섬세한 환경 묘사 등을 그 특징으로 한다.

19세기 중반 프랑스에서 과학적 예술비평을 주도한 텐(H. A. Taine)은 예술이라는 것이 인종, 환경, 시대라는 세 가지 조건에 의해 결정된다는 점을 강조하면서 예술을 과학적으로 연구하기 위해서는 이들 세 가지 요소에 대한 과학적 분석이 필요하다고 역설하였다. 텐의 과학적 예술 비평의 논리를 실제 창작에 적용하여 자연주의 문학론을 발전시킨 작가는 졸라(E. Zola)다. 그는 소위 '실험소설'론을 통해, 인간이란 결코 정신적 존재가 아니라 하나의 기계에 불과하므로 그가 처한 사회적 현상도 물리적 현상과 마찬가지로 과학적으로 측정할 수 있다고 주장하였다. 이러한 그의 태도는 소설 『나나』, 『목로주점』 등에 잘 드러나고 있다. 모파상의 『여자의 일생』, 「비곗덩어리」 등의 작품은 자연주의의 범주 안에서 논의되기도 한다. 한국의 경우 1920년대 김동인의 「배따라기」, 「감자」 등에 나타나는 인간의 추악한 본능에 대한 묘사가 자연주의의 영향으로 간주된다.

4 상징주의

상징주의(Symbolism)는 19세기 말에 프랑스에서 일어난 문예 사조다. 시 운동에서 출발하여 현대문학 전반의 흐름에 큰 영향을 미쳤다. 비슷한 시기에 유행한 사실주의 또는 자연주의가 소설을 통해 외부적 현실에 관심을 집중하였다면 상징주의는 19세기를 휩쓴 과학주의적인 태도에 대한 회의에서 출발하여 시를 통해 현실 뒤에 가려져 있는 이상으로 향하는 새로운 기호와 욕구에 관심을 기울였다.

졸라로 대표되는 자연주의는 인간의 삶을 조악한 결정론에 의지하여 설명하고자 하였으며, 인간 세계의 추악성을 그대로 들춰냄으로써 오히려 대중으로부터 혐오와 반감을 사기에 이른다. 자연주의자들의 작품 속에는 풍부한 정서라든지 예술의 미적 감동과는 거리가 먼 과학주의에 대한 맹신만이 담겨 있게 된 것이다. 그러므로 베르그송(H. Bergson)과 같은 철학자는 자연과 인간에 대한 기계적 개념을 강조해 온 과학주의 또는 실증주의 사상이 지닌 오류를 지적하기 시작한다. 조악한 과학적 결정론에 의지하기보다는 자연의 신비와 불가지의 현상을 중시하고 인식과 논리보다는 직관의 힘을 강조한다.

이러한 시대적 상황의 변화 속에서 실증주의 철학과 자연주의 문학은 점차 그 위상을 잃고 몰락의 길에 접어든다. 그리고 프랑스 문학이 잃어버린 신비의 세계와 꿈과 상징을 찾고자 하는 새로운 움직임이 등장한다. 여기서 되살아난 것이 인간 영혼에 대한 예술적 관심이다. 이러한 움직임은 시인 보들레르(C. P. Baudelaire), 베를렌(P. Verlaine), 말라르메(S. Mallarme), 랭보(A.

상징주의의 개념

Rimbaud) 등에 의해 구체화되었으며, 상징주의라고 이름 붙여진다.

상징주의는 몇 가지 개념으로 간단하게 규정할 수 없다. 상징주의 자체가 시를 중심으로 어떤 논리와 개념 틀에 묶이지 않은 채 현실 너머의 이상 세계를 꿈꾸었다는 것은 스스로 어떤 이론적 해명을 거부하고 있음을 의미한다. 상징주의를 대표하는 시인 보들레르의 경우 시는 절대적인 종교의 경지에 이르는 것이라는 신념을 지켰다. 그는 하나의 사물과 하나의 현상이 각기 독립된 개성적인 것이라고 생각하였고, 그 개별적인 것이 또한 소우주적인 전체를 형성한다고 보았다. 보들레르의 시 「만물의 조응」은 자연 세계와 정신세계의 모든 사물, 형태, 움직임은 암시적이고 상호 반응적으로 소통한다는 점을 시적으로 표현하였다. 그는 인간의 마음과 외부 세계, 자연 세계와 정신세계 사이의 상응을 중시하였다. 이러한 시법은 모든 사물에 내재하는 오묘한 의미를 해석하는 데로 나아가게 된다. 그러나 이러한 상징적 의미의 해석에만 관심을 둔 것은 아니다. 시에 있어서 섬세한 음악적 감각과 운율의 구성, 언어와 유추를 통한 사물에 대한 감각의 형상적 표현, 상징적 이미지를 중시하는 시의 기법 등은 모두 상징주의의 중요한 특징으로 주목되고 있다.

상징주의 문학

상징주의 문학의 본거지는 프랑스다. 보들레르가 시집 『악의 꽃』을 통해 상징주의의 출현을 널리 알린 것은 1857년이다. 『악의 꽃』에는 상징주의 시의 원리에 해당하는 시 「만물의 조응」이 수록되어 있다. 이 시를 통해 보들레르는 '자연은 하나의 신전'이라는 우주적 감각과 함께 '향기, 색채, 음향이 서로 응답한다.'는 자연과의 교감을 강조하는 공감각의 시법을 제시한다. 보들레르에 따르면 시인은 미의 영원한 구도자로 신앙화된다. 이러한 태도는 낭만주의에서 강조한 정서의 표현에 대한 반감을 의미하는 것으로 볼 수 있다. 베를렌은 시를 통해 음악을 살리고 암시의 원리를 찾아낸다. 그의 시 「가을의 노래」는 조락의 아름다움에 음악적 특성을 융합하여 독자적인 서정적 세계를 보여준다. 랭보는 이른바 '견자(見者)의 미학'을 그의 격렬한 시풍을 통해 확립한다. 그의 시 「취한 배」에서 그려 낸 바다와 육지는 독특한 환상적 감각에 의해 미묘한 뉘앙스를 살려 낸다. 견자가 되기 위해서는 초인적인 힘으로 광기에 이를 정도로 고행의 과정을 거쳐야 한다. 그래야만 비로소 시인은 자기 자신을 찾을 수 있으며, 미지의 세계에 도달하여 그 세계를 보고 노래할 수 있는 것이다. 말라르메는 언어의 암시와 환기적 기능에 의한 상징시를 창작하였다. 그의 언어는 사물을 묘사하는 것이 아니라 사물이 인간의 영혼 속에서 환기시키는 것을 암시하는 중개자에 해당한다. 지적인 유추에 의존하는 상징적 수법으로 창작된 그의 시는 언어의 순수성에 절대적 신뢰를 드러낸다. 그의 시는 지극히 난해한 내용을 담고 있는 것들이 많지만 프랑스 근대시의 최고봉 중 하나로 인정받고 있다.

상징주의의 문학적 성과는 대개 다음과 같은 세 가지로 요약된다. 첫째는 상징주의 시 운동을 통한 자유시의 탄생이다. 자유시의 실현은 민중적인 노래의 형태를 채용한 랭보의 「지옥의 계절」에서부터라고 할 수 있다. 뒤에 많은 시인들이 시적 형태의 개방성을 추구하면서 계통적으로 자유시가 발전하였다. 둘째는 순수시의 확립을 들 수 있다. 시 속에서 산문적 요소를 배제하고 순수하게 시적인 것을 찾으려는 의식적 노력은 말라르메에서 시작되어 발레리(A. Valery)에서 완성된 순수시를 통해 그 성과를 드러낸다. 셋째는 상징주의로부터 비롯된 새로운 문학적 혁신과 발전 개념이다. 상징주의자들은 기성세대의 문학과 정신을 부정하는 권리와 의무를 인정한다. 여기서 아방가르드 개념이 생겨난다. 그리고 문학은 전통문학과 전위문학으로 나뉘어 다양한 유파적 실험이 등장한다. 보들레르가 제시한 모더니티 문제는 이후 사회 문화 전반에 걸친 변혁 과정을 통해 이른바 모더니즘이라는 새로운 개념을 낳게 된다. 한국에서는 《태서문예신보》(1918)를 통해 김억, 백대진 등이 처음으로 프랑스 상징파 시들을 번역 소개하였으며, 근대시로서 자유시 운동의 이론적 기반을 제공하였다.

5 모더니즘

모더니즘(Modernism)은 매우 폭넓게 사용되는 말이다. 이 용어는 1910년대 세계 제1차대전 이후 문학과 예술에 드러나기 시작한 양식, 기법, 정신의 새로운 변화를 지적하기 위해 사용되었다. 그러므로 사람마다 서로 다른 의미로 이 용어를 사용하기도 하지만 대체로 20세기 이전까지 지속된 서구 문화 예술의 전통적인 기반으로부터 탈피하여 새로운 기법과 정신을 추구하며 현대적인 것에 집착하는 경향을 의미한다. 모더니즘은 19세기까지 이어진 기성적 도덕과 이념의 전통적인 권위를 거부하였다는 점에서 반동적이다. 그리고 20세기에 접어들면서 개인주의에 입각하여 도시의 시민 생활과 기계문명을 새롭게 향유하고자 하는 사상적 예술적 경향을 뜻한다는 점에서 전위적이다. 서구 문화 예술의 여러 가지 새로운 경향을 말해 주는 상징주의 · 표현주의 · 입체파 · 미래주의(미래파) · 초현실주의 · 실존주의 등은 모두 넓은 의미의 모더니즘에 속한다.

모더니즘은 20세기 초의 제1차 세계대전으로 인한 서구 문명의 위기에 대한 인식으로부터 출발하였다. 유럽을 중심으로 일어난 이 엄청난 전쟁은 자본주의의 급속한 성장을 기반으로 구축된 서구의 근대 문명 자체에 대한 혐오와 절망을 심어 주었다. 특히 전쟁의 당사자인 젊은이들이 전쟁 자체가 가져다 준 공포와 불안을 벗어나지 못한 채 전후의 혼란 상황 속에서 현실에 대한 새로운 전망을 가지지 못한 채 좌절과 반항에 빠져들었던 것도 주목되는 현상이다. 더구나 전쟁 직후 서구 사회의 혼란과 무기력은 공화제로 대표되는 사회체제 자체에 대한 회의

모더니즘의 개념

를 낳으면서 혁명에 대한 열망을 키우거나 새로운 파시즘의 등장이라는 극단적인 이념의 편향을 낳게 된다.

　이러한 시대적 변화 속에서 또 한 가지 주목되는 것은 19세기 말부터 과학과 기술의 발전이 인간의 삶에 행복을 가져다줄 수 있을 것이라고 믿던 낙관주의적 신념이 흔들리게 되었다는 점이다. 비유클리드 기하학의 새로운 발전, 프로이트의 정신분석 이론 확대, 아인슈타인의 상대성원리 등장 등이 과학이 곧바로 진리가 아님을 방증함으로써 실증주의 과학에 기반을 둔 인식론 자체에 회의를 불러일으켰다. 그 결과 이른바 과학과 물질 문명의 발전에 기반한 합리주의적 사고보다는 그것을 초월하는 새로운 인식 규범으로서 직관의 중요성이 강조되기에 이른다. 이와 같은 변화의 물결은 곧바로 인간의 사고와 가치에도 영향을 미친다. 신의 부재를 강조한 니체의 허무주의, 기성의 도덕과 윤리를 거부한 쇼펜하우어의 절망의 철학 등은 새로운 세기의 정신적 불안과 도덕적인 환란을 그대로 대변한다.

　모더니즘은 이러한 시대적 변화와 사상적 혼란 속에서 태동하였다. 그리고 19세기 말부터 20세기 초까지 문학, 음악, 미술, 건축, 영화, 무용 등 거의 모든 예술 분야에 영향을 끼치는 새로운 변혁의 물결을 확대하였다. 모더니즘은 자연이나 실재는 주관적이고 상대적이라고 주장하면서 개인으로서 예술가의 위치를 격상시켰다. 모더니즘에서 내세우는 진정한 예술은 우주나 실제를 그대로 묘사하는 것이 아니다. 이러한 태도는 모더니즘이 분명하게 사실주의적 전통에 대한 저항의 의미를 갖는다는 것을 말해 준다. 모더니즘은 창조적 주체로서 예술가의 느낌이나 생각, 다시 말하자면 주관성이 예술의 중심이 된다는 입장을 고수한다. 그러므로 예술은 현실이나 세계를 객관적 사실적으로 반영하는 것이 아니라 주관적으로 묘사한 것이다. 그러므로 모든 예술 작품은 그 자체로서 완결성을 드러내며 독자적인 미적 가치를 지닌다. 모더니즘이 강조하는 미적 자율성에 대한 신념은 창조로서의 예술이라는 관념을 널리 확대시켰다.

모더니즘은 모든 예술 분야에서 새로운 예술적 실험들을 확대한다. 문학에서는 시대나 사회보다 개인의 존재 자체를 중시하는 새로운 서사 방법이 시도되기도 하였으며, 음악 분야에서는 기존 화성법을 거부하고 멜로디가 없는 음악이 등장한다. 미술 분야에서는 대상을 통해 시간의 흐름과 움직임을 강조한다거나 기하학적인 형상 등을 중시하는 입체파(cubism) 등이 등장한다. 또한 건축 분야에서는 장식보다는 기능을 강조하는 현대적 건축물들이 건설되는 등 주관적이고 개인적인 예술적 특성이 나타난다. 그리고 영화의 발전과 함께 기계 복제 예술의 대중적 가능성도 분명해진다. 그러나 모더니즘은 점차 극단적인 개인주의와 실험성에 빠져들면서 대중과 멀어진다. 모더니즘의 아방가르드(avant-garde)적인 속성이 예술을 소수의 엘리트 집단만을 위한 것으로 고정시키면서 대다수의 대중을 소외시키는 결과를 초래하게 된 것이다.

다다와 초현실주의 운동

서구 모더니즘 예술의 중요한 변화와 특징은 다다(dada) 운동과 초현실주의 운동을 통해 쉽게 확인된다. '다다'란 본래 프랑스어로 어린이들이 타고 노는 목마를 가리키는 말이다. 이 말이 20세기 초 새로운 예술운동의 한 경향을 대변하는 용어로 고정되었다는 것은 다다 운동의 본질에 뿌리를 둔 '무의미의 의미'를 말해 주는 것이라고 하겠다. 다다 운동은 처음 스위스의 취리히에서 시작되었다. 1916년 2월 작가 겸 연출가인 발이 카바레 볼테르를 개점하고, 그곳에서 시인 차라(T. Tzara), 휠젠베크(R. Huelsenbeck) 등이 합세하여 모든 기성적 예술 형식과 가치를 부정하고 예술의 비합리성이나 반도덕성을 강조하는 여러 가지 퍼포먼스를 개최하였다. 이들의 퍼포먼스에는 제1차 세계대전 당시에 문자 그대로 중립을 선언하면서 스위스에 모인 망명 예술가들이 대거 동참하여 전쟁의 참혹성과 비인간성을 고발하는 데에 동조하였다. 이들은 삶의 주변에 널려 있는 모든 사물을 예술의 오브제로 자유롭게 활용하면서 기성의 규범으로부터 탈피하고자 하였으며 종래의 예술 작품이 외적 폭력에 얼마나 무력한 것이었는가를 고발하였다. 이들의 예술적 실천은 잡지 《다다》가 발간되면서 유럽 전역으로 빠르게 확대되었다. 다다 운동은 예술의 양식적 경계를 무너뜨리면서 새로운 실험적 기법을 미학적으로 확립하였다. 시와 음악이 결합되고 미술과 사진이 합성되었다. 그리고 다양한 오브제들이 서로 충돌하면서 인간 경험의 다양성을 그대로 표현하였다. 독일에서의 다다 운동은 취리히와는 달리 더욱 격렬하고도 저항적인 반전의 메시지와 함께 혁명적 요소를 갖춘다. 여러 가지 오브제를 결합한 하우스만(R. Hausmann)의 아상블뢰즈(assambleuse)가 주목되었으며, 두 장 이상의 사진을 붙여 중복 인화, 중복 노출 등으로 새로운 시각 효과를 노린 포토콜라주도 유명하다. 미국 뉴욕에서의 다다 운동은 전위적 경향을 강하게 드러냈다. 1913년에 개최된 사진과 회화의 모던 아트전(展)에 출품된 뒤샹(M. Duchamp)의 「계단을 내려가는 나체」는 마치 고속사진의 한 장면과 같이 역동적인 이미지를 살려 내고 있는데, 사진과 예술의 새로운 결합을 가능하게 하였다.

    모더니즘 예술 운동의 또 하나 중요한 경향은 초현실주의 운동이다. 초현실주의 운동은 다다 운동이나 입체파 운동 등에 영향받은 바가 많지만 그 출발에서부터 프로이트의 정신분석에 크게 의존한다. 이것은 예술의 근원이 무의식의 세계 내지는 꿈의 세계와 같은 내면세계임을 강조하는 데에서 확인된다. 초현실주의는 인간의 내면세계를 자연스럽게 표현하는 것이 현대

예술의 지향점임을 분명히 한다. 초현실주의 운동이 분명한 성격과 지향을 드러낸 것은 브르통(A. Breton)이 「쉬르레알리슴 선언」을 발표한 1924년부터다. 이 새로운 주장에는 예술의 자유로운 창조성을 가로막는 규범화된 도덕률, 예술적 관습, 논리적 이성 등에 대한 거부와 저항의 의지가 담겨 있다.

초현실주의는 이성의 지배를 받지 않는 무의식의 세계 또는 현실과 거리를 둔 환상의 세계를 중요시한다. 그러므로 초현실주의 예술이 구축하는 공간은 대체로 상상적 공간이며 비현실의 공간이다. 초현실주의는 무의식이라는 인간의 내면세계의 영역에 눈을 돌리면서 이성이라든지 합리성으로 설명되는 세계와는 다른 반대쪽의 세계에 집착한다. 이성에 의해 억압된 무의식의 세계를 가능한 한 있는 그대로 표현하려고 하는 초현실주의의 갖가지 시도는 시 · 회화 · 사진 · 영화 등을 통해 실재적인 세계를 뛰어넘는 비합리적이고도 우연한 사건, 환상적인 세계를 보여 준다. 이러한 새로운 표현은 당시의 모순된 현실과 결부되어 예술 일반의 인식을 비약시키고 20세기 특유의 환상예술을 발전시키게 된다. 프랑스에서 제1차 세계대전 직후 초현실주의 운동을 주도한 브르통, 아라공(L. Aragon), 엘뤼아르(P. Eluard) 등은 《쉬르레알리슴 혁명》이라는 잡지(1924~1929)를 통해 문학 운동을 펼치면서 프랑스 현대문학의 커다란 변화를 가능하게 하였다. 이들은 프로이트의 무의식의 세계에 착안하여 꿈이 지닌 창조적이고도 역동적인 힘을 찬양하고 무의식에 대한 자동기술(自動記述)에 깊은 신뢰를 표하였다. 그리고 개인의 자유로운 삶을 억압하는 모든 가치와 제도를 거부하면서 진정한 자유와 해방된 개인의 삶을 예술을 통해 표현하고자 하였다. 아라공의 「파리의 농부」, 「문체론」, 엘뤼아르의 「고뇌의 수도」, 브르통의 「나자」 등은 초현실주의 운동의 빛나는 실험적 성과에 해당한다.

한국의 모더니즘 운동

한국 근대문학에서 모더니즘 운동은 1930년대 일본 식민지 시대라는 특수한 역사적 조건 속에서 전개되었다. 한국 문학에서 모더니즘이라는 용어는 매우 폭넓게 사용되고 있지만, 최재서, 김기림 등에 의해 소개된 흄(T. E. Hulme)이나 리처즈 등을 중심으로 하는 주지주의와 이미지즘에 대한 논의가 그 이론적 기반을 이룬다. 김기림은 모더니즘 운동이 낭만주의의 감상성과 계급문학 운동의 이념성에 대한 부정과 반발임을 강조한 바 있다. 이 같은 지적은 물론 한국 문학에서 문제가 되는 문학적 조류에 근거하여 설명한 것이므로 모더니즘의 일반적인 특성을 폭넓게 제시하는 것은 아니다. 그러나 시가 언어의 예술이라는 자각을 분명히 인식하고 있으며, 문명에 대한 일정한 감수를 기초로 한 다음 일정한 가치를 의식하고 쓰이는 시를 강조하였다는 점에서 본격적인 시의 모더니즘론에 다가서 있음을 볼 수 있다.

1930년대 한국 시에서 모더니즘적 경향을 중심축에 놓고 볼 때, 가장 중요한 경향의 하나는 모더니티의 시적 추구 작업이다. 언어적 감각과 기법의 파격성을 바탕으로 자의식의 시적 탐구, 이미지의 공간적인 구성에 의한 일상적 경험의 동시적 구현, 도시적 문명과 모더니티의 추구 등을 드러내는 모더니즘적 시의 경향이 바로 그것이다. 정지용의 『정지용시집』(1935), 『백록담』(1941), 김기림의 『기상도』(1936) 등을 비롯하여 이상, 김광균, 장만영 등이 추구한 시의 경향이 여기에 속한다고 할 수 있다. 그런데 이러한 경향과는 다르게 모더니티에 대한 시적 극복에 더욱 관심을 보인 또 다른 부류의 시인들이 자리하고 있음을 주목할 필요가 있다. 《시인부락》(1936)을 중심으로 활동한 서정주, 오장환, 유치환, 김광섭, 신석초, 김현승 등이 여기에 해당한다. 이들은 현대 과학 문명의 비인간화의 경향에 반발하면서 인간의 본능에 대한 시적 추구 작업에 몰두하기도 하였고, 현대 사회에서의 통합된 개인적 주체의 붕괴에 도전하여 인간의 생명 의지를 시적으로 구현하고자 하였다. 그러므로 이들의 시에는 공통적으로 비판적 모더니티의 담론이 자리하고 있으며, 인간의 존재와 삶, 생명과 죽음의 문제, 고독의 의지와 같은 관념적인 주제가 자주 등장한다. 이들의 문학 활동은 모더니즘의 시적 경향과는 다른 각도에서 그 위치가 규정되고 있는 것이 보통이지만, 모더니즘 운동의 넓은 범주 안에서 드러나는 모더니티의 시적 지향 자체를 본질적인 속성으로 하고 있음은 물론이다.

1930년대 한국 근대소설에서 확인되는 모더니즘적 경향의 가장 중요한 특징은 일상에서 개인 의식의 추이를 다양한 서술 기법을 통해 포착한 점이라고 할 수 있다. 여기서 등장인물은 집단적인 이념이나 가치에 얽매이기보다는 개별화된 내면 의식을 드러낸다. 모더니즘적 소설이 그려 내는 세계는 개별화된 인간의 내면 의식, 도회적 풍물, 성에 대한 관심과 관능미에 대한 천착 등 다양하다. 소설에 등장하는 개별화된 인간들은 대개가 도시적 공간을 삶의 무대로 삼고 있다. 소설적 배경 자체가 도회적인 것이 바로 이러한 특징을 말해 준다. 도시적 공간이라는 소설적 장치는 모더니즘 소설에서 단순한 배경적 요건으로 활용되고 있는 것만은 아니다. 도시의 확대와 각종 새로운 직업의 등장, 도시의 가정과 가족의 해체, 물질주의적 가치관의 팽배 현상, 환락과 고통의 변주, 소외된 개인과 반복되는 일상 등과 같은 모든 것들이 1930년대 도시 생활의 변모와 함께 그 다양한 분화를 보여 준다. 그렇기 때문에 모더니즘 소설은 자칫 평범한 일상적인 이야기에 머물고 있는 듯한 느낌을 주기도 하지만, 개체화된 인간들의 삶을 통해 도시의 속성에서 문제시되는 인간관계의 상실, 개인주의적 태도 등을 자연스럽게 표출하고 있다. 모더니즘 소설에서 활용되고 있는 기법은 소설의 형식을 치장하도록 고안된 의장이 아니다. 그것은 대상에 대한 인식의 방법이며, 소설의 장르적 규범을 새로이 정립해 보고자 하는 노력이다. 이른바 '의식의 흐름'을 자동기술하는 새로운 소설 기법은 박태원, 이상, 이태준, 최명익 등이 개인 의식의 내면적 공간을 확대하기 위한 방법의 천착으로 이해할 수 있다. 인간의 존재와 그 삶의 양상이 현실적인 공간 위에서만 의미 있게 규정되는 것이 아니라, 내면 의식의 흐름 속에서 보다 본질적인 것으로 자리 잡는 것이 바로 이러한 소설적 기법에 의해 제시된 새로운 인식 방법이다.

모더니즘과 포스트모더니즘

모더니즘 경향이 사회 문화적으로 크게 확대된 1960년대 이래 미국이나 유럽 등지에서 시작된 새로운 문화 조류를 모두 포괄하여 포스트모더니즘이라고 한다. 그러나 포스트모더니즘이라는 말은 독자적인 개념이나 성격을 드러내는 새로운 용어 개념으로서보다는 모더니즘과의 상관관계를 통해 거론되는 경우가 대부분이다. 그러므로 포스트모더니즘은 외견상 모더니즘의 변형 또는 모더니즘의 경향에 대한 반발의 의미로 다루어지기도 한다. 물론 포스트모더니즘이라는 것이 이미 예술 미학적으로 전통의 지위에 올라선 모더니즘에 항거하는 새로운 전위운동에 해당한다는 견해도 있다.

모더니즘과 포스트모더니즘은 여러 가지 공통점과 차이점들을 나누어 가지고 있다. 기성적 권위와 전통에 대한 단절, 반리얼리즘적 경향과 전위적 실험성, 개인주의에 입각한 비정치적 성향 등은 모두 모더니즘의 경우와 일치한다. 그러나 모더니즘이 현대 문명의 기능주의와 결부되어 있었던 점에 비해 포스트모더니즘은 후기 산업사회로의 변화, 소비사회의 확대, 다원주의 사회의 등장 등을 배경으로 기성적 가치와 이념을 해체하면서 변화하는 삶의 지평을 성찰하는 과정과 결합한다. 그러므로 포스트모더니즘은 후기 자본주의 사회에서 문제가 되고 있는 인간성 상실과 정신의 빈곤에서 오는 다양한 사회 병리적 징후들을 변화와 실험이라는 복합적 예술 양식으로 표현하고, 권위적 이성과 그에 따른 억압을 해체함으로써 인간을 문화적 속박에서 해방시키고자 한다.

포스트모더니즘은 이념의 해체를 통해 계몽주의적 거대 담론 및 엄숙주의에 대한 회의를 분명하게 드러낸다. 고급문화와 저급문화의 경계를 와해시키면서 예술과 문화의 탈중심화에 대한 새로운 기획을 제시한다. 그리고 모든 가능성을 향하여 인식의 지평을 열어 놓고 자기 성찰의 계기를 거기서 찾고자 한다. 그러므로 현대 사회에서 볼 수 있는 절대이념의 와해, 개성의 중시, 다원적 논리, 전지구화의 경향, 소수자의 등장과 여성운동의 확대 등은 모두 포스트모더니즘의 경향 속에서 이해할 수 있다. 물론 포스트모더니즘의 경향에 대해서는 자본주의 체제가 빚어낸 새로운 문화적 현상으로서 물신 사회에 대한 순응적 태도가 비판의 대상이 되고 있기도 하다. 그러나 21세기 문화 전반에 큰 영향을 미치면서 미술·무용·연극·문학·철학·음악·영화 등에서 활발히 논의되고 있다. 포스트모더니즘에 대한 다양한 논의는 프랑스의 철학자 푸코, 들뢰즈, 데리다 등의 이론에서부터 출발하여 음악, 미술, 문학, 영화 등으로 크게 확대되고 있다.

제8장 문학비평과 문학 연구

1 문학비평의 본질

문학이란 말은 그 개념에 대한 정의 자체가 불필요할 정도 **문학비평의 개념**
로 관습화된 의미를 지니고 있다. 문학은 언어를 통해 이루어진
다. 그리고 이것은 일상의 언어 소통 과정에서 화자가 청자에게
말을 거는 것처럼, 작가가 독자에게 작품을 내놓는 일종의 소통
원리에 의해 성립된다. 물론 작품이라고 하는 언어적 텍스트는
현실의 삶의 내용과 연관된다. 그리고 이것은 어떤 특별한 동기
에 의해 이루어진 구조적인 담론의 특성을 지닌다. 문학이 지니
는 언어적 텍스트로서의 속성을 중시할 경우 다음과 같은 몇 가
지 질문을 통해 그 본질을 이해할 수 있다. 첫째, 문학이 언어적
텍스트라면, 모든 언어적 텍스트 가운데 문학 텍스트의 속성을
어떻게 규정할 수 있는가? 둘째, 문학이 언어적 텍스트라면, 텍
스트의 소통 과정에서 작가, 그리고 독자와의 관계를 어떻게 이
해할 것인가? 셋째, 텍스트와 현실의 관계를 어떻게 볼 수 있는
가? 이러한 질문에 대한 정당한 해명을 요구하고자 할 때, 비로
소 문학에 대한 논의는 비평의 수준에 이르게 된다.

문학비평이란 문학이 그 자체를 정당화할 필요가 있을 때 긴
요하게 요구되는 하나의 인식 행위다. 문학비평이라는 말 속에
는 문학에 대한 '판단'과 '식별'의 의미가 함께 내포되어 있다.
그렇지만 문학을 문학의 자리에 온전히 남아 있게 하기 위하
여, 문학비평은 우선적으로 판단의 의미보다 식별의 의미에 더
욱 주력할 필요가 있다. 최고의 문학비평은 문학의 내용이나 의
미에 대한 판단에 의해 수립되는 것이 아니라, 문학의 전체적인
모습을 있는 그대로 드러내어 보여 주는 데에서 성립될 수 있

다. 문학비평이 의도하는 것은 문학을 다른 어떤 사상으로 대치해 놓는 일이 아니라, 문학이 문학으로서의 존재의미를 가능하게 하는 여러 가지 속성들을 밝혀 주는 작업이라고 할 수 있을 것이다.

문학비평은 언어로 이루어진 독특한 예술 형태인 문학작품을 대상으로 한다는 점에서 다른 종류의 지적인 활동과 구별되어 왔다. 문학작품은 그 본래적인 성질 자체가 이미 스스로의 범주를 규정하는 독특한 속성을 지니고 있기 때문에, 문학에 대한 비평적 논의는 어느 시대에도 그것이 언어적 산물이면서 동시에 상상적 산물이라는 사실에서 크게 벗어난 적이 없다. 그러나 문학의 존재 의미는 전체적인 사회 문화적 맥락 속에서 규정될 수밖에 없다. 문학은 넓은 의미에서 하나의 사회 문화적 산물이며, 문학과 사회와 문화의 관계는 끝이 없다.

문학비평은 문학과 문화 사이를 중재하는 기능을 지닌다. 그러나 문학비평은 문학의 개념과 그 범위를 규정하는 방법과 관점에 따라 문학과 문화의 관계를 좁히기도 하고 넓히기도 한다. 문학작품의 내재적인 요건에 의해 문학적인 것의 본질을 규명하고자 한다면, 문학비평은 당연히 문학과 문학 외적인 요소로서의 사회 또는 문화를 분리하고자 할 것이다. 반대로, 문학이라는 것을 사회 문화적 산물로 이해하고 그 전체적인 맥락 속에서 문학의 속성을 규정하고자 할 경우 문학비평은 그만큼 문학의 영역을 폭넓게 이해하고자 하는 관점을 유지하게 될 것이다.

그러므로 문학비평은 개념과 태도와 관점과 실천의 상반성을 드러내는 요건들에 의해 그 영역을 한정받는다. 예컨대 문학적 텍스트는 사회적 문맥 속에서 존재하는 것인가, 독자적인 존재를 드러내는 것인가를 결정해야 하고, 비평 자체에서도 어떤 평가 기준을 제시해야 하는가, 기술적인 분석에만 치중할 것인가를 정해야 한다. 문학비평이라는 것이 판단과 상상력의 문제인가, 객관적인 과학의 세계인가를 결정하는 일도 필요하다.

문학비평이 궁극적으로 문제 삼아야 할 것은 삶에 대한 관점을 함께 드러낼 수 있는 문학의 전체적인 모습을 균형 지어 주고, 그 범위를 확정해 주는 일이다. 이 경우에 가장 중요한 것은 비평적 방법의 수립이다. 방법이란 하나의 목표에 이르는 과정이다. 무질서하게 분산되어 있는 상태의 어떤 대상에서 개별적인 인식을 가능케 해 주는 방식이라고도 할 수 있다. 문학비평의 방법이란 그러나 결정론적 사고방식을 가장 경계한다. 방법이란 방법 그 자체로서의 의미에 국한되는 것이지, 결코 그것이 목표가 되지 못한다. 문학비평의 방법은 그 대상으로서의 작품이 없으면 성립되기 어려운 것이며, 문학비평 방법에 대한 다양한 논의는 결국 다시 작품으로 떳떳이 돌아오고자 하는 목표에서 이루어지는 것이다. 그렇기 때문에 문학비평의 확립이란 그 방법론의 모색이 어느 정도 성공적이냐를 따지는 데에서 만족될 수 없으며, 그러한 방법론의 적용이 얼마나 작품의 의미에 활기를 불러일으켜 주느냐에 더 큰 의미를 부여할 수 있을 것이다.

문학비평의 영역

오늘날 문학비평은 문학의 자율성에 관한 신념에 대한 새로운 반성을 제기하고 있다. 문학의 자율성에 대한 강조가 오히려 문학 자체를 신비화할 우려가 있다고 생각하기 때문이다. 문학은 사회와 역사적 현실로부터 단절된 세계가 아니라 오히려 더욱 밀접하게 결합되어 있다. 문학이라는 것이 사회적 제도와 이데올로기에 긴밀하게 연관되어 있다면, 문학의 자율성에 대한 강조가 오히려 문학에 대한 하나의 보수주의적 이데올로기를 반영하는 것이라는 주장도 가능하다. 특히 문학 연구에서 사회 구조, 계급, 생산 양식 등의 문제를 함께 검토할 경우, 문학 연구의 반역사주의적 허점들이 극복된다는 것은 자명한 일이다. 결국 문학은 독자적인 영역으로 존재하는 것이 아니라 하나의 사회 문화적 현상으로 나타나는 것이다. 그러므로 문학의 독자성이나 자율성에 대한 신념은 하나의 관념에 불과하다는 비판이 가능해지는 것이다.

더구나 문학적 텍스트의 범주가 사회적으로 크게 확대되고 있다는 점에도 주목해야 한다. 특히 문학비평은 문학적 텍스트 자체에 대한 관심만이 아니라 그 텍스트가 생산되고 수용되는 사회 역사적 조건을 관심의 대상으로 확대하고 있다. 다시 말하면, 문학비평이 텍스트 중심으로부터 '텍스트성'으로 그 관심을 확대하고 있다고 할 것이다. 한정된 범주에 갇혀 있던 문학적 텍스트의 개념이 확대되면서 나타난 가장 중요한 현상은 문학비평 영역이 자연스럽게 문학과 연관되어 있는 다양한 인접 분야와 연관을 맺기 시작하였다는 점이다. 문학이 영화와 연결되어 논의되기도 하고, 텔레비전과 같은 새로운 매체가 문학 논의에서 문제가 되기도 한다. 순수 정통문학과 대중문학의 경계가 점차 느슨해지게 된 것도 이 같은 변화 속에 나타난 현상이다.

이처럼 문학비평이 그 영역을 확장할 경우 가장 먼저 문제 삼게 되는 것은 문학과 사회 문화적 요소의 상관관계다. 문화적 생산과 문화적 실천이라는 관점에서 볼 때, 문학비평은 예술적 창조 과정과 그 생산 형태만이 아니라 언어와 제도와 양식과 이념의 문제를 모두 포괄하지 않으면 안 된다. 이러한 현상은 필연적으로 문학비평의 영역을 문학을 포함한 문화 전반으로 확대할 필요가 있음을 말해 주는 것이다.

문학비평의 실천적 작업은 작품에 대한 정확한 해석에서부터 시작된다. 작품의 해석은 원전 자체를 바르게 이해하기 위한 작업이다. 작품의 구조를 밝히고 작품에 사용된 언어의 의미를 밝히는 일은 작품 해석의 기초가 된다. 작가의 생애와 그 시대적인 배경을 이해하는 일도 중요하다. 문학작품 속에는 작가의 개인적인 체험과 현실에 대한 태도가 스며들어 있기 때문이다.

작품에 대한 해석 단계를 거친 뒤에는 작품을 전체적으로 감상하는 일이 필요하다. 감상이란 작품을 미적으로 향수하고 음미하는 일이다. 작품 감상이란 단순히 작품의 내용에 대해 공감하는 정도의 소극적인 행위가 아니다. 작품의 전체적인 인상과 느낌을 통합하여 하나의 새로운 미의 세계를 재창조하는 데에까지 나아가야 한다. 그러므로 작품에 대한 느낌만이 아니라, 작품 속에 담겨 있는 작가의 인생관과 세계관까지도 깊이 있게 음미하는 일이 필요하다.

문학비평은 작품의 미적인 가치를 평가하는 작업으로 종결된다. 평가는 어떠한 가치 기준에 의한 판단 작용이다. 이 경우에 모든 기준은 비평 방법의 과학성과 객관성에 의해 뒷받침된다. 문학작품의 다양한 의미를 정확하게 해석하고 그 미적인 성과를 충분히 음미해야만, 작품의 문학적인 가치에 대한 종합적인 평가가 가능해진다. 문학작품을 특정한 이념적인 가치에 기준을 두어 평가하거나, 어떤 부분적인 요건만을 중시하여 평가하거나, 지나치게 주관에 치우쳐 평가하는 경우에는 공감을 얻을 수 없다. 문학비평은 작품의 미적 가치에 대한 평가의 단계에서 종결되지만, 문학작품의 의미를 하나의 평가 기준으로 고정시키기는 어려운 일이다.

2 문학을 보는 관점

비평의 관점과 방법

　문학비평은 문학작품의 의미를 해석하고, 미적인 성과를 감상하고 그 가치를 평가하는 데에 의의가 있다. 문학비평은 문학작품에 대한 이해와 통찰을 보여 주며, 작품의 가치를 판별하고, 문학의 새로운 방향을 제시한다. 문학비평에는 여러 가지 방법들이 있지만, 이 방법들 가운데 어떤 방법이 더 우수하거나 뛰어나다고는 말하기 어렵다. 문학을 보는 관점에 따라 그 평가 기준이 달라질 수 있기 때문이다.

　문학비평에서 방법론은 문학을 이해하기 위한 하나의 수단이다. 어떤 방법이든 문학작품에 대한 독자들의 이해와 감상을 드높여 주는 데에 그 목적이 있다. 그러므로 문학 연구자가 어떤 관점에서 문학을 바라보며 어떤 기준으로 문학을 평가하느냐 하는 문제가 중요하다. 그리고 문학을 바르게 이해하기 위해서는 문학에 대한 지식과 교양이 풍부해야 함은 두말할 필요조차 없다. 문학은 인간의 삶을 가장 진실하게 보여 주는 예술의 하나이므로, 문학을 바라보는 태도 또한 진실한 것이어야만 할 것이다.

　일반적으로 독자들은 어떤 문학작품을 읽고 나서 여러 가지 느낌을 서로 이야기한다. 어떤 사람은 그 내용을 가리켜서 '과연 실제 그대로구나.'라고 말하기도 하고, 어떤 사람은 '정말 재미있었어.'라고 말하기도 한다. 그리고, 어떤 사람은 작품의 내용 속에 '작가의 감정이 잘 드러나 있더군.'이라고 평하기도 하고, '작품이 잘 짜인 것 같아.'라고 서로 자신의 견해를 말하기도 한다. 이러한 견해는 대개 작품이 잘 되었다든가 못 되었다는 평으로 이어지게 된다. 이처럼 문학작품을 읽고 그 내용을 파악한 후에는 누구든지 그 문학의 좋고 그름에 대한 평가를 내리지만, 실제로는 왜 그러한 평가를 내리게 되었는지를 정확하게 말하기 어렵다. 그러나 '왜 좋으냐.'고 물었을 때, '그냥 좋으니까.'라고 대답하는 것은 무책임한 일이다. 문학을 이해하고 그 가치를 평가하기 위해서는 가치 평가 기준도 정확하게 알아 두지 않으면 안 된다.

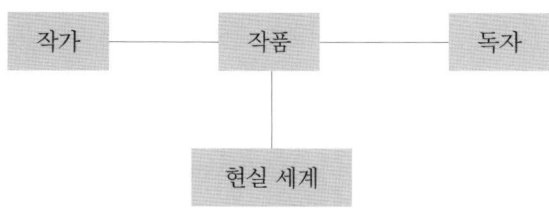

앞의 도표를 보면, 작가는 작품을 창조하고 독자는 작품을 읽는다. 그리고 모든 작품은 현실 세계를 그 대상으로 삼는다. 문학의 세계에서는 앞의 도표에 표시되어 있는 어떤 요소도 제거할 수 없다. 만일에 이들 중 어느 하나가 없다면 문학은 성립되기가 어렵다. 문학에 대한 평가는 문학을 보는 관점에 따라 달라진다. 문학작품에서 대상을 어떻게 그려 내고 있는가를 중시할 수도 있고, 작품을 통해 작가가 무엇을 표현하고 있는가를 주목해 볼 수도 있다. 그리고 작품이 독자들에게 주는 영향을 강조할 수도 있고, 작품 자체의 짜임새에서 미적인 요소를 찾아볼 수도 있다. 이러한 네 가지 관점은 문학을 이해하는 기준으로서 매우 중요한 의미를 갖는다. 문학을 보는 관점에 따라서 그 평가의 방법과 기준이 달라지기 때문이다.

**모방론적 관점과
객관론적 관점**

문학작품의 내용을 보고, '과연 실제 그대로구나.'라고 말하는 것은 작품의 내용과 작품의 대상이 되는 현실 세계와의 관계를 중시하는 관점이다. 이러한 관점에서 본다면, 문학작품이 그 대상을 어떻게 그려 내고 있느냐가 항상 문제가 된다. 그러므로 작품 속에 등장하는 인물이 실제의 인물과 흡사하다든지, 인물의 성격이 전형적이라든지 하는 지적이 나오게 된다. 작품이 실제 현실을 사실적으로 그려 냈다든지, 상징적으로 나타내고 있다든지 하는 평가도 나오기 마련이다. 문학 이론에서는 이러한 관점에서 문학을 논하는 태도를 모방론적 관점이라고 말한다.

모방이라는 말은 현대 비평의 용어는 아니다. 이 말을 문학의 본질과 관련지어 논의한 사람은 고대 그리스의 철학자 플라톤(Platon)이다. 플라톤은『이상 국가』에서 시가 허구의 산물이며 실재를 제공하는 것이 아니라 비실재적 모방을 제공한다고 주장하였다. 그의 견해를 따른다면 시는 감각적이고도 구체적인 물질세계의 모방에 불과하다. 궁극적인 진리는 절대적인 것이며 조화와 질서의 세계다. 그러므로 이 변화하는 물질세계는 궁극적 실재를 이루고 있는 고정된 원리, 형식, 관념 등의 그림자에 불과한 것이다. 궁극적인 실재와 그 진리를 지향하는 것은 시가 아니라 철학이다. 철학은 이성에 기반한 것이지만 시는 인간의 감성에 기초한다. 시인은 신의 영감에 의해 시를 쓸 뿐 자신의 말에 아무런 책임을 지지 않는다. 플라톤이 그의『이상 국가』에서 시인 추방을 주장한 것은 바로 이러한 인식론에 근거한다.

플라톤의 뒤를 이은 아리스토텔레스는 그의『시학』을 통해 플라톤이 제기한 모방으로서 시의 가치에 대한 회의에 새로운 해답을 준비하였다. 아리스토텔레스는 자연의 모방으로서의 시 또는 지식의 한 형식으로서 시의 진실성과 정당성을 새롭게 해석함으로써 시의 존재를 정당화하였다. 플라톤은 궁극적인 실재가 구체적인 물질세계와는 유리된 채 순수 관념으로 구성된다고 보았지만, 아리스토텔레스는 실재 또는 자연을 생성과 발전의 과정으로 파악하였다. 이 과정에서 구체적인 재료를 통해 형식이 실현되며 그것은 영속적인 질서와 원리에 따라 작용한다는 것이 아리스토텔레스의 관점이다. 그러므로 시는 플라톤이 말한 것처럼 감각적인 물질세계를 모방하지만 그것이 모방하는 것은 거기에 내재하는 본질적인 질서와 원리다.

플라톤에 의해 제기된 모방론은 미적인 것과는 전혀 관련이 없지만 예술에 대한 하나의 고전적 관점으로 자리하면서 오랫동안 그 전통이 이어졌다. 물론 모방의 본질에 대하여, 그리고 문학과 그 모방의 대상이 되는 외부 세계와의 관계에 대하여는 서로 다양한 견해들이 충돌하게 된다. 그런데 19세기 초부터 낭만주의 시대에 들어서서 시라는 것이 인간 정서와 상상력의 표현이라는 새로운 견해가 대두하자 모방론의 의미가 퇴색된다. 그러나 모방의 개념은 사실주의 문학에서 '재현' 또는 '반영'이라는 새로운 개념으로 변용된다. 문학의 표현 내용과 사회 현실의 관련성이 깊이 있게 탐구되면서 문학은 거울과 같이 사회를 반영 또는 재현한다는 관점이 자리 잡게 된 것이다. 그러므로 문학작품의 리얼리티를 강조하는 사실주의 문학론은 모방론의 현대적 재해석에 해당한다고 할 수 있다.

그러나 문학작품은 그것이 그려 내는 내용의 실재성에 의해서만 그 가치가 논해지는 것이 아니다. 문학작품은 그 짜임새를 통해 미적 가치를 드러낸다. '작품이 잘 짜여 있으며, 그 구성이 짜임새가 있다.'든지 '리듬의 변화와 통일성이 뛰어나다.'든지 하는 평가는 작품의 구조와 그 통일성을 기준으로 삼은 것이다. 이 경우에는 문학작품이 작품 외적인 요소라고 할 수 있는 작가나 독자와는 아무런 관계없이 독자적으로 그 존재를 드러내고 있음을 전제한다. 그리고 문학작품을 이루는 다양한 내적인 요소들의 상호 관계와 균형과 통일을 통해 그 미적 가치를 확인해 볼 수 있는 것이다.

　이러한 객관론적 관점은 문학의 순수한 예술적 가치를 강조한 '예술을 위한 예술'의 논리에 의해 그 기초가 만들어졌다. 18세기 독일의 철학자 칸트는 그의 『판단력 비판』에서 예술 그 자체가 목적이 되는 '자유로운 예술'과 다른 목적을 지녀 노동 및 수단이 되는 '임금 예술'을 구별하고, 미학적 기준은 도덕성·실용성·쾌락 등에 얽매이지 않는 자율성을 지녀야 한다고 주장한 바 있다. 이런 예술의 자율성에 대한 관심은 낭만주의 시대에 이르러 유미주의(唯美主義)라는 하나의 사조로 발전되기도 하였다. 그러나 이러한 경향에 대해서는 상당한 비판이 제기되기도 하였다. 영국의 모리스(W. Morris)와 러스킨(J. Ruskin), 러시아의 톨스토이 등은 공공연하게 예술의 공리성을 강조하였다. 특히 톨스토이는 도덕성을 떠나서는 예술의 가치를 논할 수 없다고 주장하였다. 하지만 유미주의 운동은 예술의 형식미학에 관심을 집중시키면서 프랑스 상징주의의 등장에 큰 영향을 미쳤으며 순수예술에 대한 신념을 키웠다.

　문학의 본질과 그 가치를 '문학성'에서 찾아보고자 하는 새로운 방법은 러시아혁명 직후에 등장한 형식주의 문학론에서 논리적 체계를 가지게 된다. 현대문학비평의 이론적 출발점을 제공하는 형식주의 문학론은 문학비평의 직접적인 대상을 문학작품 그 자체에 국한하고자 하였다. 문학에 대한 연구의 본령을 문학적 텍스트 그 자체를 중심으로 고정해 온 이러한 비평 방법은 지금도 여전히 설득력을 유지하고 있다. 문학비평에서 텍스트 자체에 대한 내재적인 연구는 언제나 문학의 자율성과 완결성을 전제하는 것이다. 그리고 텍스트 자체에 대한 분석적인 접근을 통해 구조적인 완결성의 미적 특성을 밝혀내는 작업을 중시하고 있다. 문학비평에서 내재적인 접근 방법은 문학 텍스트와 그 텍스트의 존재 기반이 되는 사회 역사적인 배경을 문학의 부차적인 요소 또는 문학 외적인 요소로 인정한다. 그리고 이러한 사회 역사적인 요소를 문학비평의 핵심으로부터 배척하려는 경향도 드러낸다. 문학작품에 나타나 있는 문학적 고안과 그 기능에 집중되었던 형식주의자들의 관심과 연구는 뒤에 나타난 미국의 신비평에서도 그대로 이어진다. 신비평은 문학 자체의 고유한 가치성 추구를 목표로 한다는 점에서 러시아 형식주의와 맥락을 같이한다. 신비평가들은 문학작품의 속성과 의미와 가치를 밝혀내기 위해 그 작품의 구조에 주목한다. 작품의 구조를 이루는 다양한 요소들은 복합적인 속성을 지니고 있지만, 이들 사이의 균형과 대립, 갈등과 화해 속에서 비롯되는 긴장을 통해 전체적인 통일성을 유지할 수 있다. 그러므로 신비평가들은 이 같은 다양한 복합적인 요소들에 관심을 가질 수밖에 없는 것이다. 형식주의와 마찬가지로 신비평은 문학작품과 작가의 신념을 분리시켜 놓고 있으며, 작품과 작품의 기반이 되는 역사와 사회를 분리시키고 있다. 신비평의 비개성주의 또는 반역사주의적 경향은 하나의 독립된 객체로서 문학 텍스트의 존재를 가능하게 하였으며, 문학의 독자적인 의미 또는 효과를 미적 차원에서 중시할 수 있는 가능성을 열어 놓았다.

효용론적 관점과 표현론적 관점

문학이 무엇을 할 수 있는가 하는 질문은 문학의 역사와 함께 상존해 왔다. 문학에 대한 효용론적 관점은 문학작품을 읽고 나서 '정말 많은 것을 여기서 배웠어.'라고 말하는 순간부터 성립된다. 문학작품은 그것을 읽는 독자와의 관계 속에서 그 사회적 실체를 드러낸다. 그리고 독자들에게 어떤 방식으로든지 영향을 미친다. 효용론적 관점은 작품이 독자에게 어떠한 영향을 주느냐를 판단의 기준으로 내세운다. 독자들에게 재미를 안겨 주기 위해서 작가는 작품 속에 새롭고 신기한 것을 그려 놓기도 하고, 끝을 예기치 않은 방향으로 돌리기도 한다. 그리고 인생의 의미와 가치를 깊이 있게 추구하여 커다란 감동을 주기도 한다. 작가 자신의 폭넓은 인생관과 세계관을 바탕으로 여러 가지 삶의 방식을 그려 보이면서, 삶에 새로운 의미를 부여하기도 한다. 문학이 독자에게 주는 영향을 중시하는 태도는 모두 문학을 효용론적 관점에서 보고 있는 경우에 해당된다. 이처럼 효용론적 관점에서는 문학이 독자에게 어떤 영향을 미치고 그 효과를 노린다고 생각한다. 그리고 그러한 목적을 제대로 달성하고 있는가의 여부에 따라 작품의 가치를 판단한다. 말하자면 독자에 대한 영향과 그 반응에 초점을 둔 문학적 관점이라고 할 수 있다.

문학이 독자에게 주는 영향은 크게 보아 두 가지로 나뉜다. 그 하나는 정서적 심리적 효과며, 다른 하나는 도덕적 교훈적 효과다. 로마의 시인 호라티우스(Horatius)는 이러한 구분법으로 문학의 효용을 정확하게 지적하였다. 그는 『작시법(Ars Poetica)』에서 '시인의 목적은 실용적 지식을 주든지, 즐거움을 주든지, 또는 즐거움과 유익함을 한데 아울러 하는 일'이라고 말한 바 있다. 여기서 주목되는 것은 호라티우스의 포괄적인 입장이다. 그는 시는 아름다움을 추구해야 하지만 그것만으로는 부족하다는 점을 지적하면서, 시는 독자 대중을 울고 웃겨야 한다는 점을 강조하였다.

이와 같은 관점은 서구 문학에서 오랜 기간 동안 이어져 왔다. 러시아의 소설가 톨스토이는 문학의 사회적 효용 문제를 작가의 감정 전달이라는 점에서 강조하였다. 그는 진정한 예술은 모든 대중에게 자연스럽게 전달될 수 있는 것이어야 함을 주장하면서 이른바 '감염설'이라는 독창적 견해를 내세웠다. 이러한 주장은 한국 근대문학 초창기에 이광수 같은 작가에 의해 적극 수용되어 예술의 통한 민족의 개조를 논하는 데에까지 확대된

적이 있다.

그런데 모든 문학작품은 작가의 창조적인 작업에 의해 이루어지는 것이므로, 작가가 지닌 독창적인 세계가 중시된다. 흔히 문학은 주관적인 정서의 표현이라고 하는데, 이것은 문학이 창조적인 개성에 의해 성립됨을 뜻하는 말이다. 문학작품이 작가의 정서와 사상을 표현한 것이라는 견해는 작가의 개성 표현의 중요성을 강조하는 표현론적 관점에서 나온 말이다.

문학을 작가와 시인의 몫으로 돌리는 것은 창조적 주체로서의 작가와 시인의 내면세계가 어떤 국면에서 어떤 형태로 표출되어 문학작품을 가능하게 한다는 사실을 전제한다. 표현론적 관점에서 시를 논한 예로는 워즈워스를 손꼽을 수 있다. 그는 1798년에 콜리지와 함께 낸 『서정시가집』의 서문을 통해서 시는 곧 '강렬한 감정의 자연 발생적인 흘러넘침'이라는 유명한 정의를 내세운다. 여기서 우리가 주목할 것은 워즈워스가 시의 원천으로서 시인의 존재를 먼저 주목하고 있다는 사실이다. 그는 시인의 감정이 축적되고 그것이 흘러넘쳐서 시가 된다고 말한다. 시라는 것을 저절로 흘러넘치는 감정으로 규정함으로써 자발성 개념으로 시의 정서 표현을 설명한 것이다. 워즈워스에게 있어서 감정의 침잠과 그 표현은 어떤 사상 또는 현실적 효용 가치를 떠나서 자발적으로 이루어지는 것이다. 이런 점에서 워즈워스는 이때부터 모방론적 입장을 완전히 배제한 셈이다. 이와 같은 그의 견해는 오늘날에도 시가 곧 정서의 표현이라는 가장 일반화된 정의로 널리 확대되어 있다.

3 문학비평의 방법

문학이라는 말은 창작 예술로서의 문학과 학문으로서의 문학 연구를 동시에 뜻하는 말이다. 문학을 바르게 이해하기 위해서는 앞서 설명한 바 있는 여러 가지 관점에 따라 알맞은 방법을 연구해야 한다. 문학과 관련, 여러 가지 방법에 의해 수많은 실천적인 연구가 이루어지고 있다. 그러나, 그중 어느 하나만으로는 문학의 여러 가지 양상과 특질을 이해하기는 힘들다.

문학작품은 매우 복잡하고도 미묘한 구조를 지니고 있다. 그러므로, 그 전체적인 면모를 여러 각도에서 파악하는 것이 중요하다. 더구나, 문학이란 상상의 힘을 통해 인간의 여러 체험을 통합하고 거기에 질서를 부여함으로써 새로운 세계를 창조하는 것이다. 문학 연구는 이 같은 창조의 세계를 투시할 수 있는 관점과 방법에 의해 뒷받침된다. 따라서, 문학 연구에서 어느 특정의 방법을 절대적인 원리로 내세워서는 안 된다.

문학 연구의 방법은 문학의 세계에 깊이 들어갈 수 있는 여러 가지 통로를 제공한다는 점에 그 의의가 있다. 문학 연구는 그 방법론의 확립과 그것을 기반으로 하는 실천적인 작업을 통해 학문으로서의 체계가 가능해진다. 그렇기 때문에, 문학에 대한 다양한 접근 방법과 연구 방법이 끊임없이 추구되고 있다고 할 것이다.

지금까지 논의되어 오는 중요한 문학 연구 방법 가운데에서, 문학작품의 원전을 확정하여 문학 연구의 일차적인 기반을 마련해 주는 원전 비평 방법, 문학 활동의 기본적인 요소가 되는 작품과 현실 세계의 관계를 중시하는 역사주의적 방법, 작품 자체의 본질적인 의미를 중시하는 형식주의적 방법, 작품과 작가를 중심으로 하는 심리주의적 방법 등을 간략히 소개하면 다음과 같다.

1 역사주의 비평

문학 연구의 역사주의적 방법은 문학과 역사와 현실의 관계를 중요시하는 태도에 기초한다. 그리고 한 문학작품의 출현을 역사적 사건처럼 취급하는 데서 시작된다. 문학의 기원, 특정한 문학의 갈래 발생, 문학의 시대적 변천은 역사주의 비평가의 중요한 관심사에 속한다. 역사주의적 방법에서는 문학의 사회 역사적인 의미와 가치를 추출하는 것이 중요하다.

모든 문학작품은 어떤 특정 시대에 특정한 상황 속에서 쓰였다. 이광수의 장편소설『무정』은 20세기 초반의 한국 사회를 배경으로 그 시대의 한국인들의 삶을 보여 준다. 한용운의 시집『님의 침묵』은 일제 식민지 시대의 암울한 현실 속에서 절대적인 존재로서의 시적 대상인 '님'을 노래함으로써, 일제 식민지 시대를 살고 있던 한국인들의 정서를 대변하고 있다. 이처럼 문학은 시대적인 조건과 역사적인 상황을 떠나서는 이해할 수 없다는 것이 역사주의 방법의 핵심이다.

문학 연구의 역사주의적 방법은 19세기 이후 문학 연구에서 널리 적용되어 오고 있다. 작품을 통한 작가의 추정(전기 연구), 작품 활동의 무대가 된 시대에 대한 면밀한 관찰, 될 수 있는 한 과거의 시대를 재생하려는 노력 등이 모두 역사주의적 방법에서 활용된다. 역사적 재구성을 위해 비문학적 사실들을 광범하게 수집 정리하고, 민족성이나 민족 이념 등 문학을 결정하는 요소들을 찾아보는 것은 모두 역사주의적 문학관의 중요한 관점들이다.

그러나 역사주의적 방법은 문학의 내적인 요건을 지나치게 소홀히 취급한다는 약점이 지적되고 있다. 문학작품의 구조라든지, 언어 표현이라든지 하는 것을 형식적인 문제로 취급함으로써, 문학의 미적인 가치를 중시하지 않는다는 것이다. 말하자면, 역사주의적 방법에서 볼 수 있는 비예술적인 것에 대한 관심이 문제가 된다고 할 것이다.

원전의 확정

문학 연구에서 가장 기초적인 작업은 연구의 대상이 되는 작품의 원전을 확정하는 일이다. 작품 속에 사용되는 언어의 올바른 의미를 작품 내적인 구조와 작품 외적인 역사적인 상황 속에서 밝혀내 그 확실성을 확립하는 것이 원전 비평의 핵심이다. 그러므로 이러한 작업은 문학 연구의 방법론이라기보다는 문학 연구의 출발점에 해당한다고 할 것이다.

문학 연구의 대상이 되는 작품들은 작가가 작품을 쓸 당시의 상태로 온전히 보존되어 있는 것만은 아니다. 작품을 옮길 때 인쇄의 잘못으로 엉뚱한 글자로 바뀌기도 하고 작가 자신이 판본을 바꿀 때 내용을 손질하는 경우도 생긴다. 고전 작품의 경우는 필사 과정에서 말이 바뀌거나, 원전에 쓰인 말이 오늘날 사용되지 않아서 그 뜻을 확인하기 어려운 예도 적지 않다. 이런 경우에 문학 연구자는 자신이 어떤 판본을 대상으로 연구를 진행할 것인가를 결정해야 하며, 원래 작가가 의도하였던 작품에 가깝게 원전을 확정해야 한다. 원전 비평 방법은 바로 이 같은 필요성에 의해 이루어지는 필수적인 작업이다.

한국의 고전 작품 가운데에는 작가를 제대로 알 수 없는 작품들이 많고, 그 판본의 종류가 다양하다. 예를 들면, 대표적인 고전소설인 「춘향전」의 경우, 그 이본이 무려 100여 종에 달한다. 「춘향전」을 제대로 이해하기 위해서는 이 같은 수많은 이본들을 서로 대조하여 그 관계를 확인하는 일이 필요하다. 고려 시대의 시가 가운데에는 그 뜻이 밝혀지지 않은 어휘들이 많이 있어서, 제대로 그 내용을 해독하지 못하는 경우도 있다.

  고전 작품만이 이러한 문제를 안고 있는 것이 아니다. 널리 애송되고 있는 김소월의 시에도 발표 당시의 작품 원문과 시집에 수록된 작품 사이에 차이를 드러내고 있는 것들이 있기 때문에, 시의 해석에 혼란을 야기하는 예도 있다. 이 같은 문제들은 모두 원전을 확정하는 작업을 거쳐야만 해결될 수 있다. 그러므로 문학 연구에서 원전 비평 방법은 작품을 정확하게 파악하고 보다 심도 있게 이해하는 데에 커다란 도움을 주는 것임을 알 수 있다.

작가 연구

  문학 연구에서 가장 주요한 관심 영역의 하나가 작품 창조의 주체인 작가의 존재다. 작가는 자신의 경험과 상상을 결합하여 작품을 만들어 낸다. 그러므로 모든 작품은 그 창작의 주체인 작가로부터 비롯된다. 작품의 내용과 그 경향은 모두 작가의 정서라든지 사상과 밀접한 관계를 가진다. 작가의 개성이라든지 사고방식이 작품의 내용에 일정하게 영향을 미치는 것은 당연한 일이다.

  문학비평에서 작가에 대한 관심은 그가 만들어 낸 작품을 이해하는 데에 도움을 주기 위해 필요한 일이다. 작가 연구는 작품에 대한 해명에 어떤 방향을 제시할 수 있는 것일 때에만 그 가치가 인정된다. 단순한 인간적 호기심에 의해 작가의 취향이나 사생활을 뒤적인다면 그것은 문학비평의 범위를 벗어나는 일이다.

  작가 연구는 작품과 관련된 작가 개인의 모든 요소들을 대상으로 이루어진다. 작가의 출생 배경과 가족 관계, 교육 과정과 친교 활동, 직업과 사회 활동 등을 사실적 자료에 근거하여 밝힌다. 이러한 요소를 통해 작가의 문학 활동의 전개 양상이나 문학적 변화를 추적해 볼 수 있다.

2 형식주의 비평

문학 연구에서 형식주의적 방법은 문학을 예술이라는 범주에 넣어 다루고자 하는 점에 그 특징이 있다. 문학작품은 그것이 하나의 작품으로 완성되는 순간부터 외부 세계와는 관계없이 독자적인 존재 의미를 지닌다. 이 경우에 문학작품의 역사적인 배경이나 사회적인 기반은 그리 중요한 의의를 인정받지 못한다. 작품의 창조적 주체인 작가의 존재마저도 작품의 독자적인 의미와는 별로 상관없는 것으로 간주된다. 형식주의적 방법에 의하면, 하나의 작품은 그 자체로서 그것의 존재 의미와 가치를 밝혀 주는 데 필요한 모든 요소를 다 구비하고 있다고 할 것이다.

형식주의의 관점과 방법에서 본다면, 문학은 현실을 재현하는 것이 아니다. 문학은 현실의 체험을 바탕으로 그것을 새롭게 형상화하는 것이다. 그렇기 때문에, 문학작품의 의미를 그 작품이 산출된 시대적 배경과 연관하여 설명하는 것은 본질적인 문학 연구에서 벗어나는 것으로 인정한다. 작품의 내용을 작가의 전기적인 사실이나 창작 심리를 들어 설명하는 것도 마찬가지다. 예를 들면, 현진건의 단편소설 「운수 좋은 날」이 일제 식민지 시대 궁핍한 하층민들의 삶을 사실적으로 그려 냈다는 식의 해명은 형식주의적인 방법에서는 별로 의의를 인정받기 어렵다. 오히려 이 작품이 인간의 삶에 내재한 운명의 양상을 아이러니의 언어로 형상화하였다는 설명이 더 적절할 것이다. 이광수의 소설 『무정』에 등장하는 주인공이 작가의 경험적 자아와 밀접하게 연관되어 있다는 설명도 비슷한 관점에서 형식주의적 방법과는 거리가 먼 것이라고 할 것이다.

 형식주의적 방법을 통한 문학 연구에서는 작품 전체를 구성하는 부분들을 세밀히 알고자 하며, 부분과 전체의 관계를 통해서 작품의 미적인 구조와 언어적 특성을 밝히고자 한다. 형식주의적인 방법이 분석적인 경향을 나타내는 이유가 여기에 있다. 게다가, 작품이라는 전체가 대단히 복잡한 조직체임을 믿는 까닭에 분석은 매우 치밀하게 이뤄진다. 작품의 언어적 조직, 의미의 조직, 이야기의 구조의 복합성과 통일성 등을 모두 분석의 대상으로 삼는다. 작품의 내적인 질서를 분석해 냄으로써 그 미적인 특징을 밝히고자 하는 것이다. 그러나, 형식주의적 방법은 문학작품을 역사와 현실로부터 동떨어진 진공 지대에 위치시켜 놓음으로써, 작품을 사회 문화적인 산물로 인정하지 않는다는 비판을 받고 있다.

러시아 형식주의

 러시아 형식주의 비평은 1920년대에 러시아에서 형성된 독자적인 문학 연구자들의 활동에서 비롯되었다. 형식주의자들은 자신들이 확립하고자 하였던 비평의 과학화를 문학 연구의 형식적 방법이라고 불렀다. 당시 이들의 활동이 유별나게 돋보인 것은 문학비평과 연구가 전통적으로 역사학, 사회학, 심리학 등의 이론을 동원하여 문학을 해석하고자 하였던 방법론의 한계에서 벗어나 문학 연구의 독자성을 회복하고 그 방법의 과학화를 확립하고자 하였기 때문이다. 이들은 문학이라는 것 자체가 철학과 역사와 과학 등의 다른 영역과 구별되는 독자성과 자립성을 지니고 있다고 하였으며, 문학을 다른 분야와 구별할 수 있는 본질적인 특징으로서 이른바 문학성(literariness)이라는 것이 어떻게 성립되는지에 대해 관심을 기울였다. 이 문학성의 특질을 밝혀내기 위해 이들이 발견한 것이 바로 문학에서 사용되는 언어의 독특한 용법이다.

형식주의 비평가들은 사물에 대한 관습적 반응과 새로운 지각, 사물에 대한 기계적 인식과 새로운 발견 사이의 대립에 기초한 이른바 '이채롭게 하기(defamiliarization)'의 이론적 개념을 처음으로 제시하였다. 이 새로운 개념은 흔히 '낯설게 하기'라고 번역되고 있다. 이 용어는 예술이 삶과 경험에 대한 인간의 감각을 새롭게 한다는 점으로부터 출발한다. 일상생활 속에서 습관적인 것에 길들여진 인간은 그 감각이 습관화되어 사물을 제대로 알아보지 못하며 그 맥락도 제대로 알지 못하게 된다고 지적한다. 말하자면, 그 사물에 자동적으로 반응하게 된다는 것이다. 여기서 제안된 '이채롭게 하기'라는 개념은 습관적인 것에 대립하는 것으로 정의됨으로써 설득력을 얻는다. 예술이란 이 같은 사물에 대한 자동적이고도 관습적인 인지 방식을 교란시키면서, 전혀 새롭게 감지되는 사물에 대한 이채로운 감각을 제공하는 것이다.

형식주의 비평가들은 문학의 외적인 조건보다 작품 자체의 내적인 유기적 조직에 관심을 기울였으며, 전통적으로 논의되어 온 문학의 내용과 형식이라는 이분법을 부정하였다. 그들은 하나의 문학작품에서 이분법적으로 나눌 수 있는 두 개 영역의 존재를 구분하는 것은 잘못이라는 점을 분명히 하였다. 상상력의 소산인 문학에서는 내용이 형식이라는 하나의 매개를 통해 드러나는데, 그러한 예술적인 형상화(artistic embodiment) 과정에서 내용과 형식을 분리할 수는 없다는 것이 그들의 주장이다. 그렇기 때문에 형식주의 비평가들은 '내용'과 '형식'이라는 용어 대신에 '질료'와 '의장'이라는 두 개의 개념을 사용하고자 하였다. 여기서 질료라는 것은 작가가 그의 작품을 만들기 위해 사용하는 문학의 여러 재료를 의미한다. 말하자면 일상생활로부터 얻어 내는 어떤 사건이라든지, 사회적인 제도나 사상이나 관념 등이 모두 질료가 될 수 있다. 반대로 의장이란 그러한 물질적인 질료를 예술 작품으로 변형시키는 미적인 원리라고 할 수 있다. 이것은 하나의 질료에 어떤 형태를 부여해 줌으로써 그것을 하나의 예술 작품으로 만들 수 있게 하는 것이다. 그러므로 문학비평이 이러한 문학적 의장에 관심을 기울이게 되는 것은 당연한 일이다.

신비평

'신비평(New Criticism)'은 20세기 초기부터 중반까지 영국과 미국에서 널리 유행한 분석주의적 비평 방법의 하나다. 신비평은 문학작품의 의미에 대한 정확한 해석을 위해서 작품 자체에 객관적으로 접근하는 다양한 방식을 창안하였다. 신비평의 방법에서 볼 수 있는 용어라든지 방법은 오늘날에는 별로 인기가 없지만, 문학비평에 있어서 그 위치는 매우 중요하다. 특히 텍스트에 대한 정밀한 해독법은 어떤 경우에든 유효한 기본적 전제가 되고 있다.

신비평가들은 시를 평가함에 있어서 객관적 실체로서의 시에 대한 평가를 중시하였다. 그들은 작가나 독자의 감정, 가치, 태도, 신념과 같은 것은 작품 평가에서 이차적인 것으로 치부하였다. 그들은 작품 그 자체를 중시하고 그 역사적 전기적 요소를 모두 배제함으로써 형식주의(formalism)라고 불리기도 하였다. 그들은 오직 텍스트 그 자체의 중요성에만 매달렸다. 신비평가들의 텍스트 중심적인 비평적 태도는 자연스럽게 문학을 구성하는 여러 가지 요소들에 대한 다양한 접근 방법을 이끌어 냈다. 그렇기 때문에 이러한 형식주의적 비평을 실천하는 과정에서 서로 상반되는 견해를 드러내기도 하고 서로 다른 방식을 취하기도 하였다.

신비평은 다른 문학 이론의 경우와 마찬가지로 그 대상이 되는——여기서는 주로 시를 말하지만——시에 대한 규정에서부터 시작된다. 신비평에서는 한 편의 시가 하나의 존재론적 실체라고 주장한다. 시는 다른 사물과 마찬가지로 그 자체의 존재로서 의미가 있다. 실제로 시는 그 자체의 구조를 지니면서 하나의 객관적인 대상으로서 자율적인 존재가 된다. 신비평에서는 시를 하나의 객관적 실체로 규정하면서 예술에 대한 객관론적 접근 방법을 발전시켰다. 시의 의미는 시인의 감정이나 상태와 일치하는 것이 아니며 시인의 숨겨진 의도와 동일시될 수도 없는 일이다. 시의 의미가 시인의 사적인 체험이나 개인적 의도의 표현에 불과하다고 한다면, 그것은 시의 해석에서 커다란 오류를 범할 수밖에 없다. 신비평에서는 이런 접근 방식의 오류를 '의도의 오류(intentional fallacy)'라고 불렀다. 시는 하나의 객관적 대상이기 때문에, 공공적인 담론의 범위에서 그것이 논의되어야지 사적인 관심과 경험들에 의해 해석될 수 없다는 것이 신비평의 관점이다.

신비평에서는 시의 의미를 이해하기 위해 시의 사회 역사적인 배경이라든지 시의 제작자인 시인 자신의 전기적 사실을 이해한다든지 하는 일을 별로 중시하지 않는다. 뿐만 아니라 그 텍스트에 대한 독자들의 반응도 마찬가지로 주목하지 않는다. 신비평에서는 시의 의미가 시인에게 있는 것이 아니며, 역사 사회적인 배경에 속하는 것도 아니다. 그리고 독자들과도 상관이 없다. 시는 그 자체로서 구조에서 비롯되는 것이다. 다른 사물의 경우와 마찬가지로 시는 그 구조를 과학적으로 분석할 수 있다. 정밀하게 조사를 해 보면 시의 구조가 복합적인 원리에 의해 작동하는 것임을 밝혀낼 수 있다. 시의 구조를 분석함으로써, 시의 정확한 의미를 밝혀내는 데에 적용할 수 있는 어떤 방법을 고안하게 되었다고 믿는다. 시의 구조를 밝혀내고 그것이 어떻게 하나의 통일체로서의 시를 구성하며 시 자체에서 어떻게 의미가 만들어지는지를 밝혀내는 일이야말로 비평의 임무라고 말한다.

시의 중요한 특징은 유기적인 통합체로서의 단일성이라고 강조하기 때문에, 신비평에서는 시의 형식과 내용이 불가분의 관계에 놓여 있다고 주장한다. 신비평에 있어서 형식이라는 것은 시의 외적 구조 이상의 의미를 지닌다. 시적 형식이라는 말은 시적 구조라는 말을 그대로 포괄한다. 형식이란 시가 창조해 내는 전체적인 효과다. 시에서는 각각의 다양한 요소들이 결합하여 하나의 시적 효과를 만들어 내기 때문에, 모든 시들은 각각 그 형식이 특이하다. 시의 모든 요소들이 시의 형식이라는 하나의 통합된 효과를 만들어 낼 때 비로소 시인은 유기적 통합체로서의 시를 성공적으로 만들어 내게 된다.

신비평의 관점에서 시의 형식을 분석하고 이를 이해하는 과정은, 우선 시를 정밀하게 읽고, 시의 요소들의 전체적인 짜임새라든지 상관관계를 파악해야 한다. 그러면서 다음과 같은 사항을 단계적으로 고찰하게 된다.

① 시적 텍스트의 언어에 대한 고찰. 시에 사용된 모든 언어들의 지시와 함축을 이해하고 그 어원까지도 살펴본다.
② 텍스트 안에서 발견되는 암시적 표현을 조사한다.
③ 이미지, 상징, 비유적 표현 등을 분석하고 그 상호관계와 연관성을 따진다.
④ 텍스트에 나타난 구조적 패턴을 분석한다. 시적 리듬의 조성이라든지 통사 구조의 특징을 살핀다. 그리고 그러한 원격적 요소의 통사 구조가 어떻게 연결되는지 살핀다.

⑤ 시의 어조, 관점, 상황 등을 살핀다.

⑥ 모든 요소들의 내적 상관관계를 확인하고, 어디서 시적 긴장 관계, 엠비규어티(ambiguity), 패러독스(paradox) 등이 야기되는지 살핀다.

⑦ 이런 모든 요소에 대한 점검이 끝나면, 시인이 어떻게 모든 긴장을 해소해 나가면서 주된 시적 효과를 성취하고 있는지 설명한다.

신비평은 이처럼 시적 텍스트에 대한 정밀한 분석을 통하여 그 목표에 도달한다. 신비평에서는 시의 요소들이 어떻게 긴장과 거리 속에서 하나의 통합체로서 시를 만들어 내는지 그 구조를 분석해 낼 수 있는 비평가를 훌륭한 비평가라고 말한다. 신비평은 시라는 것이 하나의 존재론적 실체임을 밝혀냄으로써 그 텍스트의 이해 방법도 유일한 올바른 해석 방법이 있을 수밖에 없음을 강조한다. 그것이 바로 정밀한 독법에 의한 분석이다.

3 심리주의 비평

문학 연구에서 작가의 창작 동기를 심리학적으로 분석해 본다든지, 작품의 내용을 인간 심성의 면에서 고찰하는 일은 빼놓을 수 없는 중요한 과제다. 문학작품 속에 반영되어 있는 작가의 심리라든지, 무의식의 흐름을 심리학적으로 추정하는 것이 심리주의적 방법의 특징이다.

문학은 작가의 개성의 표현이라고 한다. 작가의 개성과 창작의 동기, 그를 둘러싸고 있는 심리적인 정황은 작품의 내용을 이해하는 데에 도움을 준다. 정신분석 방법이 문학 연구에 널리 원용되기 시작한 것은 작가의 본능적인 욕구와 충동이 작품 속에 어떻게 드러나고 있는지에 대해 관심을 갖게 되면서부터다. 그리고 그 방법은 작가에 대한 연구에서 많이 이용되고 있다. 특히 문학작품을 작가의 전기를 구성하는 가장 중요한 요소로 취급하는 경우도 있다. 창작의 심리, 작품의 심리적 분석, 독자에 대한 심리적 영향 등에 대한 연구는 심리주의적 방법의 가장 중요한 영역이다.

그런데, 문학작품의 창작상의 비밀을 해명하고 그 내면의 의미를 이해하는 데에 있어서 심리학의 도움을 얻을 수 있지만, 창작의 동기나 인간 심리의 배경을 이해하는 것으로 문학작품 전체를 파악할 수 있는 것은 아니다. 문학은 그 미적인 요소에 대한 해석과 평가를 통해 전체적인 이해가 가능한 것이다.

프로이트와 정신분석

프로이트는 인간을 심리적으로 해명하기 위해 정신분석 방법을 확립하였다. 그는 인간의 정신에 있어서 무의식의 양상을 강조하였고, 인간이 하는 대부분의 행동이 이 무의식의 힘에서부터 나온다는 것을 여러 사례를 통해 밝혀 놓았다. 그리고 인간의 성격 형성에 있어서도 이 무의식의 충동이 매우 중요한 의미를 갖는다고 하였다. 그러므로 정신분석 방법을 통해 얻을 수 있는 인간 경험에 대한 몇 가지 핵심 개념들을 충분히 이해할 수만 있다면, 피상적으로서가 아니라 보다 심오하게 이러한 개념들이 인간의 삶 속에서 어떻게 작용하고 있는지를 조금씩 알아낼 수 있게 될 것이다.

프로이트의 초기 저작 가운데에서 가장 핵심을 이루는 것은 인간의 정신이 '의식(the conscious)'이라고 칭하는 이성적 영역과 '무의식(the unconscious)'이라고 칭하는 비이성적 영역이라는 두 가지 영역으로 구성되었다고 하는 가설이다. 프로이트는 의식이라는 것을 외부 세계의 실재를 인지하고 기록하는 정신의 이성적 영역이라고 규정하였다. 무의식이라는 것이 존재한다는 사실을 알지 못하기 때문에 인간의 사고와 분석적인 기술이 모두 인간 행동에 전적으로 영향을 미치는 것이라고 생각한 것이다. 그러나 프로이트는 인간 행동의 대부분을 지배하는 것은 의식이 아니라 오히려 무의식의 세계라고 주장하였다. 인간 심리의 비이성적 영역에 속하는 무의식은 인간의 숨겨진 욕망, 포부, 공포, 정서, 비이성적 사고 등을 모두 받아들이고 그것을 가두어 둔다. 프로이트와 달리 당시 대부분의 심리학자들은 무의식이라는 것은 인간의 기억을 보관하고 수집해 두는 하나의 정태적인 체계라고 이해하였다. 프로이트는 이러한 관점을 벗어나서 무의식이라는 것을 새롭게 규정하였다. 그는 무의식이라는 것이 성장 과정의 모든 기억을 보관할 뿐만 아니라 억압되고 미해결된 갈등을 모두 가두어 둔 일종의 역동적 체계라고 이해하였다. 프로이트에게 있어서 무의식은 의식의 내면에서 의식을 통해 표출되기를 요구하는 숨겨진 진실과 욕망의 창고라고 할 수 있다.

프로이트가 내세운 인간 심리에 대한 두 번째 모델은 의식, 무의식의 역동적 모델을 부연하고 그것을 유지 발전시킨 것이다. 인간의 의식과 무의식은 인간 행동을 조절하기 위해 서로 경쟁한다. 그리고 개인의 무의식적 욕망은 언제나 의식의 상태로 나아가기 위한 충동을 보이게 된다. 그런데 프로이트는 이러한 개념을 바탕으로 인간 심리를 기술할 수 있는 두 가지 새로운 개념을 제시한다. 그것이 바로 '쾌락의 원리(the pleasure principle)'와 '실재의 원리(the reality principle)'라는 것이다. 프로이트에 의하면 쾌락의 원리는 오로지 쾌락만을 욕망한다. 그래서 사회에 의해 확립된 도덕적 규범이나 성적인 경계를 모두 무시하고 본능적인 욕망에 대한 순간적인 충족을 추구한다. 모든 고통이나 억압으로부터 즉각적으로 해방되는 것이 바로 쾌락의 원리의 목표다. 그렇지만 쾌락의 원리는 실재의 원리에 의해 억제되고 조정된다. 실재의 원리는 쾌락에 대한 사회적 규범이나 규제의 필요성을 인지하는 정신의 한 부분이다. 프로이트는 이 두 가지 원리가 인간 심리의 내면에서 서로 작용한다고 믿었다.

　프로이트에 의하면 인간 정신은 '이드(the id)', '자아(the ego)', '초자아(the superego)'로 구분된다. 프로이트는 비이성적이며 본능적이고 알 수 없는 무의식의 영역을 '이드'라고 명명하였다. 이드는 인간의 내밀한 욕망과 어두운 욕구와 격렬한 공포를 모두 포함하며 쾌락의 원리의 요구를 수행한다. 여기에는 인간의 정신적인 에너지 또는 성적 욕망의 원천이 되는 '리비도(libido)'가 가득 차 있다. 이드는 어떤 조절 의지에도 따르지 않으며, 본능적인 욕망에 대한 일시적인 만족을 요구하면서 충동적으로 작용한다. '자아'라는 것은 이성적이며 논리적이고 깨어 있는 인간 정신의 일부다. 그러나 그 대부분은 무의식 속에 잠겨 있다. 이드가 쾌락의 원리에 의해 작용하는 반면에 자아는 실재의 원리와 균형 조화를 추구한다. 이드의 본능적 욕구를 조절하면서 이 욕망이 파괴적인 방향으로 흐르지 않고 해소될 수 있도록 조절하는 것이 자아의 역할이다. 인간 정신의 세 번째 영역은 '초자아(superego)'다. 이것은 마치 내부의 센서처럼 작용한다. 사회적인 규범과 도덕들에 따르도록 조절한다. 이드와는 반대로 초자아는 도덕률에 따라 작용하며, 이드의 본능적인 충동을 막아 준다. 초자아는 사회로부터 금지된 본능적 욕망을 억제하며 다시 이를 무의식의 세계로 돌려보낸다. 초자아는 죄와 공포에 대한 무의식적인 감각을 만들어 낸다. 자아는 이드의 본능적 성적 욕망과 초자아의 사회적 규제의 요구를 중재하도록 자리하고 있다.

오이디푸스 콤플렉스에 대한 가설은 프로이트가 이루어 낸 업적 가운데에서 정신분석 비평만이 아니라 모든 일반적인 문학비평에 있어서도 가장 크게 공헌한 것이라고 할 수 있다. 프로이트는 오이디푸스 콤플렉스라는 말을 그리스의 극작가 소포클레스(Sophocles)의 비극 「오이디푸스 왕」에서 빌려 왔다. 이 비극에서 주인공 오이디푸스는 아버지를 살해하고 어머니와 결혼하게 될 것이라고 예언된다. 그러나 그 예언이 들어맞지 않도록 하기 위한 시도에도 불구하고 예언은 그래도 실현된다. 프로이트에 의하면 오이디푸스 이야기의 핵심은 보편적인 인간 체험이다.

프로이트는 오이디푸스 콤플렉스라는 것의 근간으로서 소포클레스의 플롯을 사용하면서, 모든 유년기의 남자아이들은 대개 3~6세 사이에 어머니에 대한 성적인 애착을 갖는다고 말한다. 무의식적으로 유년기의 아이들은 어머니와 성적인 결합을 갈망한다. 그러나 어머니에 대한 애정의 상대역으로서 아버지라는 라이벌이 존재한다는 것을 알게 된다. 이미 성기기의 단계를 거치면서 자신의 성기에 대한 성적인 인식을 갖게 된 사내아이는 어머니에 대한 아버지의 관심이 성적인 것임을 알아차린다. 만일 이 사내애의 성적인 발전이 정상적으로 이루어진다면 사내애들은 거세 콤플렉스(castration complex)를 통과해야 한다. 사내애들은 자신을 어머니나 누이와 비교해 보면서, 어머니나 누이에게 없는 아버지와 같은 페니스를 지니고 있음을 알아차린다. 어머니에 대한 성적인 집착을 벗어날 수 있게 만드는 것은 아버지에 의한 거세의 공포다. 아버지가 자신의 페니스를 거세할지도 모른다는 공포 때문에 사내애는 자신의 성적 욕망을 억제하고 그의 아버지와 자신을 동일시하며, 언젠가는 아버지가 어머니를 만나 살고 있는 것처럼 자신도 한 여성을 소유할 수 있을 것이라고 희망한다. 무의식적으로 이 사내애는 성인으로의 전이를 성공적으로 마친 것이다.

사내애들이 정상적인 어른이 되기 위해 오이디푸스 콤플렉스에서 성공적으로 벗어나야 하는 것과는 반대로, 계집애들은 엘렉트라 콤플렉스(electra complex)를 벗어나야만 정상적인 성인으로 성장하게 된다. 여자애들도 사내애들과 마찬가지로 어머니에 대해 성적인 매력을 느낀다. 그리고 어머니의 관심을 끄는 과정에서 아버지라는 상대가 있음을 알게 된다. 하지만 여자애들은 무의식적으로 어머니처럼 자신이 거세당하였음을 알게 된다. 아버지는 그녀에게 없는 페니스를 가지고 있다는 것을 알게 되면서 여자애들은 어머니로부터 떠나서 아버지에게로 그 욕망을 돌린다. 그러나 아버지에 대한 유혹이 실패하면 여자애는 다시 어머니에게 관심을 돌려서 어머니와 자신을 동일시한다. 성인 여성으로의 전이가 잘 이루어지면 그 여자애는 언젠가 어머니처럼 한 남성을 소유할 수 있으리라는 것을 알게 된다. 그리고 남성과의 관계를 통해서 그녀의 페니스에 대한 욕망은 누그러지고, 결핍에 대한 감각도 진정된다. 남성으로서 여성으로서 자기 정체성을 확립해 가는 과정은 길고 험난하지만 필수적이다. 이 과정 속에서 소년은 쾌락의 원리로부터 실재의 원리로 옮아간다. 이 과정이 도덕적 감성이 나타나는 시기에 해당한다고 프로이트는 해석하였다.

라캉의 인간 심리 모델

프로이트의 정신분석적 비평에 새로운 활력을 불어넣은 사람은 프랑스의 정신분석학자인 라캉(J. Lacan)이다. 프로이트와 마찬가지로 라캉은 무의식의 세계가 인간의 의식 행동에 막대한 영향을 미친다는 점을 믿었다. 그러나 프로이트가 무의식이라는 것은 대혼동의 비구조적인 세계로서 어둠 속에 정서적 충동을 담아 두고 있다든지 숨겨진 욕망과 억압된 욕구의 덩어리라고 생각하였던 것과는 달리, 라캉은 무의식의 세계가 마치 언어의 구조와 마찬가지로 구조화되어 있다고 주장하였다. 그리고 더 나아가 언어와 마찬가지로 무의식의 세계라는 것도 고도로 구조화되어 있기 때문에 체계적 분석이 가능하다고 주장하였다. 라캉의 주장을 따른다면 모든 개인들은 미완성의 조각이다. 그는 전체적으로 통일되고 심리적으로 완결된 개인에 대한 이상적인 개념이란 결코 실현하기 어려운 하나의 추상에 불과하다고 말한다.

라캉은 인간의 심리를 세 부분으로 나누어 설명하였다. 프로이트의 경우에는 '이드'와 '자아', 그리고 '초자아' 사이의 상호작용이 인간 행동을 전적으로 규정한다고 하였지만, 라캉의 주장을 보면 언어라는 것이 전적으로 인간의 의식 세계와 무의식 세계를 형성하며 인간의 정체성을 형성한다는 기본적인 전제가 깔려 있다. 라캉의 경우 인간의 심리는 세 가지 영역으로 구성되어 있는데, '상상계(the imaginary)', '상징계(the symbolic)', 그리고 '실재계(the real)'의 순서로 배열된다. 프로이트의 세 가지 모델에서처럼 이 세 가지 영역도 서로 상호작용을 한다.

'상상계'는 인간의 출생에서 생후 6개월 정도에 이르는 시기에 이루어지는 인간 심리의 영역이다. 이 시기에 인간은 바로 '상상계'의 질서에 따라 기능한다. 상상계는 인간의 욕망과 환상과, 그리고 가장 중요한 이미지를 포함한다. 인간 심리의 발달 과정에서 이 상상계의 단계에서는 누구나 어머니와 일치되어 있다. 어머니로부터 음식을 먹고 도움을 받고 안락을 구한다. 이 단계는 전언어적(preverbal) 단계이기 때문에 외부 세계에 대한 인식과 해석의 수단으로서 이미지들에 전적으로 의존한다. 인간 자체의 이미지는 유동적인 상태에 놓여 있다. 하나의 이미지가 정지되고 다시 새로운 이미지가 시작되는 것을 구별하기 어렵기 때문에 모든 이미지들이 지속적으로 어떤 흐름을 유지하는 것이다.

그런데, 6개월에서 18개월 정도에 이르기까지 인간은 라캉이 명명한 바 있는 '거울'의 단계에 접어든다. 이 단계에는 어머니의 이미지 속에서 자신의 모습을 발견하였던 것과는 달리 거울 속에 있는 자신의 모습을 알아차린다. 이 거울의 단계에 인간은 어느 정도 구별되는 경계를 드러내는 이미지들을 인지하게 된다. 그리고 점차 어머니로부터 격리된 독립된 존재로서의 자신에 대한 인식을 가지게 되는 것이다. 물론 자기 자신에 대한 거울 이미지는 완전한 하나의 존재를 보여 주긴 하지만 어디까지나 하나의 이상이며 허상에 불과하다. 그러므로 자신을 완전히 조절할 능력은 없다. 예컨대 원하는 대로 움직이거나 욕망대로 먹을 수는 없는 것이다. 거울의 단계에서 인간은 자기 자신으로부터 분리된 이미지들인 어떤 대상에 대한 인식을 조금씩 가지게 된다. 라캉은 이것을 '오브제 프티 아(objet petit a)'라고 명명하였다. 이것은 몸에서 배설하는 일, 엄마의 숨결과 가슴, 자신의 음성들을 모두 포함한다. 이러한 대상과 소리가 이 시기에 제대로 드러나지 못하면, 인간은 그런 것들을 동경하게 된다. 라캉은 이런 것들이 결핍의 상징이 되고, 결핍의 정서가 인간의 삶에서 하나의 장애를 초래한다고 말하였다. 그런데 이러한 상상계를 거치는 동안 하나의 거대한 소멸의 감정이 인상을 지배한다. 그것은 바로 어머니에 대한 욕망이다. 어머니는 인간의 모든 욕구를 충족시켜 준다. 그러나 인간은 결코 어머니와 통합될 수 없는 분리된 존재라는 것을 배워야만 한다. 라캉은 이 시기의 이 같은 전체성과 통합성은 모두가 하나의 허상이라고 말하였다.

인간이 일단 어머니와 분리된 개별적 존재라는 사실을 알아차리게 되면, 라캉이 명명한 두 번째 발달 과정인 '상징계'로 들어설 준비가 끝난 셈이다. 모성이 상상계를 지배하였던 것과는 달리, 상징계는 부성(the father)이 지배한다. 이 단계에서 인간은 언어를 배운다. 하지만 라캉은 언어가 인간을 단련시키는 것이라고 주장한다. 분리된 존재로서 인간의 정체성을 형성하게 하고, 인간 심리를 형성하게 만드는 것이 바로 언어다. 소쉬르가 창안해 낸 언어 원리를 사용함으로써 라캉은 인간이 개별적인 소리와 말을 듣고 그 차이를 인식하면서 사물에 대한 구별이 가능해진다고 말하였다. 우리가 '밤'이라는 말과 '밥'이라는 말을 구별할 줄 알게 되는 것처럼 말이다. 차이에 대한 인식을 가짐으로써 인간은 상징계에 성공적으로 들어서게 되고, 그리고 이를 통과하게 된다.

그런데 라캉은 바로 이 상징계의 단계에서 인간이 남성과 여성의 차이를 식별하게 된다고 말하였다. 성적 정체성(gender identity)을 익히는 과정은 모두 차이(difference)와 상실(loss)에 기초한다. 상상계의 단계에서 인간이 어머니의 존재에 만족하였던 것과는 달리, 상징계의 단계에서는 아버지가 문화적 규범과 관습을 표상하는 존재로 등장한다. 아버지는 자아와 어머니의 중간에 자리하여, 만일 복종하지 않으면 거세한다는 위협으로써 문화적 규범을 강조한다. 거세 콤플렉스는 소년과 소녀에게 각각 서로 다르게 작용하는 것이므로, 상징계의 단계를 성공적으로 수행하느냐 하는 결과는 남녀에게 각각 다르게 적용된다고 할 수 있다. 라캉은 성이라는 것이 유전적으로 결정되지만, 젠더(gender) 또는 섹슈얼리티(sexuality)로서의 성이란 문화적으로 형성된다고 말한다. 예컨대 사내애들이 장난감 자동차를 들고 놀고 여자애들이 인형 놀이를 즐기는 것은 사회가 그렇게 만든 결과라는 것이다. 아버지는 권위의 상징으로서 이러한 문화적 규범을 강요하고 그것을 따르도록 억제하기도 한다. 그렇기 때문에 사내애들과 계집애들은 무엇을 하고 무엇을 하지 말아야 하는지를 구별하게 됨으로써 자신의 성에 대한 정체성을 확립하게 된다. 그리고 이 단계에서는 상상계에서 누렸던 어머니와의 화해로운 만남과 그 전체성에의 체험을, 결코 다시는 누릴 수 없는 분리된 존재로서의 자신을 알아차려야 한다.

라캉의 이론과 인간 심리에 대한 이해의 핵심은 결핍과 분리의 개념이다. 육체적 쾌락을 위해 인간은 누구나 사랑을 갈망한다. 그러나 어머니와 함께하였던 상상계로 돌아가고자 하는 욕망은 결코 채울 수 없다. 라캉은 문학적 텍스트를 분석하면서 바로 이 분리된 자아를 중시한다. 라캉에게 있어서 문학 텍스트는 적어도 어느 순간에는 상상계로 회귀하고자 하는 욕망과 바로 모성과 함께하면서 느꼈던 전체성의 쾌락의 감각을 다시 획득할 수 있는 어떤 가능성을 가진 것이라고 간주된다.

라캉은 텍스트를 분석하면서, 인간 심리의 가장 심원하고도 도달하기 어려운 세 번째의 국면인 '실재계'를 찾는다. 실재계는 물리적인 현실 세계로 구성되어 있으며 모든 물질적인 것들로 채워 있다. 그리고 개인으로서는 결코 되기 어려운 전체를 상징한다. 실재계는 인간에게 근본적인 결핍의 상징으로 작용하는 이른바 '오브제 프티 아'로 구성된다. 이 대상들은 전적으로 물리적인 세계며, 결코 인간 자신의 일부가 될 수 없으며 언어 없이는 도저히 접근할 수도 이해할 수도 없는 세계다. 라캉은 문학이라는 것이 무의식의 심연으로부터 일어나는 어떤 쾌락과 공포와 욕망을 갈취할 수 있는 어떤 가능성을 지닌 것으로 간주한다. 그리고 실재계에서는 상상하기 어려운 완결된 전체성의 순간을 포착할 수 있는 가능성을 지닌 것으로 보았다. 대체로 이 같은 경험은 성적인 것이지만, 탄생이나 죽음과 같은 이미지와 경험도 비슷한 기능을 한다. 라캉은 포(E. A. Poe)의 시, 셰익스피어나 조이스의 작품 속에서 자주 이를 발견한다.

4 사회 윤리주의적 비평

문학이 작가의 상상력에 근거하여 생성된다는 것은 누구도 부정하지 못한다. 문학이 사회 현실을 표현하며 그것을 반영한다는 점 또한 분명한 일이다. 문학을 생산해 내는 작가 역시 사회적 존재며 그것을 수용하는 독자 또한 사회적 존재임에 틀림없다. 이들의 관계 속에서 작품의 존재는 더욱 구체화된다. 문학작품에 등장하는 인간의 삶은 사회 현실을 소재로 한다. 그러므로 문학은 사회 역사적 배경을 떠나서는 제대로 이해하기 어렵다.

문학비평의 방법으로서 사회 윤리주의적 비평은 문학을 사회적 산물로 이해하고자 한다. 문학을 사회 역사적 맥락 속에서 보아야 한다는 점에서 역사주의 비평과 사회 윤리주의 비평은 서로 유사한 부분이 있다. 그러나 사회 윤리적 비평은 작가의 생애라든지 작품의 발표 연대라든지 문학 텍스트의 시대적 변화라든지 하는 것에는 관심이 많지 않다. 오히려 문학의 사회적 기능이라든지 문학과 사회 현실의 관계 등을 중시한다. 사회 윤리주의 비평은 문학작품을 인간 정신 활동의 독자적 산물로 보는 객관론적 관점을 거부한다. 문학은 구체적인 사회의 존재 양식에 관련되어 있거나 아니면 거기에 종속되어 있다. 그러므로 작품이 어떤 천재적인 작가의 개인적 창조물일 수도 없다. 사회 윤리주의 비평은 문학 활동에 연관된 작가, 작품 텍스트, 독자의 의미를 모두 사회적 관계 속에서 규명하고자 한다. 여기서 중시되는 것이 이들 요소의 사회적 성격이다. 작가의 사회적 출신 기반이라든지 독자층의 사회적 형성 등과 같은 사회화 과정은 우선적인 관심사에 해당한다. 그리고 문학 텍스트의 사회적 위치나 문학의 사회적 생산 수단, 사회적 제도로서의 출판과 판매 등을 포함하여 텍스트 자체가 드러내고 있는 사회적 의미 등도 고찰의 대상이 된다.

그러나 실제 비평에서 문학과 사회의 관계를 명확하게 드러내 보여 준다는 것은 결코 간단하게 이루어지는 일이 아니다. 사회 현상이 자체가 매우 복잡한 여러 가지 요소들로 구성되어 있으며 그 다양한 요소들의 상호관계 속에서 어떤 일반적인 법칙성을 발견한다는 것은 그리 쉬운 일이 아니기 때문이다. 문학 자체의 경우에도 그 내적 구조가 매우 복잡하다. 그렇기 때문에 문학의 사회 윤리주의 비평에서는 사회 현상과 문학적 현상을 그대로 동일시해 버려서는 안 된다. 이들 사이의 유기적 관계를 통해 문학이 지니는 특수한 의미를 밝혀야 하는 것이다.

문학의 사회적 성격이나 의미를 논하고자 할 때 흔히 문학과 사회 또는 '문학사회학'이라는 용어가 등장한다. 이것은 문학을 사회학적 연구의 대상으로 보거나 사회학적인 개념들을 문학을 통해 확인할 수 있음을 의미한다. 그러나 문학비평에 사회학의 방법을 적용하는 문제는 그리 간단하지 않다. 객관적인 현상으로서의 사회적 요소와 문학이라는 주관적 산물에 드러나 있는 소재로서의 사회는 반드시 일치하는 것이 아니다. 현실 사회의 영역을 다루는 과학으로서의 사회학과 상상의 영역을 다루는 예술로서의 문학은 여전히 상당한 거리가 있기 때문이다.

문학사회학

문학사회학의 새로운 영역에서 주로 다루어지는 문제들은 크게 세 가지로 구분된다. 첫째 작가의 사회학, 둘째 독자의 사회학, 셋째 작품의 사회학이 그것이다.

작가의 사회학은 문학작품의 창조적 주체인 작가를 사회적 존재로 파악하는 것을 목표로 한다. 이 경우 작가에게 부여하는 예술적 창조력의 천재성은 별로 중요하지 않다. 오히려 강조되는 점은 작가의 사회적 출신 기반, 교육 과정, 직업 형태와 경제적 지위 등에 대한 검토다. 이러한 문제들은 대개 역사주의 비평에서 이루어지는 작가 연구와 크게 다를 바 없다. 하지만 작가의 사회학에서 다루어지는 이러한 과제들은 사실 자체의 규명에 머물러서는 안 된다. 작품의 어떤 경향이라든지 특성을 이해하는 데에 도움을 주는 것은 물론 사회적 지식 계층으로서 작가의 존재와 역할 등에 대한 인식론적 해명에 도달할 수 있도록 해야 한다.

작품의 사회학은 일차적으로 문학작품을 사회상의 표현으로 본다는 점에서 반영론적 관점을 그대로 드러낸다. 문학작품 속에서 한 시대의 사회상을 읽어 내는 작업은 문학비평에서 가장 전통적이고도 일반적인 방법이라고 할 수 있다. 예컨대 1920년대 소설 속에서 일본 식민지 시대의 사회상을 추출한다든지 1970년대 시에서 산업화 과정의 사회적 문제성을 찾아내는 것 등이 바로 여기에 해당한다. 그러나 문학작품이 실제 사회 현상 자체를 그대로 반영한다는 것은 불가능하다. 그러므로 예술의 한 형태로서의 문학의 특수성을 간과해서는 안 된다.

독자의 사회학은 문학작품의 사회적 확산 과정을 관심사로 부각시킨다. 여기서 중요한 것이 독자의 존재다. 독자는 문학작품의 수용한다. 이때 작품의 출판과 보급이라는 자본주의적 유통 구조가 함께 검토된다. 여기서 문제가 되는 것이 문학의 보급 과정에 대한 사회적 간섭으로서의 검열이다. 검열은 문학작품의 자율성을 파괴하는 일이지만 사회 윤리의 가치를 내세우면서 여전히 시행되고 있다. '베스트셀러의 사회학'이라는 테마도 독자 사회학의 중요한 과제가 될 수 있다.

마르크스주의 문학론   마르크스주의 문학 이론은 독일의 철학자인 마르크스(K. Marx)와 사회학자인 엥겔스(F. Engels)의 사상에 기초한 것이다.

물론 마르크스주의는 문학 예술의 비평 원리를 주장한 것은 아니다. 마르크스주의 자체가 20세기 초반부터 더욱 힘을 가지게 된 것은 19세기 이후 등장한 노동 계층이 그들의 삶과 그들의 세계를 변혁시킬 수 있는 기회를 가져야 한다고 주장한 실용주의적 역사관에서 비롯된다. 사회 속에서 사회 변화를 주도할 수 있는 방법과 실천 행동의 기획을 마르크스주의에서 얻어 냄으로써 마르크스주의는 개인과 사회의 정치, 경제, 사회, 문화적 이해를 인간에게 제공할 수 있게 되었다.

마르크스와 엥겔스는 자신들이 지닌 새로운 사회 경제적인 관점을 '공산주의(communism)'라고 부르면서, 개인의 사유재산보다는 산업, 교통, 기타 시설 등에 대한 국유화를 강조하였다. 그리고 그 유명한 「공산당 선언(Communist Manifesto)」을 1848년에 발표하였던 것이다. 마르크스는 자신의 저작인 『독일 이데올로기』와 「공산당 선언」을 통해 그 자신의 관점을 잘 정리하였다. 『독일 이데올로기』에서 마르크스는 마르크스주의의 핵심 사상에 해당하는 '변증법적 유물론(Dialectical materialism)'을 발전시켰다. 마르크스는 이 책에서 '의식이 인간의 삶을 결정하는 것이 아니라, 삶이 의식을 결정한다.'라는 이른바 유물론적 관점을 내세웠다. 마르크스는 개인의 의식이 어떤 정신적 실체나 수단에 의해 형성된다고 생각하지 않았다. 오히려 일상생활 속에서, 개인 상호간의 관계 속에서 인간은 자신을 규정한다고 생각하였다. 인간의 의식과 사상과 관념이 일상적인 상호관계 속에서, 그리고 실제 생활의 언어 속에서 방향이 정해지는 것이지 플라톤적인 본질이나 정신적 실체에서 비롯되는 것이 아니라는 믿음을 가졌던 것이다.

마르크스주의는 기본적으로 하나의 텍스트를 해석하는 데 이용할 수 있는 문학 이론은 아니다. 다른 문학 이론과 달리 마르크스주의는 우선 사회 경제적 사상이다. 그리고 그 추종자들은 이런 사상을 가지고 세계를 해석할 수 있고, 바로 그 세계를 변화시킬 수 있다고 믿었다. 마르크스주의의 세계 인식은 그 각각의 유파들이 있지만 대체로 흡사하다.

마르크스는 궁극적인 실재라는 것이 정신이 아니라 물질이라고 믿는다. 인간이 사회 속에서 존재하며 살아가고 있다는 것은 의문의 여지가 없는 사실이다. 인간의 먹고 일하고 노는 일까지도, 그리고 거기에 대한 행동과 반응까지도 모두가 문화와 사회와 관련되어 있다. 그러므로 인간의 삶과 행동과 그 세계를 이해하기 위해서는 먼저 사회 안에서 모든 인간 행동의 상호관계를 이해해야 한다. 우리가 어떻게 살아가고 있으며 어떤 존재인가를 알고자 하고, 우리의 사회 문화 속에서 이루어지고 있는 일상적인 행동의 다양한 양상을 살펴야 하며, 종교니 철학이니 하는 것도 살펴야 한다. 이러한 관찰을 통해서 우리는 인간이 누구인가를 규정하는 것은 그 사회 문화적 환경임을 알 수 있다. 우리가 믿는 것, 가치를 부여하는 것, 생각하는 것 모두가 문화와 사회에서 나온다. 그것은 철학이니 종교니 하는 것에서는 나올 수가 없다.

마르크스는 인간 사회가 사회 계급 사이의 계속되는 갈등 속에서 구조화된다는 것을 밝혀냈다. 그런데 그 갈등의 핵심은 사회 구성원들이 노동을 하고, 경제적 재화를 이용하는 방법에서 연유한다. 마르크스는 경제적 생산수단과 사회의 경제 구조로부터 나오는 사회관계 전체를 '토대'라고 불렀다. 예컨대 자본가들은 노동자들의 월급, 근로 조건 등을 규정하면서 그들을 고용한다. 이러한 토대 위에서 사회적 법적 조직, 정치 교육제도, 종교적 신앙, 가치, 예술 등과 같이 그들이 독점하는 상부 구조가 만들어진다. 이러한 토대와 상부 구조 사이의 직접적인 관계는, 그러나 간단히 규정되는 것이 아니다. 속류마르크스주의자들은 반영론을 내세우면서 토대가 직접적으로 상부 구조에 영향을 미치며 그 실체를 규정한다고 말한다. 물론 마르크스와 엥겔스 자신도 이러한 자신들의 견해를 수정하였으며 상부 구조가 토대에 영향을 미칠 수도 있음을 주장하기도 하였다. 그러므로 오늘날 마르크스주의자들은 대체로 토대와 상부 구조 사이의 상관관계가 매우 복합적이라는 것을 알고 있다.

마르크스주의는 자본주의자들이 돈줄을 쥐고 있으며 그들이 토대를 조정하고 언제나 자본주들을 권력의 핵심부로 만들게 된다고 주장한다. 그들은 자신들의 신념을 받아들일 만한 것이라고 주장하고 잡아야만 할 가치가 있는 것이라고 주장한다. 자본주들은 사회의 이데올로기를 조정하고 그 헤게모니를 쥐고 있다. 사회에서 이루어지는 모든 행동의 규범과 사상의 표준을 자본주들이 모두 만들어 내고 있는 것이다. 의식적이든 무의식적이든 이 사회의 자본주들은 노동 계급에게 그 사상을 강요한다. 제대로 이해하지도 못한 채 노동 계급은 자신들의 수입, 휴가, 오락, 여흥, 심지어는 인간 본성에 관련된 신념까지도 다 정해 주는 하나의 경제 체제 속으로 끌려 들어간다. 모든 노동자들이 현재 자신들이 지배층에 의해 조종될 뿐 자유로운 개인이 아니라는 사실을 안다면, 사회 경제적 정치적 억압의 사슬로부터 자유로워질 수 있을 것이다.

이러한 자본주 또는 지배 계층이 사회의 상부 구조와 그 이데올로기를 만들기 때문에 이 사회 계급은 문학도 조정한다. 문학은 한 사회의 상부 구조의 한 부분이기 때문에, 상부 구조나 토대의 다른 요소들과의 상호관계가 마르크스이론의 중요한 과제가 되는 것이다. 하지만 마르크스주의는 문학작품의 분석에 접근할 수 있는 하나의 단일한 방법을 가지지 못하였다. 오히려 다양한 여러 부문에 대한 관심을 나누어 가진다고 할 수 있다. 마르크스주의의 관점을 가지고 인간 행동의 내적 연관성을 폭넓게 이해함으로써, 인간이 사회 속에서 어떻게 영향을 주고받으면서 개인적 존재로서 살아 나가야 하는지를 확인할 수 있다.
　마르크스주의의 방법은 문학 텍스트가 사회 문화적 상황으로부터 분리될 수 없음을 지적하는 하나의 역동적 절차에 해당한다. 문학 연구와 사회 연구는 서로 묶여 있다. 텍스트를 그 역사적 문맥 위에 위치시키고 작가의 삶에 대한 태도와 세계관을 분석함으로써 마르크스주의 비평은 이데올로기 문제에 접근한다. 이데올로기는 작가에 의해 표현된 것이다. 그리고 독자들의 이데올로기와 상호작용한다. 마르크스주의 비평은 작가의 텍스트가 어떻게 작가의 이데올로기를 허구적인 텍스트의 여러 요소들을 통해 반영할 수 있는지를 분석하는 데에서 출발한다. 이러한 출발점으로부터 작가의 사회 계급과 그것이 작가에게 미치는 영향에 대한 조사로 발전할 수 있다.

문화 연구

　현대 비평의 영역에서 자주 거론되는 '문화 연구(cultural studies)'는 문학비평이 고수해 온 전통적인 방법을 벗어나기 위한 하나의 새로운 방법론적인 확대를 의미한다. 문화 연구는 '문화학'이라는 말로 지칭되기도 하지만, 그 연원은 그리 오래지 않다. 문화 연구의 새로운 방법은 제2차 세계대전 이후 영문학 연구에서 배태되었다. 전통적인 영문학 연구가 작품 중심의 비평적 작업에서 벗어나 사회 비평적인 성격을 강화하기 시작하면서, 문학 연구에 사회학, 역사학, 정치학 등을 접목하고자 하는 새로운 시도가 나타난 것이다. 넓은 의미에서 문화 연구는 문학비평과 이론이 차지하고 있던 자리에 새로이 등장한 방법과 관점을 총체적으로 지칭할 때 쓰이는 하나의 명칭이다.
　문화 연구의 개념과 문학비평으로서의 성격을 분명히 하기 위해서는 우선 문화라는 말의 의미를 규정할 필요가 있다. 문화는 그 개념 자체가 매우 복합적이며 다양하다. 문화의 개념 가운데에서 가장 주목되는 것은 인간의 지적 예술적 활동과 연결된 보다 특수화된 내적 과정을 의미하는 점이다. 그러나 문화는 이러한 의미만이 아니라, 인간의 전반적인 삶의 방식과 연관되는 일반적인 과정을 뜻하기도 한다. 그리고 이 두 가지 개념 사이에서 의미상 수렴 현상도 함께 나타나고 있다.

문화 연구는 언어적 텍스트 중심의 문학작품 연구에서 벗어나 그 대상과 영역을 사회적으로 확대하였다는 점이 가장 중요한 특징이다. 대중적인 문화 현상도 문화 연구의 대상이 되었으며, 일상적인 사회 문화적 요소들도 모두 문화 연구의 대상에 포괄하였다. 그러므로, 문화 연구는 문학 연구에 정치 사회 경제 등의 제반 문제가 서로 연관되는 이른바 커다란 학제적인 연구로 발전하게 된다. 문화 연구는 그 영역에 제한이 없다. 문화라는 것 자체가 어떤 규정적인 속성을 지닌 것이 아니며, 우리가 소망하는 대로 흘러가거나 예측하는 방향대로 생성되는 것도 아니다. 문화 연구에서는 사회적 현실 속에서 이루어지는 인간의 삶의 과정을 모두 문화적인 관점으로 파악하는 일이 필요하다.

문화 연구의 방법은 총체적이고도 통합적인 성격을 띨 수밖에 없다. 그러나, 통합적 방법이라는 것이 보편주의적 추상화를 의미하는 것은 아니다. 여러 가지 문화적 현상들과 물질적인 삶의 통일성을 감지할 수 있는 실천적인 방법이 요구될 뿐이다. 문화 연구는 그 통합적인 성격으로 인하여 다양한 학문적 관심이 서로 연결될 수 있는 학제적인 접근이 가능하다. 특정의 한두 가지 방법론에 의해 다양한 문화적 양상과 그 실천을 포괄할 수 없기 때문이다.

문화 연구의 방법은 크게 세 가지로 구분되어 있다.

첫째는 생산 이론의 방법과 관점이다. 여기서는 문학과 예술, 그리고 대중문화의 다양한 형식들이 사회적으로 어떻게 생산되고 어떻게 구성되는가에 관심을 집중한다. 이 방법은 문화적 생산의 자본주의적 조건에 대한 규명이 중요하며, 문화 상품의 생산 과정이 대중 시장에 미치는 영향도 중시한다. 문화적 생산 관계를 중심으로 하는 연구는 그 생산 수단에 대한 통제나 생산 과정의 변형 등이 야기하는 문제성을 드러내면서 미학과 정치학의 논의의 경계를 넘어서기도 한다. 그렇지만, 생산 이론에 의한 문화 연구는 문화적 생산에 대한 자본주의적 생산 양식에만 관심을 두고 생산의 과정에 맞물리는 수용의 과정과 그 순환적 연결 구조의 이중적인 속성에 별로 주목하지 않는 한계를 지닌다. 그리고, 문화의 제반 문제를 생산 그 자체에만 국한하여 문화적 산물의 사회적 의미를 규명하고자 한다는 약점도 지니고 있다.

둘째는 텍스트로서 문화 양식에 대한 접근법이다. 이 관점은 문화 생산 이론의 관점과는 달리 문화적 산물 그 자체를 하나의 텍스트로 파악한다. 그리고, 텍스트 중심의 문화 분석을 시도하기 위해 문화 텍스트에 대한 치밀하고 분석적인 읽기 작업을 병행한다. 이러한 접근법에서 가장 중시하는 것은 텍스트의 개방성을 확보하고, 텍스트의 다양한 층위를 이해해야 한다는 점이다. 이러한 방법론은 언어학 또는 문학 연구에서의 형식주의적 방법을 문화 연구에 원용한 것이라고 할 수 있다. 문화 현상의 다양한 담론에 대한 분석, 구문 형식의 분석, 언술 행위와 교환의 형태적인 분석 등이 모두 이러한 방법에 기초하여 이루어진다. 그러므로, 문화 영역에서 이루어지는 모든 종류의 담론과 서술 행위가 그 연구의 대상이 된다. 그렇지만, 이러한 문화 텍스트 분석은 문화 생산 과정이나 수용의 문제, 문화와 사회 조직의 문제 등 보다 커다란 범주의 문제들을 놓칠 위험이 적지 않다.

셋째는 문화적 체험에 대한 경험주의적 접근법이다. 이 방법은 문화적 산물, 또는 문화 현상, 문화 양식에 대한 개인적 체험을 중시한다. 이미 사람들에게 향유되었던 문화를 분석한다는 점에서 경험주의적인 특성이 있다. 개인적인 체험이나 사적인 기억에 의해 일상의 현실과 삶의 체험들을 일깨우고, 그 속에서 구체적인 문화적 현상을 분석해 낸다. 이러한 접근법은 개인적인 삶의 내부에 숨겨진 집단적인 양식의 특징을 드러내 줄 수 있지만, 문화에 대한 논의 자체가 지나치게 단편적이며 사적인 것에 함몰될 우려도 없지 않다.

문화 연구는 이러한 방법론을 때로는 통합하고 때로는 적절히 조정하면서 그 영역을 확대하고 있다. 인문학과 사회과학의 전통적인 학문적 경계와 원칙들이 문화 연구의 개방성과 실천성에 의해 도전받고 있는 것도 사실이다. 그리고 그러한 도전을 통해서 문화라는 개념이 지닌 복합성과 중요성에 대한 인식을 새롭게 제고하고 있음도 부인할 수 없는 일이다. 특히 문화 연구는 대중문화 텍스트나 실천에 대한 관심을 확대하고 있다는 점에서도 통합주의적인 관점에서 그 문화 분석의 미학적 가능성을 인정할 수 있다.

제9장 한국 문학의 양상

1 한국 문학의 영역

한국 문학은 선사시대부터 오늘날에 이르기까지 한국 민족이 한국어를 기반으로 유지 발전시켜 온 문학을 지칭하는 말이다. 한국 문학이라는 말에는 한국 문학의 창조적 주체로서의 한국 민족, 한국 문학의 매체로서의 한국어, 한국 문학의 배경으로서의 한국 역사, 그리고 문학 자체로서의 한국 문학의 여러 가지 양식 등에 대한 요건이 함축되어 있다.

한국 문학의 개념

한국 문학의 창조적 주체는 한국 민족이다. 한국 민족의 기원은 고조선 또는 단군조선 시대로 거슬러 올라간다. 한국 민족이 한반도에 정착하여 고대국가를 형성하기까지는 한국 문학의 성립기에 해당한다. 이 시기에 한국 민족은 중앙아시아 지역에서부터 동쪽으로 이동하여 만주 지역과 한반도에 정착하였다. 그리고 여러 부족이 통합되면서 삼국시대를 거쳐 통일신라 시대, 고려 시대, 조선 시대로 이어져 온 것이다. 한국 문학은 이러한 수천 년의 역사 속에서 한국 민족의 생활공간이 변모되는 가운데, 그 삶의 양상을 표현해 왔다.

한국 문학의 표현 매체는 한국어다. 한국어는 한국 문학을 구성하는 유일한 재료며 매개물이다. 한국 문학을 대한다는 것은 결국 구체적으로 한국어로 이루어진 언어 예술을 대하는 일이 된다. 한국 민족이 한국어를 표기할 수 있는 문자를 가지지 못하였기 때문에 한국 문학은 오랫동안 구비문학의 형태로 전승되었다. 그러나 한국인들은 중국의 한자를 차용하면서 중국의 사상과 문물을 적극 수용하고 한국 한문학을 크게 발전시킨다. 15세기에 한글이 창제되고 한자 차용 시대가 끝나지만, 한문 문학은 국문 문학과 함께 그 전통이 지속된다. 19세기 후반부터 한국 문학은 한문 문학과 국문 문학이라는 이원적인 문학 세계를 청산하고 한국어와 한글이라는 단일한 언어 문자를 기반으로 하는 국문 문학으로 새롭게 창조된다.

한국 문학은 그 역사적인 전개 양상과 특성을 이해하고자 할 경우, 흔히 고전문학과 현대문학으로 구분하여 시대적인 범위를 나눈다. 그런데 이러한 구분은 그 기준이 뚜렷하게 정해져 있는 것은 아니다. 대개 19세기 중반을 경계로 하여 그 이전의 문학을 고전문학이라고 하고 그 이후의 문학을 통틀어서 현대문학이라고 한다. 한국 고전문학은 동양적인 토양과 배경 위에서 싹트고 발전 성장해 왔다. 고전문학은 한국 민족의 토속적 신앙에 정신적 기반을 두고 형성되었지만, 신라 시대부터 고려 시대까지 불교의 영향 속에서 크게 발전하였다. 그리고 조선 시대에는 유교, 특히 성리학의 지도 이념을 적극 수용하면서 문학적 규범과 가치를 세웠다. 현대문학은 이러한 고전문학의 전통 위에서 서구 세계와의 교섭을 통해 새로운 변혁의 과정을 거쳐 성립되었다. 한국 현대문학은 일본 식민지 지배와 민족 분단의 상황 속에서 성장하였다. 그러나 이른바 '근대화' 과정을 따라 다양한 서구 문물과 접촉하면서 한국 문학의 역동적인 정신과 다양한 주제를 새롭게 보여 주고 있다.

구비문학과 기록문학

한국 문학은 언어와 전승 방식에 있어서 다양한 모습을 보여 주고 있다. 한국 문학은 문자로 기록되지 못하고 구전되어 내려온 구비문학과 글로 쓴 기록문학으로 크게 구분된다. 기록문학에서 큰 비중을 차지하는 것은 중국의 한문 문학을 수용하여 새롭게 발전시킨 한국 한문 문학(漢文文學)과 한글 창제 이후에 국문으로 쓴 국문 문학이다. 그리고 한자를 이용하여 한국어를 기록한 향찰 문자에 의한 향찰 문학(鄕札文學)이라는 것을 들 수 있다. 이러한 문학의 양상은 단순한 문자의 기록성 여부만이 아니라, 문학의 양식과 성격에 있어서도 커다란 차이를 드러내고 있다.

한국 문학에서 구비문학은 매우 중요한 비중을 차지한다. 구비문학은 한국인들의 생활 속에서 문자 문명 이전의 예술 활동의 양상을 보여 주는 유일한 근거다. 그리고 문자 생활이 시작된 뒤에도 여기서 소외되어 있던 대다수의 하층민들은 구비문학을 통해 그들의 문학적인 욕구를 표현하였다. 구비문학은 개인적 창작에 의해 성립된 문학이 아니다. 그것은 집단 속에서 형성되어 입에서 입으로 전해 내려오면서 그 형태가 변형되었다. 구비문학은 고정적인 형태를 갖추고 있는 것이 아니라 유동적이며 개방적이다. 구비문학은 구연성(口演性)을 특징으로 한다. 여기서 중요한 것은 구연의 상황 또는 현장이다. 구연의 상황이 바뀌면 구비문학의 내용이나 형식도 바뀔 수밖에 없다. 구비문학은 기록문학의 원천에 해당한다는 점에서도 그 의미가 깊다. 대부분의 고전소설들은 그 서사의 중심 요소를 설화로부터 빌려 오고 있다. 판소리는 문자로 정착되면서 고전소설로 변한다. 민요의 가락을 현대시에서 다시 살려 낸 경우도 얼마든지 찾을 수 있다.

구비문학의 역사는 먼 상고시대부터 근세에 이르기까지 지속된다. 한자가 유입되기 전에는 기록 수단이 없었기 때문에, 구비문학이 예술 활동의 중심을 이루었으리라는 것은 쉽게 짐작할 수 있는 일이다. 구비문학은 한문 문화가 융성하기 시작한 고려 시대 이후부터 그 기능과 폭이 좁아지기 시작한다. 고려시대의 지배 계층이 공식적인 문자 생활을 한문에 의존하게 되었기 때문이다. 한문 글쓰기로부터 소외된 하층민들은 주로 구비문학을 통해 문학적 욕구를 표현할 수 있게 된다. 이러한 현상은 조선 시대에 와서도 지속되었다. 그러나 구비문학은 국문 글쓰기가 대중화되면서 그 영역이 아주 축소된다. 물론 구비문학은 구비 전승 방식이 불안정하기는 하지만 여전히 살아 있는 문학이다. 한국 민족의 고유한 생활양식과 미의식이 구비문학을 통해 집단적으로 표현되고 있다는 사실은 부인할 수 없다.

한문 문학은 한국 고전문학의 중심을 이룬다. 한문 문학은 중국의 한자가 한국에 유입되면서 만들어진 문학으로, 삼국시대부터 성행한 것을 알 수 있다. 고려 시대에는 과거제도(科擧制度)가 한문에 기초하여 시행됨으로써 한문 글쓰기가 더욱 발전하고 한문으로 이루어진 시와 문이 두루 발전하였다. 이러한 전통은 조선 시대에도 이어진다. 조선 왕조는 유학, 특히 성리학을 국가의 지도 이념으로 내세웠기 때문에 한문 문학의 시문만이 아니라 경서에 대한 논의도 활발하게 전개되었다. 조선 시대 한글이 창제된 이후에도 국가의 모든 공적 문서는 한문 글쓰기에 의존하였다. 그리고 사대부 층에서는 한글의 가치를 '언문(諺文)'이라고 폄훼하고 한문만을 '진서(眞書)'라고 주장하기도 하였다.

한문을 이루는 표기 수단으로서의 한자는 중국의 문자다. 그리고 한문 문학 양식의 기법과 정신도 중국의 것으로부터 비롯된 것이다. 그 이러한 이유로 인하여 한때 한국 문학 연구자들이 한문 문학을 한국 문학의 범위에서 배제하고자 하였던 일도 있다. 그렇지만 한문을 중심으로 하는 문자 생활을 영위하였던 고려 시대나 조선 시대의 경우, 지배 계층의 문자 활동이 한문을 통해 이루어졌다는 사실을 간과할 수 없는 일이다. 한국의 한문 문학은 삼국시대 이후 조선 시대에 이르기까지 한국 사회의 지배 계층이 추구하던 삶의 가치와 이념을 대변하고 정서와 취향을 표현함으로써 전통적인 고급문화의 핵심을 이루었다. 한문 문학은 중국을 중심으로 하는 동아시아 문화권의 보편적인 이념과 가치를 담고 있으면서도, 한국 민족의 고유한 삶의 경험과 사고방식을 표현하고 있다. 물론 한국 한문 문학은 19세기 중반 이후 국문 글쓰기에 기초한 현대문학의 성립과 함께 그 문화적 의미를 잃어버리게 된다.

한국 국문 문학의 전통은 조선 시대 '훈민정음(訓民正音)'이라고 명명된 한글의 창제(1443)와 함께 시작된다. 그러나 한국 민족이 한국어로 문학작품을 창작하고자 하였던 것은 멀리 신라 시대의 향가(鄕歌)로부터 그 기원을 찾아볼 수 있다. 향가는 한자를 이용하여 만들어 낸 향찰 문자(鄕札文字)로 기록된 것이다. 향찰 문자는 독자적인 문자를 가지지 못한 신라인들이 한자의 음과 뜻을 이용하여 자국어를 기록하기 위해 창안해 낸 문자다. 향찰 문자는 현재 기록에 남아 있는 향가를 통해 그 운영 방식의 체계를 일부 확인할 수 있지만, 그것이 일상적인 글쓰기에 얼마나 활용되었는지를 확인할 수는 없다. 향찰 문자는 한문 문화가 유입되기 시작한 시기에 그 영향권에서 벗어나 독자적인 문자 생활을 시도하였다는 사실을 말해 준다. 그리고 이 같은 노력이 결국 한글의 창제로 이어졌다고 할 수 있다.

한글의 창제는 한국 문학사의 중대한 전환점이 된다. 한문 문학이 지배층을 중심으로 그 계층이 한정되어 있었던 점에 비하면, 국문 문학은 지배층에서부터 부녀자 층과 평민 계층에 이르기까지 널리 향유된 문학이다. 그렇기 때문에 국문 문학은 그 사회적 기반을 대중적으로 확대하고 그 양식적인 확산을 이룰 수 있게 된다. 특히 19세기 후반 개화 계몽 시대 이후 국어 국문 운동에 의해 국문 글쓰기가 확대되자, 한문 문학은 급격하게 쇠퇴한다. 그 결과 한문과 국문을 함께 이용하여 온 문자 생활의 이중성을 극복하고 언문일치를 실현함으로써, 국문 문학은 한국 문학의 전 영역을 차지하여 실질적으로 민족문학의 근간을 이루게 된다.

2 한국의 고전문학

고전문학의 성격

한국 고전문학은 일반적으로 고대의 문학에서부터 19세기 중반 이전의 문학을 말한다. 19세기 중반 이후의 문학은 현대문학이라고 한다. 고전문학과 현대문학은 문학의 역사적 전개 과정을, 시대 구분의 요건을 기준으로 삼아 구분한 것이다. 그러나 이 구분은 단순한 시기상의 문제만을 의미하는 것은 아니다. 고전문학이 형성 발전돼 온 시대는 봉건적인 사회제도와 인습이 지배하던 시대다. 이 시대는 절대 군주가 권력을 행사하던 봉건사회에 해당하며, 반상 제도(班常制度)라는 계급적 구분이 엄격하게 시행된 신분 사회에 속한다. 그리고 가부장제 질서가 가족사회를 지배한 전근대적 시대이기도 하다. 고전문학은 이러한 시대적 조건을 배경을 하여 전개된 문학이다.

한국 고전문학은 동양적 전통 위에서 성립 발전하였다. 고전문학은 초기 단계에서부터 불교의 사상적 영향을 받아들이고 유학(儒學)의 이념을 중시하였다. 그리고 한국 민족의 고유한 정서와 삶의 가치를 발견하고 이를 문학적 형식으로 구현하는 데에 주력하였다. 그러므로 고전문학은 한국 민족의 전통적인 삶의 방식과 그 미의식을 가장 특징적으로 보여 주는 것이다.

한국 고전문학은 구비문학과 기록문학으로 구분된다. 구비문학은 한국 문학의 원천이라고 할 수 있으며, 구전적 전통에 의해 독자적인 체계를 형성하고 있다. 기록문학의 경우 한문 문학과 국문 문학이라는 두 가지 영역으로 분리되어 있다. 한문 문학과 국문 문학의 구분은 한국 민족이 영위해 온 문자 생활의 이중성을 그대로 반영한다. 한문 문학은 중국에서 들어온 한자를 기반으로 성립된 문학으로, 지배 계층에게만 허용되어 온 한자 글쓰기를 활용하고 있기 때문에 그 향수층 자체가 제한되어 있다. 한문 문학은 한국 사회의 근대화 과정에서 사회 문화적 기능을 상실하게 되지만, 한국 민족이 향유해 온 고급문화가 한문 문학을 중심으로 발전해 왔다는 사실은 부인할 수 없는 일이다. 국문 문학은 한글 창제 이후에 등장한다. 국문 문학은 한문 문학과 달리 그 사회적 기반을 서민 대중으로까지 확대하면서 개화 계몽 시대 이후 한국 현대문학으로 발전하게 된다.

한국 고전문학은 현실 속 인간의 삶과 그것을 초월하는 신성의 세계를 하나로 연결하여 그려 낸다. 인간의 삶은 이 신성의 세계에 의해 규제되고 그 가치가 부여된다. 고전문학을 대표하는 고전소설을 보면, 그 이야기 속에는 성스러운 것과 속된 것이 함께 드러나는 경우가 많다. 대상으로서의 세계에는 언제나 자연과 초자연이 공존하고, 인간적인 것과 초인간적인 것이 공존한다. 거기에는 인간과 세계, 주체와 대상에 대한 엄격한 구별이 존재하지 않는다. 인간과 신의 상호작용, 자연적인 세계와 초자연적인 세계의 상호작용은 고전소설의 세계에서 흔히 볼 수 있는 일이다. 이러한 특징은 고전문학이 세속의 인간 세계와 초인간적 신성의 세계를 하나의 전체로 통합하여 이해하려는 신화적 세계관에 의해 구성된 것임을 말해 준다.

한국 고전문학은 문학의 향수 방법 자체가 문자에 의한 경우보다 구술성에 의존하는 경우가 많다. 고전문학의 대표적인 양식인 고전소설이나 고전시가는 대개 구전되는 설화나 민요에 기원을 두고 있다. 그렇기 때문에 이들 양식이 지닌 문학적 특징 가운데 구술성과 관련된 요소들이 적지 않다. 고전소설은 그 문체 자체가 율문적 성격이 강하다. 시조나 가사는 창곡에 따라 가창되고, 판소리는 창의 방식으로 구성된다. 이들 문학 양식은 문자 생활에서 소외된 평민층에서도 구술성에 의존하여 향수할 수 있었음을 말해 준다.

상고시대의 원시 종합 예술

한국 고전문학의 성립 과정은 분명하게 드러나 있지 않다. 한국 민족이 부족국가 형태를 유지하면서 생활하던 시대에는 부여(夫餘)의 '영고(迎鼓)', 고구려(高句麗)의 '동맹(東盟)', 예(濊)의 '무천(舞天)'이라는 제천의식(祭天儀式)이 있었다고 한다. 그리고 이 의식에서 백성들이 노래 부르고 춤추기를 즐겨 하였다는 것이다. 이것은 당시에 시·가·무(詩歌舞)가 결합된 원시 종합 예술의 형태가 존재하였다는 사실과 함께 아직 문학이 독자적인 예술의 형태로 분화되기 이전의 상태에 놓여 있었다는 사실을 말해 준다.

상고시대의 집단적인 원시 종합 예술은 삼국시대에 들어서면서 문학, 음악, 무용 등으로 분화되면서 커다란 변화를 거치게 된다. 삼국시대에 중국으로부터 들어온 불교의 전래와 한문의 보급이 큰 영향을 끼친 결과라고 하겠다. 이 두 가지 외래문화를 수용하면서, 삼국시대의 한국인들은 과거의 집단적인 가무보다는 개인의 정서를 직접적으로 표현하기에 이르렀고, 개성화된 민족 영웅의 행적을 그려 내려고 하였다.

한국 문학 작품 가운데 기록상으로 보아 가장 오랜 것은 『삼국유사』에 전하는 「구지가」와 「황조가」, 『해동역사』에 기록된 「공무도하가」 등 세 편이 있다. 이들 시가를 묶어 고대가요라고 통칭한다.

고대가요는 4언 4구의 한시 형태로 번역되어 전해지는 것이 특징이다. 성립 시기와 출전을 달리하는 작품들이 이처럼 동일한 형태를 보이는 것은, 한문으로 번역한 사람들이 중국의 『시경』을 참고하였기 때문인 것으로 볼 수 있으나, 고대가요가 원래 4구의 간단한 형태였다는 사실을 반영한 것으로도 생각된다. 「구지가」는 가락국의 건국 신화에 삽입되어 있으나, 원래는 욕망의 달성을 위한 주술적인 노래로 신화와는 관계없이 불렸던 것으로 보인다. 「황조가」는 실연의 비애를, 「공무도하가」는 사랑하는 이와의 이별과 죽음의 슬픔을 읊은 서정적인 노래들이다.

신라 시대의 향가는 한국 문학에서 고유한 시가 양식의 본격적인 출현을 의미한다. 향가는 한자의 음과 훈을 빌려 한국어를 표기한 향찰로 기록되어 있다. 신라 시대의 향가는 『삼국유사』에 14수가 기록되어 있으며, 고려 시대에도 그 형태가 계승되어 『균여전』에 11수가 전한다. 현전하는 향가의 형태를 보면, 4구체, 8구체, 10구체 등 다양한 형식적 특성을 보인다. 4구체는 민요나 동요의 성격을 지닌 것이며, 10구체는 전체 작품이 세 토막(4/4/2구)으로 구분되어 시적인 짜임새를 보여 주는 가장 발전한 형태라고 할 수 있다.

삼국시대의 문학

향가의 작자는 전체적으로 그 성격을 규정하기 어렵다. 그러나 민요적인 속성을 지닌 4구체 향가는 그 작가 층이 광범위한 것으로 추측되며, 10구체 향가는 충담사, 월명사, 융천사, 영재, 균여 등의 승려와 득오곡, 신충 같은 화랑이 그 대부분을 차지하고 있다. 이들은 신라 귀족의 중추를 이루고 있었으므로, 10구체 향가에는 신라 귀족의 생활감정이나 종교의식이 반영되어 있다고 하겠다. 향가 작품 가운데에서 「서동요」에는 구김살 없는 동심이, 「제망매가」에는 숭고한 신앙심이 잘 나타나 있다. 「제망매가」와 「찬기파랑가」는 뛰어난 수사적 기교를 보여 주며, 숭고한 시 정신을 잘 표현하고 있다는 점에서 향가 문학의 대표적인 작품으로 손꼽힌다.

고대 설화 가운데에서 단군 신화를 비롯하여 고구려의 건국 신화와 얽혀 있는 해모수, 동명왕의 이야기, 동부여의 금와 등에 관한 신화와 전설 들은 우리 민족이 이동해 온 경로를 짐작할 수 있게 하며, 남쪽에 자리 잡은 신라의 박혁거세, 가락국의 수로왕 등의 건국 신화는 한반도에 정착하는 과정을 보여 준다. 이러한 고대 신화나 전설은 서사 문학의 근원이 되어 다시 민담으로, 또 소설로 발달해 간다.

고려 시대의 문학

고려 시대의 문학에선 한문 문학의 성장, 향가 문학의 소멸, 조선 시대까지 구비문학으로 전승된 고려가요의 등장을 주목할 수 있다.

고려 초기부터 실시하기 시작한 과거제도는 인재 등용을 위한 것이었지만, 한문 문학의 융성을 더욱 가능하게 하였다. 한시는 귀족 층과 신흥사대부 층의 필수적인 교양물이 되었고, 자기표현의 서정적인 양식으로 자리 잡았다. 고려 중기 이후에는 한시의 창작이 왕성하게 이루어졌으며, 정지상, 이규보, 이제현, 이인로 등의 문인들에 의해 질적·양적으로 우수한 작품을 남기게 되었다. 무엇보다도 고려 시대 한문 서사문학의 백미로는 이규보의 「동명왕편」과 이승휴의 『제왕운기』를 들지 않을 수 없다. 이 두 편의 작품은 한국의 역사적 사실들을 바탕으로 쓴 웅대한 서사시로서의 가치를 지니고 있다.

한문으로 이루어진 서사문학으로서, 가전체 문학 또는 의인체 소설이라고도 하는 독특한 한문 산문 양식이 주목되고 있다. 고려 중기 이후에 등장한 가전체 문학은 사대부 층 작가들에 의해 창작되었다. 임춘의 「국순전」은 술을 의인화한 이야기며, 「공방전」은 돈을 의인화한 작품이다. 이규보가 쓴 「국선생전」도 술을 의인화한 것이며, 「청강사자현부전」은 거북을 이야기한 것이다. 대나무를 의인화한 이곡의 「죽부인전」도 있다. 이 같은 작품들은 모두 사물의 형상과 특질을 이념적으로 해석하고 판단하여 그것을 한 인물의 구체적인 생애를 통해 구현하였다는 점에 그 공통적 특징이 있다.

향가 문학은 고려 초기까지 계승되었으나, 극락정토에 왕생하려는 비원을 표현한 균여 대사의 「보현십종원왕가」 11수에서처럼 예술적인 향기보다는 종교적인 찬송만을 보여 주고 있다. 향가의 낡은 형식과 진부한 내용에 식상한 고려 시대의 문인들이 새 시대의 새로운 시형으로 등장시킨 것이 별곡이라고 지칭되는 고려가요다. 고려가요는 대부분 작자를 알 수 없으며, 모두 구전되다가 조선 시대에 와서야 한글로 기록되었다. 조선 시대에 만들어진 『악학궤범』, 『악장가사』, 『시용향악보』 등의 책에는 고려 시대에 널리 불린 노래들이 실려 있다. 이러한 고려가요의 형식을 보면 작품 전체가 하나의 연으로 구성되어 있는 단련체가 있고, 여러 개의 연으로 나누어지는 연장체가 있다. 「정과정곡」, 그리고 「사모곡」 등은 단련체로 되어 있으나, 대표적인 고려가요인 「청산별곡」, 「서경별곡」, 「동동」, 「쌍화점」 등은 모두 4연에서 13연에 이르는 연장체 형태를 갖추고 있다.

고려가요는 노래의 길이가 길어지고, 그 형태가 자유분방해진 것이 특징이다. 그리고 인간적인 현실 세계를 대담·솔직하게 읊은 점도 주목된다. 그러나 고려가요는 오랫동안 구전되다가 조선 시대에 문자로 기록되었기 때문에, 그 원형이 상당 부분 변질되었을 가능성을 지니고 있다.

고려 시대 후기에는 고려가요의 일반적인 특징을 살리면서 한문 투를 많이 써서 노래를 지어 부른 경기체가가 등장하였다. 경기체가는 내용상 상관성을 지닌 한문 구절을 나열하고, 각 연의 중간과 끝 부분에 '위 경 그 엇더하니잇고'라는 감탄형 문장을 써서, 앞에 나열한 한문 구절의 내용을 집약해 놓는 데에 그 형식적인 특징이 있다. 한문으로 된 시구와 한국어로 된 감탄구를 함께 결합해 놓은 이 같은 시 형식은 보기 드문 것으로서 고려 시대의 시가 형식 가운데 특이한 존재다.

경기체가의 성립은 고려 시대 후기 사대부 층의 형성과 관계가 깊다. 「한림별곡」을 지은 제유와 「죽계별곡」, 「관동별곡」을 쓴 안축 같은 작가가 모두 신흥사대부 층에 속한다. 이들은 한문으로 문자 생활을 해 오면서 한문만으로 만족할 수 없는 표현 욕구를 위해 경기체가와 같은 시가를 창작한 것이라고 할 수 있다. 경기체가는 조선 초기의 「상대별곡」과 같은 악장 유의 작품으로도 남아 있지만, 16세기까지 그 형태가 지속되다가 시조와 가사 같은 새로운 시가 형태의 등장과 함께 소멸되어 버린다.

조선 시대의 문학

조선 시대에 들어서면서 15세기 세종 대왕이 훈민정음을 창제한 것은 한국 문학의 역사에서 하나의 분수령이 된다. 한글의 등장과 함께 모든 글쓰기 활동이 한문과 국문 글쓰기로 분화된다. 물론 조선 시대에도 고려 시대와 마찬가지로 한문이 공적인 글쓰기 영역을 담당하였다. 그러나 조선 시대의 사대부 층은 한문 중심의 문화를 지키면서도 시조, 가사, 국문소설 등과 같은 여러 가지 형태의 국문 문학 양식을 창안하여 발전시킨다. 한국 문학은 한글의 창제로 말미암아 비로소 온전한 문학 형태를 갖출 수 있게 된 것이다.

조선 초기에는 훈민정음의 창제와 그 실용성을 검토하는 과정에서 집현전 학사들에 의해 조선 건국 과정을 칭송하는 「용비어천가」와 같은 한글 악장이 만들어졌고, 악곡과 악기도 제대로 정비되었다. 이어서 불타의 은총을 찬송하기 위하여 석가모니의 일대기를 노래로 엮은 「월인천강지곡」이 세종 대왕에 의해 제작되기도 하였다. 이러한 일련의 시가들은 전대에 찾아볼 수 없는 새로운 시형으로서, 시가 문학의 발전에 커다란 자극제가 되었다.

　조선 시대 시가 문학을 대표하는 것은 시조다. 시조는 그 시적 형식이 고려 후기에 성립되었지만, 조선 시대의 새로운 지도 이념인 성리학을 기반으로 더욱 융성해졌다. 대부분의 초기 시조 작가들이 뛰어난 성리학의 대가들이었다는 사실과, 고려 말과 조선 초의 시조가 대체로 충의 사상을 주제로 삼은 사실은, 시조 문학이 지닌 역사적 기능을 이해하는 데 도움이 될 것이다.

　시조의 시적 형식은 초장, 중장, 종장 3장의 단순한 구조를 지닌다. 시조의 3장 형식은 시적 의미의 구조와도 연관되며, 시조의 형태적인 미의식을 규정해 주는 근본적인 요건이다. 시조는 각 장이 3~4음절로 된 시구가 4구씩 이어져서 전체 12구로 짜여 있으며, 절제된 형식과 유장한 기품을 특징으로 한다. 형식의 단순성에도 불구하고 시적 정서의 표현과 그 미적 완결성을 유지할 수 있기 때문에, 시조는 사대부 층은 물론 서민층까지도 널리 애호하는 문학 형식이 되었다고 할 수 있다.

　조선 전기의 시조는 맹사성, 이현보, 이황, 이이 등의 작가를 중심으로, 자연을 제재로 하여 유교 이념을 표현한, 이른바 강호가도라는 자연 문학의 성격을 형성하였다. 정철, 윤선도 등 시조 문학의 정수를 보여 준 작가들에 이어 조선 후기에는 김천택, 김수장 등 가객들이 등장하였다. 이들은 풍자와 해학 등 시조의 새로운 성격을 개척하고, 새로운 시조 창법의 개발하였다. 그리고, 김천택은 『청구영언』, 김수장은 『해동가요』와 같은 시조집을 편찬하였다.

　조선 후기에는 사설시조가 발전하여 평민들의 꾸밈없는 감정을 소박하게 형상화하는 그릇이 되었다. 사설시조는 일반적인 평시조의 3장 형식에서 중장 또는 종장이 정제된 4구 형식을 벗어나 장형화한 것을 특징으로 한다. 그러므로 사설시조를 장형시조라고 말하기도 한다. 사설시조는 평시조의 절제된 형식을 파괴한다. 자유분방한 시 형식을 추구하는 사설시조에는 서민층의 삶의 애환, 현실에 대한 풍자와 해학 등이 담겨 있다.

가사는 시조와 더불어 조선 시대 시가 문학의 쌍벽으로 일컬어진다. 가사의 형식은 운문문학에 속하지만, 그 내용이 개인적인 정서의 표현만이 아니라, 교훈적인 훈계, 여정의 체험과 감상 등을 담고 있는 경우도 많다. 가사의 형식은 3~4음절의 시구가 앞뒤로 짝을 이루어 4구씩 반복되는 단순한 운문 구조를 나타낸다. 이러한 운문 형식에 다양한 내용이 담기기 때문에, 가사를 수필적인 것으로 이해하고자 하는 견해도 있었다. 조선 초기의 가사는 정극인의 「상춘곡」, 송순의 「면앙정가」, 정철의 「관동별곡」, 「사미인곡」, 「성산별곡」 등에서 보듯이, 자연에 묻혀 안빈낙도하는 군자의 미덕을 읊은 것, 군신 간의 충의를 남녀 간의 애정에 비유하여 읊은 것 등이 주류를 이루었다. 박인로의 「선상탄」, 「누항사」 등에 이어, 조선 후기의 가사는 김인겸의 「일동장유가」, 홍순학의 「연행가」 등과 같이 해외 기행의 체험을 노래한 것도 등장하였고, 여성들에 의해 창작된 내방가사가 널리 유행하기도 하였다. 특히, 조선 후기의 가사는 장편화되고 산문화되는 형태상의 변화를 보여 주었다.

고전소설의 효시가 되는 작품으로는, 한문 소설의 경우 김시습의 『금오신화』를, 국문 소설의 경우 허균의 「홍길동전」을 꼽는다. 17세기에 들어서면서 소설의 창작이 한층 활발해졌으며, 상당한 규모의 독자층이 형성되었다. 특히 17세기 말엽 혹은 18세기 초엽에 나타난 판소리는 고도의 음악적 표현력을 바탕으로 소설적인 내용을 전달하는 공연 예술로서, 그 내용이 곧 소설화되는 등 고전소설의 발달에 적지 않은 공헌을 하였다. 18~19세기에는 소설의 질적인 다양화와 양적인 팽창이 이루어져, 상업적인 출판과 함께 세책업도 성행하였다.

한문 소설 『금오신화』는 주인공들이 한결같이 재자가인이며, 한문 문체의 극히 미화된 표현법을 잘 활용하고 있다. 이 같은 특징과 함께 소설의 소재가 현실 세계와는 거리를 두고 있는 신비로운 내용을 다루고 있다는 점에서 전기소설로서의 성격을 잘 드러내고 있다. 조선 중엽에는 임제의 「수성지」와 같은 우화적인 성격이 강한 작품이 발표되었다. 그러나 조선 후기에 와서는 박지원, 이옥 등의 작가들에 의해 사실적인 경향의 한문 소설이 등장하게 되었다. 박지원의 「허생전」, 「양반전」, 「호질」 등과 이옥의 「심생전」 등은 정통적인 한문학의 관습으로부터 벗어나 상인, 부호, 도적, 기녀 등 다양한 인물들을 등장시켜 당시 사회의 여러 문제와 생활상을 날카롭게 비판하였으며, 조선 후기의 국문 소설과 함께 소설 문학의 새로운 경지를 개척하여 놓았다.

국문 소설은 훈민정음의 창제 이후 허균의 「홍길동전」을 시작으로 하여 김만중의 『구운몽』, 『사씨남정기』와 같은 작품들이 쏟아져 나왔다. 「홍길동전」은 지배 계층의 내부에 존재해 온 적서 차별에 강하게 반발하면서 현실의 비리를 비판한 사회성이 높은 작품이다. 『구운몽』은 꿈의 구조를 바탕으로 귀족적인 이상주의를 구현하고 있다.

조선 후기에는 판소리의 사설을 바탕으로 한 판소리계 소설이 등장하였다. 「춘향전」, 「심청전」, 「흥부전」 등 판소리계 소설은 초인적인 능력을 지닌 영웅을 다루지 않고, 당시의 전형적인 인간을 문제 삼고 있다. 사건 전개에 있어서도 우연성보다는 경험적 인과 관계를 중시한다. 문체 역시 운문과 산문이 혼합되어 있을 뿐 아니라, 고도로 세련된 문어와 평민층의 발랄한 속어 및 재담이 엇섞여 있다. 아울러 현실적인 삶의 고통과 마주선 비장함이 구수한 해학과 신랄한 풍자와 함께 공존하면서 조선 후기 사회의 생활상이 폭넓게 형상화되어 있다.

조선 후기의 소설 가운데 주목되는 것으론 가문 소설이라고 지칭되는 대하 장편소설 『완월회맹연』, 『명주보월빙』, 『임화정연』 등이 있다. 이 작품들은 그 작가 층을 확인할 수 없지만, 한 가문의 여러 대에 걸친 파란만장한 이야기를 중심으로 한다. 대개가 귀족층이 추구하는 가부장적인 질서와 가문의 윤리를 강조하였다.

조선 시대의 소설로는 이 밖에도 궁중의 비화를 기록한 『인현왕후전』, 『한중록』 등이 있다.

조선 시대에는 공연 예술을 천시하는 편견 때문에 연극이 제대로 성장할 수 없었던 것으로 보인다. 그러나 그 이전 시대에는 서역이나 중국의 영향을 소화하면서 연극이 상당히 활발하게 전개되었다. 신라 시대 최치원이 쓴 「향악잡영」 5수는 각기 다른 연희 장면을 보고 읊은 한시라 할 수 있고, 일본의 연희 문화에 중요한 영향을 준 고려악, 기악 등이 존재하였기 때문이다. 하지만, 조선 시대에는 그나마 명맥을 유지하던 연극도 문헌 기록으로 정리되지 못하였으며, 19세기 이후 사회 문화적 격변기를 거치면서 많이 유실되기도 하였다. 그런 가운데 오늘날까지 생명을 이어 전해지는 전통 극으로는 탈춤, 즉 가면극과 꼭두각시놀음, 즉 인형극을 들 수 있다.

탈춤은 가면을 쓰고 하는 연극이므로 가면극이라고 한다. 가면극의 내용은 지역에 따라 부분적인 차이가 있으나, 양반들과 하인 말뚝이 사이의 갈등 등 공통적인 부분이 많다. 가면극이 벌어지는 공간은 특정한 장치가 필요하지 않았다. 곳곳에 횃불을 밝히고 관중이 빙 둘러앉거나 서 있을 수 있는 원형의 평면 공간이면 되었다. 날이 어두워질 무렵부터 새벽까지 진행된 가면극은 탈놀이와 뒤풀이로 이어졌다. 지방에 따라 나무, 박, 종이 등의 재료로 만들어진 가면들은 희극적으로 과장된 형상으로, 대개가 고정형이다. 그러나 탈꾼의 역동적인 춤사위와 불빛의 작용 또는 보는 각도에 따라 가면은 다양한 표정을 만들어 낸다. 이들 가면극은 조선 후기에 들어 상업이 발달함에 따라 널리 활발하게 공연되었다.

　꼭두각시놀음은 떠돌이 놀이패가 놀아 온 인형극이다. 현재 꼭두각시놀음만이 남아 있는 인형극은 섬세한 기술과 다채로운 내용을 갖추지는 못하였으나, 평민적인 소박함과 활력이 돋보인다. 편견과 천대 속에서 명맥을 이어 온 가면극과 인형극은 익살과 풍자로 가득 찬 대사를 통하여 근대적인 사회의식을 보여 주었다는 점에서 주목된다.

3 한국의 현대문학

현대문학의 성격

한국 현대문학은 19세기 중반 이후부터 오늘에 이르기까지의 문학을 말한다. 한국 현대문학은 한국 사회의 근대화 과정을 배경으로 하여 성립되었다. 고전문학이 기반한 봉건적인 사회 제도와 관습이 붕괴된 자리에 새롭게 자리 잡은 것이 현대문학이다. 현대문학에는 한문 문학의 경우와 같이 지배 계층의 이념을 대변하고 그 정서를 표현하는 독점적이면서도 폐쇄적인 문학이 존재하지 않는다. 현대문학은 국문 글쓰기에 의해 그 양식이 확립되고, 국문을 통해 대중적으로 확산된다. 그리고 대중매체로 새롭게 각광을 받게 된 신문과 잡지를 통해 폭넓은 독자층과 만난다. 현대문학에서 볼 수 있는 이러한 양식적 개방성은 현대문학이 추구하는 현대성의 중요한 특징이라고 할 수 있다.

현대문학은 글쓰기와 글 읽기라는 개인적인 문자 생활에 근거하여 성립되었다. 고전문학의 영역에서는 구비(口碑) 전통이 중요한 위치를 차지한다. 고전문학에서 시가 양식은 음악과 결부되어 노래로 불린 것들이 대부분이다. 고전소설의 경우에도 이야기로 전승되던 특징들을 유지하는 경우가 많다. 그러나 현대문학에서 시는 음악과 분리된 독자적인 문학 양식이 된다. 소설은 전문적인 작가에 의해 창작된 산문 양식으로서 그 위상을 갖추었다.

한국의 현대문학은 서구적인 영향이 크게 작용하는 가운데 변혁의 과정을 거쳐 온 문학이라고 할 수 있다. 현대문학은 서구 문물과의 본격적인 접촉을 통해 기독교 사상뿐만 아니라 다양한 서구 문예사조를 수용하게 된다. 한국의 현대문학은 동양적인 전통 위에서 보편적인 것으로서의 서구적 현대성을 함께 추구하면서 그 가치와 미의식을 확립하였다.

현대문학의 세계는 경험적인 일상의 현실이 중심이 된다. 고전문학의 경우에는 신화적 상상력에 의해 인간의 삶이 초현실적인 신성의 세계와 함께 그려졌다. 그러나 현대문학에서 볼 수 있는 세계는 인간이 살아가는 일상적이면서도 현실적인 실재의 공간뿐이다. 여기서는 신의 존재도, 초현실적인 환상의 공간도 찾아볼 수 없다. 현대문학은 경험주의적 합리성에 근거하여 이같은 초월적 존재와 세계로부터 벗어난다. 이러한 탈마법화(脫魔法化)의 과정은 현대문학이 근대적 계몽 의식에 근거하여 성립되었음을 의미한다.

현대문학과 국문 글쓰기

한국 현대문학은 국문 글쓰기를 통해 새롭게 탄생한 문학이다. 개화 계몽 시대에 널리 확산된 국어 국문 운동은 민족어로서의 국어와 국문을 재발견한 민족문화 운동이다. 이것은 한문 중심의 세계에서 벗어나고자 하는 언어적 탈중심화를 지향함으로써 조선 시대 지배 계층의 독점적인 언어체였던 한문의 지배로부터 모든 담론을 근본적으로 해방시켜 놓았다. 한문 중심의 과거제도가 폐지되고 국문을 기반으로 하는 신식 교육이 실시되자, 한문은 오랜 역사 속에서 지켜 내려 온 지배층의 문자로서의 지위를 잃어버린 채 그 문화적 기능을 상실하게 된다. 국문은 누구나 쉽게 배워 활용할 수 있는 대중적 실용성을 갖추고 있다. 그러므로 개화 계몽 시대의 새로운 지식과 정보, 문화와 교양은 대부분 국문을 통해 수용되고 재창조되어 대중적으로 확산되었다. 한국의 민중은 자신들을 억압하였던 한문 중심의 낡은 사고와 가치를 모두 벗어 버리고 국문을 통해 새로운 서구의 문물과 제도와 가치를 받아들였다. 낡은 것들이 모두 무너지고 새로운 것들이 그 자리에 들어서는 변혁의 과정을 겪으면서, 한국의 민중은 한국 사회가 '낡은 조선'에서 벗어나 새롭게 변화할 수 있다는 신념을 키울 수 있게 되었다. 그리고 그들의 삶을 새롭게 변화시키는 것이 권력이 아니라 지식이라는 새로운 힘임을 국문을 통해 인식하게 된다. 그 결과로 한국 사회는 개화 계몽 시대의 국어 국문 운동을 통해 문화적 민주주의의 기반을 확립할 수 있게 되었다.

개화 계몽 시대의 국어 국문 운동은 문자 생활에서 국문 사용을 보편화하고 국문체를 정착시키면서 국문을 통한 여러 가지 새로운 글쓰기 방식을 가능하게 하였다. 국문 글쓰기는 일상적인 현실에서 말하는 것과 그것을 글로 쓰는 것이 그대로 일치될 수 있음을 보여 준다. 사물을 일상의 언어로 명명하고 그것을 그대로 글로 적을 수 있다는 언문일치(言文一致)의 이상이 국문 글쓰기에 의해서 실현된 셈이다. 국문을 통해 삶의 세계에 존재하는 말의 다양성을 그대로 문자로 구현할 수 있게 되자, 국문 글쓰기는 일상의 언어에 담겨 있는 사건, 의미, 이념, 감정 등을 구체적인 담론의 형태로 산출할 수 있는 다양한 방법과 양식을 만들어 낸다. 이 시기의 신문이나 잡지에 널리 퍼지게 된 논설 양식과 서사 양식은 국문 글쓰기에 의해 새롭게 정착된 글쓰기 양식이다. 특히 논설 양식에서 담론화된 새로운 가치와 이념이 국문 글쓰기를 통해 그 현실적 기반을 확보할 수 있게 되었다는 점은 매우 중요한 사회 문화적 현상이라고 할 수 있다.

한국 현대문학은 국문 글쓰기를 기반으로 새롭게 형성되었다. 이 과정에서 문학 양식의 존재 방식과 관련된 두 가지 변화 과정을 거치게 된다. 하나는 구술문학의 설화성으로부터 기록문학의 문자성으로의 전환 과정이며, 다른 하나는 양식의 고정성으로부터 개방성으로의 변화 과정이다. 이 두 가지 변화는 현대문학의 성립을 가능하게 한 일종의 문학사적 전환에 해당한다고 할 수 있다. 문학에 있어서의 구술적 요소의 극복은 현대문학이 글쓰기와 글 읽기라는 개인적인 활동에 의해 성립되는 것임을 말해 준다. 문학 양식의 개방성에 대한 지향은, 새로이 등장한 문학 양식이 한문 문학이나 전통문학에서 볼 수 있는 형태적 고정성을 극복하고 그 형식과 정신의 자유로움을 추구하는 과정을 말하는 것이다. 이것은 현대문학 자체가 지향하고 있는 근본적인 목표 그 자체인 셈이다.

한국의 현대문학이 성립되기 시작한 첫 단계는 19세기 중반부터 20세기 초반까지다. 이 시기의 문학을 개화 계몽 시대의 문학이라고 한다. 개화 계몽 시대의 문학은 전통적인 문학 양식의 근대적인 변혁과 새로운 외래적인 문학 양식의 수용 과정을 여실하게 보여 준다. 조선 시대 문학이 지닌 고정적인 관념이나 인습적인 태도를 극복하면서 문학 양식 자체의 새로운 변혁을 보여 주기 때문이다. 전통적인 시가 형태인 시조가 창곡과 분리되어 시 형식으로 고정된 점, 소설의 이야기에서 비현실적인 초월적 세계의 개입이 사라지고 일상의 삶이 이야기의 핵심을 이루게 된 점, 소설의 서사 구조에서 시간의 역전적 전개를 구성의 원리로 활용한 점 등이 새롭게 나타난다. 문학을 통하여 당대 현실에 대한 비판적 인식과 함께 계몽 의식을 표현하고자 하는 새로운 움직임도 애국 계몽 운동과 함께 구체화되었다.

개화 계몽 시대의 문학

개화 계몽 시대에 전통적인 문학이 근대문학으로 변혁을 이루게 된 것에는 신교육과 국어 국문 운동의 영향이 크게 작용하였다. 갑오개혁(1894) 이후 새로운 교육이 시행되면서 서구적인 신식 학교가 설립되었으며, 새로운 서구의 지식을 전달하기 위한 교과용 도서의 출판도 활발히 이루어졌다. 그 결과로 독서 층이 확대되었고, 문자 생활에서 한문의 제약성을 벗어나 국문 사용이 폭넓게 확대되었다. 한문의 정보 기능이 퇴조하면서 한문체와 국문체의 절충 형태인 국한문체가 등장하기도 하였지만, 이 시기의 새로운 문학 양식은 대체로 국문체를 수용함으로써, 국문체를 기반으로 하는 근대문학의 확립이 가능하게 된 것이다.

개화 계몽 시대의 문학은 새로이 등장한 매체를 통하여 사회적 기반을 확보하였다.《독립신문》,《황성신문》,《대한매일신보》,《제국신문》,《만세보》,《대한민보》 등의 신문은 대부분 소설, 시조, 가사 등의 문학 작품을 일반 기사와 함께 수록하였다. 이러한 매체의 등장과 함께 소설 분야에서는 이 시기에 전문적인 작가 층이 형성되기 시작한다. 그리고 새로운 인쇄술의 도입과 상업적인 출판사의 등장으로 문학 작품의 상업적 출판이 가능해진다.

개화 계몽 시대의 문학에서 가장 두드러지게 드러나는 현상의 하나는 전통적인 시가 형태의 근대적 변모와 새로운 시가 형태의 등장이 동시에 이루어졌다는 점이다. 조선 시대 시가 문학의 중심을 이루고 있던 시조와 가사는 이 시기에 들어서면서 새롭게 시 형식으로서의 가능성을 모색하였다. 개화 시조는 주로 신문과 잡지에 발표되었는데, 조선 시대의 시조가 가창의 형식으로 음악과 함께 향유되었던 점과는 달리, 음악과 분리된 시로서 존재할 수 있게 된다.《대한매일신보》등에 발표된 개화 가사는 전통적인 가사의 형식을 통해 현실 비판 의식을 표현하기도 하고 자주 독립 의지를 강조하기도 하였다.

창가와 신체시는 이 시기에 새롭게 등장한 시가 문학 양식으로 주목을 받았으며, 근대적인 자유시의 형성에 크게 이바지하였다. 전통 시가의 고정적인 율격에서 벗어나 자유시의 형태에 접근한 새로운 신체시는 최남선의 「해에게서 소년에게」 이후 「꽃 두고」, 「태백산시」 등을 통해 그 새로운 장르적 가능성을 실험하였다. 그러나 신체시는 그 형식상의 새로움에도 불구하고, 개인적인 정서에 바탕을 둔 서정성보다는 새로운 시대적인 이념을 노래한 것이 많다.

　개화 계몽 시대의 서사 양식으로는 전기, 우화, 신소설 등이 있다. 이 시기에 많이 등장한 전기는 애국 사상의 계발, 민족의식의 각성 등 계몽적 의도에 의하여 창작되었다. 대표적인 작품으로는 장지연의 「애국부인전」, 신채호의 「을지문덕」, 「동국 거걸 최도통전」 등이 있으며, 당대 현실에서 요구되는 영웅적 인간상을 제시하였다. 안국선의 「금수회의록」은 이 시기의 대표적인 우화다. 인간 세상의 도덕적 타락과 혼란을 비판하는 동물들의 연설이 중심 내용을 이루고 있다. 「경세종」, 「금수재판」 등이 유사한 계열의 작품이다.

　우화의 형식과 가까운 몽유록으로 유원표의 「몽견제갈량」, 박은식의 「몽배금태조」, 신채호의 「꿈하늘」 등이 있다. 현실의 상황을 꿈의 장면으로 역전시켜, 꿈속에서 서사적 자아의 이상과 의지를 표출한 몽유록은 전통적인 한문 문학의 양식에서 흔히 볼 수 있는 형태다.

　신소설은 이인직, 이해조, 최찬식, 김교제 등 직업적인 작가층의 형성과 함께 대중적인 독자 기반을 확보한 서사문학 양식이다. 이인직이 『혈의 누』, 『치악산』, 『은세계』 등을 발표한 뒤를 이어, 이해조는 『구마검』, 『자유종』, 『화의 혈』 등을 발표하였다. 최찬식의 『추월색』도 널리 읽힌 작품이다. 신소설은 국문체를 기반으로 대중화되었으며, 당대적인 현실의 삶을 기반으로 문명개화의 이상을 그려 내고 있다.

　신소설에선 비현실적인 초월적인 세계가 소설의 이야기에서 제거되었다. 시간의 역전적인 전개를 활용한 소설 구성의 기법이 처음 나타났으며, 언문일치의 산문체에 접근함으로써, 근대 소설의 형태에 가까워졌다. 그러나 일본 식민지 시대에 접어들면서 신소설은 그 성격이 변질되기 시작하였다. 소설 주인공의 개인적인 운명에 관심을 기울이면서, 통속적인 애정 갈등을 그려 낸 경우가 많고, 계몽 의식이 약화되어 통속화 과정에 빠져들었다.

이 시기에는 전통적인 창극의 발전과 함께 일본의 신파극이 수입되기도 하였다. 이인직의 소설 『은세계』가 연극으로 공연되기도 하였고, 새로운 신파 극단이 성립되어 대중적인 공연을 시작하였다. 일본 신파극의 수용은 임성구가 창립한 극단 혁신단이 「불효천죄」와 같은 작품을 공연함으로써 시작되었다. 신파극은 대중적인 흥미와 관심을 불러일으키면서 일본 대중문화를 한국에 확산시키는 결과를 낳았다.

일본 식민지 시대의 문학

한국 문학은 1910년 일본의 강점에 의해 식민지 시대에 접어들면서부터 역사적 시련을 맞는다. 일본은 한일 합병 조약을 강제로 체결하고 조선총독부를 설치한 후 한국에 대한 무단통치를 실시하였다. 특히 언론 출판에 대한 규제가 혹심하였다. 그로 인하여, 개화 계몽 시대의 문학에서 볼 수 있었던 자주 독립 의식과 문명개화에 대한 의지는 더 이상 문학을 통해 표출될 수 없게 된 것이다.

그런데 이 무렵부터 일본에 건너간 한국인 유학생들을 통해 서구적인 개념에 따른 문학에 대한 논의가 이루어졌으며, 개인적 정서에 근거한 예술에 대한 인식이 가능해진다. 이광수는 개인의 내면적 고뇌를 그려 낸 단편소설 「소년의 비애」를 발표하고, 장편소설 『무정』을 내놓으면서 문단의 중심인물이 된다. 『무정』은 식민지 현실에 대한 인식에 철저하지는 않았으나, 개인의 운명적인 삶과 시대적 조건을 결합시킨 장편소설로서 그 근대적 성격이 인정되고 있다.

일제 식민지 시대의 한국 문학은 1919년 3·1운동을 계기로 하여 민족과 현실에 대한 적극적인 대응 자세를 보여 주기 시작한다. 3·1운동을 통해 촉발된 민족적 자기 각성에 힘입어, 문학은 자아의 발견과 개성의 표현에 적극성을 드러내기 시작하였고, 현실에 대한 관심을 확대하였다. 《창조》, 《폐허》, 《백조》 등의 문예 동인지가 등장하여 문단이 형성되었으며, 《개벽》과 같은 잡지의 발간으로 문학 창작 활동이 더욱 활발하게 전개되기도 하였다. 특히 《동아일보》, 《조선일보》 등의 민족 신문이 간행됨으로써, 문예 활동의 폭넓은 기반을 제공하였다.

1920년대 초기의 문학은 자아의 각성과 민족적 현실의 인식을 바탕으로 근대문학의 기반을 확대하였다. 소설의 경우에는 암울한 현실에서 방황하는 지식인의 고뇌를 그리기도 하고, 비참한 노동자 농민의 삶을 보여 주기도 하였다. 김동인은 「배따라기」, 「감자」 등을 통하여 단편소설의 양식을 확립하는 한편, 현실 속에서 전변하는 인간의 운명을 치밀하게 그려냈다. 현진건의 「빈처」, 「운수 좋은 날」은 고통의 현실을 살아가는 인간의 모습을 뛰어난 기법으로 묘사한 작품들이다. 염상섭은 「표본실의 청개구리」를 통해 지식인의 방황과 좌절을 그렸으며, 『만세전』에서 황폐화되는 한국의 식민지 현실을 총체적으로 제시하였다.

이 시기의 시문학은 서구의 자유시 형태를 수용하면서 한국 근대시의 독자적인 형식을 확립하였다. 주요한의 「불놀이」가 보여 주는 자유시에의 지향은 시적 자아의 확립과 개성의 표현을 가능하게 하는 새로운 시 형식의 확립을 의미하는 것이라고 할 수 있다. 한국 근대시의 기반을 확립하는 데에 크게 기여한 김소월은 시집 『진달래꽃』에서 전통적인 민요의 율격을 재구성하여 서정의 세계를 시적으로 형상화하는 데에 성공하였으며, 이상화는 「나의 침실로」 「빼앗긴 들에도 봄은 오는가」 등에서 시대의 고통과 개인의 고뇌를 극복하고 식민지 현실에 대한 시적 인식의 확대를 가능하게 하였다. 한용운은 시집 『님의 침묵』에서 불교적인 사유를 바탕으로 절대적인 존재로서의 '님'을 노래하면서, 민족적 현실과 역사에 대한 신념을 아름답게 형상화하였다.

신파극의 영향을 벗어나 근대극을 확립하기 위해 새로운 연극 운동도 일어난다. 동경 유학생을 중심으로 토월회와 같은 극단이 조직되었으며, 조명희의 희곡 「파사」, 김우진의 희곡 「산돼지」 등이 발표되어 극문학의 발전도 가능해졌다.

1920년대 중반의 한국 문학은 식민지 현실에 대응하여 민족주의 이념을 추구하는 경향과 사회주의 이념을 지향하는 경향에 따라 민족문학과 계급문학의 분화를 드러내게 된다. 1925년에 결성된 조선프롤레타리아예술동맹을 중심으로 구체화되기 시작한 계급문학 운동은 문학을 통한 계급의식의 고양과 문학 운동을 기반으로 정치적 투쟁으로의 진출을 목표로 조직을 확대하고, 문학과 예술의 계급적 이념을 강화하였다. 조선프로예맹은 전국적인 조직망을 두고 정치 사회 단체와도 횡적인 연대를 확보함으로써, 문학 운동의 집단적 실천을 가능하게 하였다.

계급 문학 운동은 대중성 획득을 위해 노동자와 농민을 상대로 하는 노동문학과 농민문학의 창작에 주력하였다. 그 결과로 소설의 경우, 최서해의 「탈출기」, 조명희의 「낙동강」, 이기영의 『고향』, 한설야의 『황혼』 등이 발표된다. 이 작품들은 대부분 계급의식에 기초하여 식민지 현실에 대한 비판적 인식을 강조하였으며, 농민과 노동자의 계급적 연대 의식과 투쟁을 무산계급의 역사적 사명으로 내세웠다. 시문학의 경우 박세영, 임화, 김창술 등이 식민지 현실의 계급적 모순을 비판하고 계급투쟁 의식을 강조하는 경향시를 많이 발표하였다. 임화의 「우리 오빠와 화로」, 「네거리의 순이」 등은 이른바 단편 서사시라는 이름으로 지칭되기도 하였는데, 계급적 현실의 모순을 시적 정황으로 형상화하는 데에 성공한 것으로 평가된다. 계급 연극 운동도 활발하게 전개되어 이동 소극장을 중심으로 하는 연극 공연이 이루어졌으며, 특히 신건설사와 같은 전문적인 극단이 결성되어 계급 연극의 대중화를 촉진하였다. 이와 함께 송영의 희곡「일체 면회 거절하라」,「황금산」등이 무대에 올려지기도 하였다.

1930년대에 들어서면서 한국 문학은 일본 군국주의가 강화되고 문학에 대한 사상적 탄압이 자행되기 시작하면서 중요한 변화를 겪게 된다. 특히, 한국 문학의 주조를 형성하고 있던 집단적 이념 추구의 경향이 사라지고 개인적 정서에 기초한 순수 문학의 다양한 경향이 뚜렷하게 등장하였다. 1930년대 중반을 전후하여《시문학》,《시인부락》등의 시 동인지가 발간되면서 동인 활동을 중심으로 창작에 참여하는 문인들이 많이 등장하였고, 극예술연구회 중심으로 연극 운동도 활발하게 전개된다.《신동아》,《조광》,《중앙》과 같은 월간 종합잡지를 신문사에서 간행하여 문예 영역에 대한 관심을 확대시키는 기능을 담당하였다. 특히 1930년대 말기에 간행된《문장》,《인문평론》은 순문학잡지로서 문학 활동의 중요한 매체가 되어, 많은 신인들을 배출하였다.

이 시기의 소설은 새로운 기법을 시도하거나 소설적 의장을 중시하는 작품들이 많다. 이상의「날개」,「종생기」등은 심리 묘사 수법을 통해 자의식의 분열 상태를 그려 놓았으며, 이효석의「메밀꽃 필 무렵」, 김유정의「동백꽃」등은 단편소설의 구조적인 완벽을 이루어 낸 수작으로 손꼽힌다. 박태원의「소설가 구보 씨의 일일」, 이태준의「가마귀」등은 문체의 감각과 소설 구성의 기법에서 새로운 경지를 드러냈다. 이들 소설을 보면, 소설적 공간이 의식의 내면으로 확대되었으며, 서술적 표현보다 묘사적인 문체를 잘 활용하고 있다. 장편소설의 경우, 염상섭의

『삼대』, 박태원의『천변 풍경』, 채만식의『탁류』(1938), 김남천의 『대하』, 홍명희의『임거정전』 등이 한국인의 삶을 시대와 역사의 전체적인 조망을 통해 그려 내고 있다.

  이 시기의 시문학에서 가장 주목되는 것은 순수시에 대한 지향과 함께 등장한 모더니즘 시 운동이다. 정지용의『정지용시집』, 김영랑의『영랑시집』 등은 섬세한 언어 감각과 세련된 기법을 통해 시적 서정성의 구현에 앞장섰고, 김기림의『기상도』, 오장환의『성벽』, 김광균의『와사등』 등은 도시적 감각과 이미지를 바탕으로 지적인 경향을 드러냈다. 이상의 경우에는 자의식의 세계를 묘사하는 실험적인 시를 써서 새로운 관심을 불러일으키기도 하였다. 1930년대 후반에는 삶의 근원에 대한 깊이 있는 성찰과 인간 존재에 대한 탐구를 위주로 하는 새로운 시 경향이 나타난다. 서정주의『화사집』, 유치환의『청마시집』 등 '생명파' 시인들의 업적이 그 중심을 이루고 있다. 이병기의『가람시조집』도 현대시조의 소중한 업적이다. 이 시기에 삶의 고향인 자연을 대상으로 노래한 박두진, 박목월, 조지훈 등이 시단에 모습을 드러냈다. 일제 말기의 암흑기에는 이육사, 윤동주 등이 저항 의지를 노래하면서 민족의 정서를 지키려고 노력하였다.

  극예술연구회(1931)의 창립과 함께 활발하게 전개된 연극 운동은 수준 높은 번역극의 공연과 창작극에 대한 관심으로 극 문학의 전환을 가능하게 한다. 유치진의「토막」, 함세덕의「동승」, 오영진의「맹진사댁 경사」 등은 사실주의적 연극의 새로운 성과로 평가되고 있다.

분단 시대의 문학

  한국은 1945년 해방과 함께 일제 식민지 지배로부터 벗어나게 되었으나, 사상과 이념의 분열 대립 속에서 열강의 정치적

책략에 휩쓸려 남북한의 분단을 면할 수 없게 된다. 이러한 정치 사상적인 분열은 문단에서도 남북한 문학의 분파와 갈등으로 나타났다. 해방 직후의 소설 문단에서는 이태준의 「해방 전후」, 박노갑 「사십 년」, 안회남 「폭풍의 역사」 등이 월북 문인의 대표적인 작품으로 지목되었으며, 시의 경우, 김기림의 『새노래』, 오장환의 『병든 서울』, 『나 사는 곳』, 이용악의 『오랑캐꽃』, 임화의 『찬가』 등이 모두 좌익 시단의 관심사가 되었다. 정치적 이데올로기를 자신의 문학적 신념으로 끌어들이면서 자기 변신을 시도한 이들의 문학은 집단적인 주제를 즐겨 다루며, 정치적 이념을 직접적으로 작품을 통해 표현하고자 한 경우도 많다.

민족 진영의 시인들은 일제 말기의 시적 작업에 대한 정리에 손을 대면서 이육사의 『육사시집』과 윤동주의 『하늘과 바람과 별과 시』라는 유고 시집을 간행한 바 있다. 그리고 박두진, 박목월, 조지훈의 『청록집』은 '자연의 발견'이라는 명제로 그 의미가 규정된 바 있으며, 해방 이후 서정시의 맥락을 이어가는 중요한 업적으로 평가되고 있다. 박목월의 향토성이나 박두진의 이데아 지향, 그리고 조지훈의 고전적 정신 등은 각 시인의 시적 개성으로 더욱 확대 심화되어 온 것이 사실이다. 서정주의 『귀촉도』는 초기의 시에서 볼 수 있었던 관능적인 감각에서 벗어나 전통적인 율조를 바탕으로 토속적인 정감을 폭넓게 깔고 있다. 유치환의 『생명의 서』는 주제의 관념성이 남아 있지만, 『울릉도』 이후에는 시인이 현실의 삶에 대한 시적 인식에 관심을 기울였음을 알 수 있다.

1950년의 6·25전쟁은 한국의 남북 분단을 고정시켜 놓은 비극적인 계기가 되었다. 전후의 한국 사회가 전쟁의 상처와 혼란으로부터 점차 벗어나기 시작한 것은 1950년대 중반을 넘어서면서부터이다. 문학 영역에서는 《문학예술》, 《현대문학》, 《자유문학》 등 종합문예지의 등장과 함께 《사상계》, 《신태양》 등의 종합지가 모두 문학 활동의 새로운 기반을 구축하였다.

전후 소설의 경향을 보면, 김동리는『사반의 십자가』,「등신불」,「까치 소리」등에서 인간의 숙명적인 고통과 번뇌로부터 벗어나기 위한 구원의 몸부림을 다루고 있다. 황순원은 장편소설『카인의 후예』,『인간 접목』을 발표하면서 분단과 전쟁 속에서 이루어진 삶의 비극적 양상을 소설적으로 형상화하는 데에 주력한다. 안수길은「제삼 인간형」에서 예리하게 감촉되는 작가적 관점을, 장편소설『북간도』에서 투철한 역사의식을 구체화하고 있다.

전후 세대의 작가들 가운데, 장용학의「요한시집」, 김성한의「오분간」「바비도」, 오상원의「모반」, 손창섭의「잉여인간」등 기성세대의 윤리 의식과 사회 도덕적 가치 개념에 대한 반항 의식을 드러내고 있는 것이 많다. 전후의 사회적 혼란과 윤리의 붕괴를 전면에서 다룬 박경리의「불신시대」, 전광용의「꺼삐딴리」, 이범선의「오발탄」등과 함께, 이호철의「나상」, 최상규의「포인트」, 서기원의「암사지도」등에는 암담한 현실의 밑바닥을 살아가는 인간들의 모습이 그려져 있다.

전후 시에서 주목해야 할 것은 시 정신과 시적 방법의 새로운 모색 과정이다. 전후 시의 경향 가운데 전통적인 리듬과 토속적인 정서를 주축으로 하는 '전통파'라는 부류가 있다. 전통파 시의 가장 큰 특징은 개인의 정서와 감각을 중시하면서 전통적인 리듬에 근거하여 토속적인 자연을 폭넓게 시의 영역으로 끌어들이고 있는 점이다.「피리」,「울음이 타는 가을 강」등을 통해 전통적인 정서의 세계와 토속적인 감각을 심화시켜 놓은 박재삼을 비롯하여 구자운, 김관식, 이동주, 정한모 등이 바로 이에 속한다고 할 수 있다. 전후 시의 또 다른 부류로는 시적 언어와 형태에 새로운 실험을 감행하면서 전통의 변혁에 주력해 온 '실험파' 시인들이 있다. 김경린, 박인환, 김규동, 김차영,

이봉래 등 《후반기》 동인들의 시 운동은 바로 전후 모더니즘 운동의 새로운 출발점이 된다. 사회적 상황에 대한 비판적 인식과 풍자적 접근이 시를 통해 가능함을 구체적으로 보여 준 박봉우, 전봉건 등과 존재론의 차원에서 시 인식의 문제를 시적으로 형상화한 김춘수의 시집 『꽃의 소묘』 등도 전후 시의 중요한 자리를 차지하고 있다.

전후의 희곡 문학 가운데에는 차범석의 「불모지」와 「산불」을 우선 손꼽을 수 있다. 앞의 작품은 전쟁의 상처를 달래지 못하고 절망 속에 살아가는 인간상을 그리고 있으며, 뒤의 작품은 이념의 허구성과 인간의 본능적 욕구를 대비해 놓고 있다. 임희재는 「고래」를 통해 현실 상황의 극적 구성에 관심을 보였고, 이근삼은 「원고지」에서 지식인의 나약성과 허위의식을 비판하였고, 「대왕은 죽기를 거부하였다」에서 전제군주의 독재정치를 풍자하였다.

한국의 전후 문학은 1960년 4·19혁명을 전후하여 새로운 전환을 보여 준다. 1950년대의 막바지에 문단에 나선 최인훈의 뒤를 이어 김승옥, 박태순, 서정인, 이청준, 홍성원 등이 새로운 문학 세대로 등장하게 된 것이다. 전쟁의 현장에서 벗어나면서 작가들이 관심을 기울이기 시작한 것은 자신을 포함한 모든 인간들의 삶의 방식과 그 사회적 연관성을 검토하는 작업이었다. 최인훈의 「광장」은 분단 상황 속에서 지식인의 고뇌와 방황과 좌절을 특이한 소설적 구도를 통해 형상화한다. 김승옥은 「서울 1964년 겨울」, 「무진기행」에서 소시민적인 삶의 양상을 그려 냈고, 이청준은 「병신과 머저리」에서 현실과 관념의 대응관계를 구조적으로 파악하였다.

4·19혁명과 함께 시의 경향도 변화를 보인다. 현실적 생명력과 의지와 감동을 지닌 시가 요구되면서 가장 먼저 자기 변혁을 감행한 것은 김수영과 신동엽이다. 이들은 전후 시가 보여

준 정서적 폐쇄성을 거부하면서 문학의 현실 참여를 주장하기 시작한다. 이들이 내세운 문학의 현실 참여는 현실을 회의하고 부정해 버리는 맹목적인 저항이나 반발이 아니라, 진실한 삶의 가치를 추구하기 위한 의지의 표현이라고 할 수 있다. 김수영의 『달나라의 장난』에 수록된 시들은 현실에 대한 비판적 인식을 세련된 지적 감각으로 표현하고 있으며, 신동엽의 「금강」에서는 전통과 역사에 대한 시적 인식의 새로운 지평이 열리고 있음을 볼 수 있다.

이 시기에 발표된 희곡 가운데 천승세의 「만선」은 인간의 의지와 그 삶의 비극성을 극적으로 묘사하고 있으며, 오태석의 「환절기」는 현대인의 모럴 의식과 애정 갈등을 파헤친 심리극으로 주목된 바 있다.

한국 사회는 1970년대에 접어들면서 급격한 산업화 과정에 돌입하게 된다. 근대화 과정에서 야기된 사회계층의 분화와 빈부의 격차, 지역적인 발전의 격차가 새로운 사회문제로 대두되었으며, 전통적인 가치관의 붕괴와 세대 간의 갈등도 증폭되었다. 게다가 정치적인 폭력이 심화되자, 이에 대항하는 반체제적인 문학 운동이 전개되기에 이른다. 이 시기에《창작과 비평》과《문학과 지성》등이 계간 문학지로서의 위치를 확고히 하였으며, 문예종합지《문학사상》과 시 전문지《시문학》,《현대시학》,《심상》등이 문학 활동의 기반을 확대시켜 놓았다.

1970년대 이후 한국 소설이 보여 준 가장 중요한 특징은 산업화 과정에서 드러나기 시작한 여러 가지 사회문제들에 적극적인 관심을 부여한 점이다. 이문구의『관촌수필』,『우리 동네』등은 산업화 과정 속에서 소외되어 궁핍화된 농촌의 현상을 그려 냈다. 삶의 터전을 잃어버린 변두리 주민들의 생활과 노동 현장은 박태순의「정든 땅 언덕 위」, 황석영의「객지」,「삼포 가는 길」, 조세희의『난장이가 쏘아 올린 작은 공』, 윤흥길의「아홉 켤레의 구두로 남은 사내」 등에서 폭넓게 검증되면서, 노동 문학의 새로운 가능성과 한국 사회에서 노동의 삶이 갖는 의미를 분명하게 제시하였다.

이제하의 「초식」, 최인호의 「타인의 방」, 이청준의 『당신들의 천국』, 「잔인한 도시」, 오정희의 「유년의 뜰」 등은 정치적 메커니즘과 인간 정신의 대응 관계를 보여 주기도 하고, 인간성의 상실과 자기소외를 치밀하게 묘사하기도 한다. 박완서의 「휘청거리는 오후」, 최일남의 『타령』 등에서 볼 수 있는 풍속과 세태의 풍자도 중요한 소설적 경향의 하나라고 할 수 있다.

이 시기에 민족의 분단과 그 역사적 상황에 대한 비판적 인식을 요구하는 분단소설이 등장한다. 김원일의 『노을』, 『겨울 골짜기』, 전상국의 「아베의 가족」, 조정래의 『유형의 땅』, 『태백산맥』, 이문열의 『영웅시대』, 임철우의 「아버지의 땅」 등이 대표적인 작품들이다. 한국 현대소설에서 가장 중요한 성과의 하나로 평가되는 박경리의 『토지』, 황석영의 『장길산』, 김주영의 『객주』, 조정래의 『태백산맥』 등 대하 장편소설의 완결이 이 시기에 이루어진 점도 주목된다.

산업화 과정에 접어들면서 가장 뚜렷한 시적 경향을 보여 준 것은 민중 시를 지향하는 시인들의 작업이다. 신경림의 『농무』, 『남한강』, 최하림의 『우리들을 위하여』 등은 민중의 삶에 대한 관심을 시적으로 확대하여 서정시의 폭을 넓혀 놓았으며, 고은의 『문의 마을에 가서』에서 볼 수 있는 현실에 대한 비판적인 의식과 김지하의 『타는 목마름으로』 등에서 볼 수 있는 투쟁적인 정신이 민중 시의 중심에 자리 잡게 된다. 그리고 정희성의 『저문 강에 삽을 씻고』, 김명인의 『동두천』, 김용택의 『섬진강』 등에 의해 현실적 상황과 시적 상상력 사이에 더욱 응축된 시적 긴장이 표현되었다.

시적 정서와 지적인 감각을 균형 있게 살려 낸 황동규의 『삼남에 내리는 눈』, 정현종의『사물의 꿈』등은 언어와 상상력의 가능성을 최대한 확대시켜 놓았으며, 김광규의『아니다 그렇지 않다』, 황지우의『새들도 세상을 뜨는구나』, 오세영의『모순의 흙』, 정호승의『새벽 편지』등에서 일상적 삶의 경험을 통하여 개인의 정서를 더욱 심화 확대시켜 나아가고 있는 한국 현대시의 발전 방향을 확인해 볼 수 있다.

작품 찾아보기

ㄱ

『가람시조집』 356
「가마귀」 355
「가을의 노래」 269
「감자」 196, 197, 266, 353
《개벽》 353
『객주』 361
『객지』 360
「검찰관」 264
『겨울 골짜기』 361
「결박된 프로메테우스」 243
「경세종」 351
「계단을 내려가는 나체」 274
「고뇌의 수도」 275
「고래」 359
「고적한 밤」 112
『고향』 265, 354
「공무도하가」 336, 337
「공방전」 338
「공산당 선언(Communist Manifesto)」 319
「관동별곡」 340, 342
『관촌수필』 360
「광장」 146, 359
『구마검』 351
『구운몽(九雲夢)』 180, 181, 343
「구지가」 336, 337
「국경의 밤」 71
「국선생전」 338
「국순전」 338
「국화 옆에서」 64

『귀촉도』 357
『균여전』 337
「그리움」 85
「근금 소설 저자의 주의」 21
「금강(錦江)」 71, 360
「금수재판」 351
「금수회의록」 351
「금오신화」 342, 343
『기상도』 275, 356
「깃발」 108
「까치 소리」 358
「꺼삐딴 리」 358
「꽃 두고」 350
『꽃의 소묘』 359
「꽃의 소묘」 89
「꿈자리」 68
「꿈하늘」 351

ㄴ

『나 사는 곳』 357
『나나』 266
「나상」 358
「나의 길」 87
「나의 침실로」 124, 353
「나자」 275
「낙동강」 354
「낙화」 80
『난장이가 쏘아올린 작은 공』 360
「날개」 148, 188, 355
「남으로 창을 내겠소」 119

작품 찾아보기

『남한강』　361
「내 마음」　98
「너무도 슬픈 사실―봄의 선구자 진달래를 노래함」　62
「네거리의 순이」　354
『노을』　361
『논어』　20
『농무』　361
「누항사」　342
『님의 침묵』　297, 354
「님의 침묵」　116

ㄷ

《다다》　274
『달나라의 장난』　360
『당신들의 천국』　361
「당신을 보았습니다」　122
「대왕은 죽기를 거부하였다」　359
『대위의 딸』　264
『대하』　356
《대한매일신보》　350
《대한민보》　350
『데이비드 코퍼필드』　264
《독립신문》　350
『독일 이데올로기』』　319
「동 쥐앙」　249, 256
「돌담에 소색이는 햇살같이」　100
「동국 거걸 최도통전」　351
「동동」　339
『동두천』　361

「동명왕편」　338
「동백꽃」　167, 168, 176, 178, 355
「동승」　356
《동아일보》　353
「등신불」　358
『디비나 코메디아(Divina Comedia)』　247

ㄹ

「레디 메이드 인생」　149
『레 미제라블』　261
「르 시드」　244, 255
「리어 왕」　244, 257

ㅁ

「마음」　85
「만물의 조응」　268
「만선」　360
《만세보》　350
「만세전」　265, 353
「맥베스」　244, 257
「맹진사댁 경사」　356
「먼 후일」　126
「메데이아」　243
「메밀꽃 필 무렵」　182, 183, 355
「면앙정가」　342
『명주보월빙』　344
「모든 사람 자기 기질대로」　248
「모반」　358
『모순의 흙』　362

「목걸이」 264
『목로주점』 266
「몽견제갈량」 351
「몽배금태조」 351
「무녀도」 184, 206
『무정』 39, 43, 138, 146, 206, 297, 301, 352
「무진기행」 359
『문의 마을에 가서』 361
《문장》 355
「문체론」 275
《문학과 지성》 360
《문학사상》 360
《문학예술》 357
「문학의 가치」 12
『민담의 형태론(Morphology of the Folktale)』 140

ㅂ

「바다 2」 91, 93
「바라건대는 우리에게 우리의 보섭 대일 땅이 있었더면」 126
「바비도」 358
「바카이/바커스의 여신도들」 243
「배따라기」 203, 266, 353
『백록담』 275
《백조》 261, 353
「베니스의 상인」 249
「베레니스」 256
『병든 서울』 357
「병신과 머저리」 359

「보리피리」 98
『보바리 부인』 264
「보현십종원왕가」 339
『북간도』 358
「불놀이」 353
「불모지」 359
「불신시대」 358
「불효천죄」 352
「붉은 산」 150
「비」 98, 106
「비곗덩어리」 266
「비극론」 255
「빈처」 265, 353
「빌헬름 텔」 236
「빼앗긴 들에도 봄은 오는가」 353

ㅅ

「사랑손님과 어머니」 191, 198
「사모곡」 339
『사물의 꿈』 362
「사미인곡」 342
『사반의 십자가』 358
《사상계》 357
「사십 년」 357
「사씨남정기」 343
「산」 89
「산돼지」 354
「산불」 359
「산유화」 60, 76, 79
『삼국유사』 336, 337

작품 찾아보기

『삼남에 내리는 눈』 362
『삼대』 147, 171, 172, 201, 265, 356
「3통일론」 255
「삼포 가는 길」 360
「상대별곡」 340
『상록수』 19, 205
「상춘곡」 79, 342
『새 노래』 357
『새들도 세상을 뜨는구나』 362
『새벽 편지』 362
『생명의 서』 357
「서경별곡」 339
「서동요」 337
『서사 담론(Narrative Discourse)』 174, 198
「서울 1964년 겨울」 359
『서정시가집』 260, 295
「선상탄」 342
『섬진강』 361
「성벽」 356
「성산별곡」 342
「소나기」 196
「소년의 비애」 352
「소설가 구보 씨의 일일」 156, 355
「소설가의 추세」 21
『소설의 양상(Aspects of the Novel)』 144, 162
『소설의 이해(Understanding fiction)』 185
「수성지」 343
「수전노」 249, 256
「쉬르레알리슴 선언」 275
《쉬르레알리슴 혁명》 275
「슬픈 족속」 87

『시경』 20, 336
「시극론」 255
《시문학》 355, 360
「시법(詩法)」 256
『시용향악보』 339
《시인부락》 275, 355
『시학』 24, 140, 143, 159, 235, 236, 242, 243, 247, 255, 290
『신곡(神曲)』 247
「신나」 255
《신동아》 355
《신태양》 357
『실천비평(Practical Criticism)』 120
《심상》 360
「심생전」 343
「심청전」 22, 25, 145, 147, 204, 343
「십이야(十二夜)」 249
「십자가」 115
「쌍화점」 339

ㅇ

「아가멤논」 243
『아니다 그렇지 않다』 362
「아리랑」 78
「아버지의 땅」 361
「아베의 가족」 361
「아이아스」 243
「아홉 켤레의 구두로 남은 사내」 361
『악의 꽃』 268
「악장가사」 339

『악학궤범』 339
「안나 카레니나」 264
「안티고네」 243
「암사지도」 358
「앙드로마크」 244
「애국부인전」 351
「양반전」 343
「엄마야 누나야」 66
「에르나니」 260
『여자의 일생』 264, 266
「여자의 평화」 248
「연금술사」 248
「연행가」 342
『영랑시집』 356
『영웅시대』 361
「오디세이」 70
「오라스」 255
「오랑캐꽃」 357
「오레스테이아」 243
「오를레앙의 처녀」 256
『오만과 편견』 264
「오발탄」 358
「오분간」 358
「오셀로」 244, 257
「오셔요」 120
「오이디푸스 왕」 159, 245
『올리버 트위스트』 264
「옷과 밥과 자유」 121
『와사등』 356
『완월회맹연(玩月會盟宴)』 137, 344
「외인촌(外人村)」 96

「외투」 264
「요한시집」 358
「용비어천가(龍飛御天歌)」 71, 340
『우리 동네』 360
「우리 오빠와 화로」 354
『우리들을 위하여』 361
「우화(寓話)」 256
「운수 좋은 날」 152, 169, 265, 300, 353
『울릉도』 357
「울음이 타는 가을 강」 358
「원고지」 359
「월인천강지곡」 340
「유년의 뜰」 361
『유형의 땅』 361
『육사시집』 357
『은세계』 351, 352
「을지문덕」 351
『이상 국가』 290
『인간 접목』 358
「인간 혐오자」 249
『인간희극』 264
《인문평론》 355
『인현왕후전』 344
「일동장유가」 342
「일리아드」 70
『임거정전』 356
「임화정연」 344
「잉여인간」 358

작품 찾아보기

ㅈ

「자비로운 여신들」 243
《자유문학》 357
『자유종』 351
『작시법(Ars Poetica)』 294
「작품에서 텍스트로(From Work to Text)」 44
「잔인한 도시」 361
『장길산』 361
『저문 강에 삽을 씻고』 361
『적과 흑』 261
『전쟁과 평화』 264
『젊은 베르테르의 슬픔』 256
「접동새」 67
「정과정곡」 78, 339
「정든 땅 언덕 위」 360
『정지용시집』 275, 356
《제국신문》 350
「제망매가」 337
「제삼 인간형」 358
『제왕운기』 338
《조광》 355
《조선일보》 353
「종생기」 355
『죄와 벌』 264
「주제론」 164
「죽계별곡」 340
「죽부인전」 338
《중앙》 355
「지옥의 계절」 269
『진달래꽃』 353

「진달래꽃」 19, 25, 43, 101, 102, 104

ㅊ

『찬가』 357
「찬기파랑가」 337
《창작과 비평》 360
《창조》 353
『천변 풍경』 356
「청(靑)노루」 74
「청강사자현부전」 338
『청구영언』 341
『청록집』 357
『청마시집』 356
「청산별곡」 339
「초식」 361
『추월색』 351
「춘향전」 138, 139, 140, 145, 147, 149, 298, 299, 343
「취한 배」 269
「치숙」 205
『치악산』 351

ㅋ

『카라마조프의 형제들』 264
『카인의 후예』 358
「코에포로이」 243
『크롬웰』 236
「클레브 공작부인」 256

ㅌ

『타는 목마름으로』 361
『타령』 361
「타인의 방」 361
『탁류』 179, 194, 265, 356
「탈출기」 188, 354
『태백산맥』 361
「태백산시」 350
《태서문예신보》 270
『태평천하』 265
『테스』 264
「토막」 220, 226, 229, 230, 234, 356
『토지』 137, 361
「트로이의 여인」 243

ㅍ

『파리의 노트르담』 260
「파리의 농부」 275
「파사」 354
『파우스트』 256
『판단력 비판』 292
「페니키아의 여인」 243
「페드르」 244, 256
「페르시아인들」
《폐허》 353
「포인트」 358
『폭풍의 언덕』 264
「폭풍의 역사」 357
「표본실의 청개구리」 352

『푸른 꽃』 260
「피리」 358

ㅎ

『하늘과 바람과 별과 시』 41, 357
「학마을 사람들」 205
「한 개의 별을 노래하자」 112
「한림별곡」 340
「한여름 밤의 꿈」 249
『한중록』 344
「해」 111
『해동가요』 341
『해동역사』 336
「해방 전후」 357
「해에게서 소년에게」 81, 82, 83, 350
「햄릿」 244, 256
「향악잡영」 344
「허생전」 343
『허영의 시장』 264
「헬레네」 243
《현대문학》 357
《현대시학》 360
『혈의 누』 138, 351
「호질」 343
「홍길동전」 42, 342, 343
『화사집』 356
『화의 혈』 351
「환절기」 360
「황금산」 355
《황성신문》 350

작품 찾아보기

「황조가」　336, 337
『황혼』　354
《후반기》　360
「휘청거리는 오후」　361
「흥부전」　143, 145, 148, 181, 343
「히폴리토스」　243, 244

인명 찾아보기

ㄱ

고골리(Nikolai Vasilievich Gogoli) 264
고은 361
공자 20
괴테(Johann Wolfgang von Goethe) 245, 256, 259
구자운 358
균여 337, 339
김경린 358
김관식 358
김광규 362
김광균 96, 275, 356
김광섭 85, 89, 275
김교제 351
김규동 358
김기림 275, 275, 356, 357
김남천 356
김동리 184, 206, 358
김동명 98
김동인 150, 196, 203, 208, 266, 353
김동환 71
김만중 343
김명인 361
김상용 119
김성한 358
김소월 19, 25, 42, 60, 66, 67, 68, 76, 79, 80, 101, 102, 121, 126, 127, 299, 353
김수영 359, 360
김수장 341
김승옥 359

김시습 342
김억 270
김영랑 100, 356
김용택 361
김우진 354
김원일 361
김유정 167, 176, 178, 355
김인겸 342
김주영 361
김지하 361
김차영 358
김창술 354
김천택 341
김춘수 89, 359
김현승 276

ㄴ

나도향 261
노발리스(Novalis) 259, 260

ㄷ

단테(Alighieri Dante) 247
데카르트(Rene Descartes) 254, 258
도스토옙스키(Fyodor Mikhailovich Dostoevsky) 264
뒤샹(Marcel Duchamp) 274
드라이든(John Dryden) 257
득오곡 337
디드로(Denis Diderot) 259

인명 찾아보기

디킨스(Charles John Huffam Dickens)　264

ㄹ

라 퐁텐(Jean de La Fontaine)　256
라신(Jean-Baptiste Racine)　236, 244, 256
라캉(Jacques Lacan)　311, 312, 313, 314, 315
라파예트 부인(Madame de La Fayette)　256
랭보(Arthur Rimbaud)　267, 269
러스킨(John Ruskin)　292
레싱(Gotthold Ephraim Lessing)　236, 245
루소(Jean Jacques Rousseau)　258, 259
리처즈(Ivor Armstrong Richards)　120, 276

ㅁ

마르크스(Karl Marx)　318, 319, 320, 321
말라르메(Stephane Mallarme)　267, 269
말레르브(Francois de Malherbe)　255
맹사성　341
메난드로스(Menandros)　248
모리스(William Morris)　292
모파상(Guy de Maupassant)　263, 264, 266
몰리에르(Moliere)　236, 249, 256

ㅂ

바르트(Roland Gerard Barthes)　44
바이런(George Gordon Byron)　260, 261
박경리　137, 358, 361
박노갑　357

박두진　111, 356, 357
박목월　74, 356, 357
박봉우　359
박세영　354
박영희　261
박완서　361
박은식　351
박인로　342
박인환　358
박재삼　358
박종화　261
박지원　343
박태순　359, 360
박태원　156, 278, 355, 356
박팔양　62
발레리(Ambroise-Paul-Toussaint-Jules Valery)　269
발자크(Balzac)　264
백대진　270
베르그송(Henri Bergson)　267
베를렌(Paul Verlaine)　267, 269
보들레르(Charles Pierre Baudelaire)　267, 268, 270
볼테르(Voltaire)　259
부알로(Nicolas Boileau)　256
브렌타노(Clemens Brentano)　259
브룩스(Cleanth Brooks)　185
브론테(Emily Jane Bronte)　264
브르통(Andre Breton)　275
블레이크(William Blake)　260
비어즐리(Monroe Curtis Beardsley)　39, 41

ㅅ

새커리(William Makepeace Thackeray) 264
서기원 358
서정인 359
서정주 64, 275, 356, 357
세네카(Seneca) 244
셰익스피어(William Shakespeare) 42, 71, 236, 243, 244, 248, 249, 256, 257, 315
셸리(Percy Bysshe Shelley) 260, 261
소쉬르(Ferdinand de Saussure) 110, 314
소포클레스(Sophocles) 243, 245, 310
손창섭 358
송순 342
송영 355
쇼(George Bernard Shaw) 249, 272
쇼펜하우어(Arthur Schopenhauer) 272
슐레겔(Schlegel) 형제 258, 259
스콧(Walter Scott) 260
스탕달(Stendhal) 260, 261
스트린드베리(Johan August Strindberg) 245
시클롭스키(Victor Shklovsky) 163
신경림 361
신동엽 71, 359, 360
신석초 275
신채호 20, 21, 22, 351
신충 337
실러(Johann Christoph Friedrich von Schiller) 245, 256
심훈 19, 205

ㅇ

아라공(Louis Aragon) 275
아리스토텔레스(Aristotle) 24, 140, 143, 159, 160, 163, 235, 236, 242, 243, 247, 255, 290, 291
아리스토파네스(Aristophanes) 248
아이스퀼로스(Aischylos) 243
안국선 351
안수길 358
안축 340
안회남 357
영재 337
에우리피데스(Euripides) 243, 244
엘뤼아르(Paul Eluard) 275
엥겔스(Friedrich Engels) 318, 319, 321
염상섭 147, 171, 201, 265, 352, 355
오상원 358
오세영 362
오스틴(Jane Austen) 264
오영진 356
오장환 275, 356, 357
오정희 361
오태석 360
울프(Virginia Woolf) 154
워런(Robert Penn Warren) 185
워즈워스(William Wordsworth) 260, 261, 295
월명사 337
위고(Victor Hugo) 236, 260
윔샛(William Kurtz Wimsatt) 39, 41
유원표 351
유치진 220, 226, 229, 234, 356

인명 찾아보기

유치환   85, 88, 108, 276, 356, 357
윤동주   40, 41, 87, 115, 356, 357
윤선도   341
윤흥길   360
율천사   338
이곡   338
이광수   12, 39, 138, 146, 206, 207, 208, 294, 297, 301, 352
이규보   338
이근삼   359
이기영   264, 354
이동주   358
이문구   360
이문열   361
이범선   205, 358
이병기   356
이봉래   358
이상   16, 39, 148, 188, 276, 278, 355, 356
이상화   124, 261, 353
이승휴   338
이옥   343
이용악   357
이육사   112, 356, 357
이이   341
이인로   338
이인직   138, 351, 352
이제하   361
이제현   338
이청준   359, 361
이태준   278, 355, 357
이해조   351

이현보   341
이호철   358
이황   341
이효석   182, 208, 355
임성구   352
임제   343
임철우   361
임춘   338
임화   344, 354, 357
임희재   359
입센(Henrik Ibsen)   236, 245

ㅈ

작스(Hans Sachs)   248
장만영   98, 276
장용학   358
장지연   351
전광용   358
전봉건   359
전상국   361
정극인   79, 342
정병욱   40
정지상   338
정지용   91, 93, 106, 107, 275, 356
정철   341, 342
정한모   358
정현종   362
정호승   362
정희성   361
제유   340

조명희　354
조세희　360
조이스(James Joyce)　154, 315
조정래　361
조지훈　80, 356, 357
존슨(Ben Jonson)　248, 257
졸라(Emile Zola)　266, 267
주요섭　191, 198
주요한　139, 352
주네트(Gerard Genette)　174, 175, 198

ㅊ

차라(Tristan Tzara)　273
차범석　359
채만식　149, 179, 194, 205, 264, 356
천승세　360
최남선　81, 82, 350
최명익　278
최상규　358
최서해　188, 354
최인호　361
최인훈　146, 359
최일남　361
최재서　275
최찬식　351
최치원　344
최하림　361
충담사　337

ㅋ

칸트(Immanuel Kant)　256, 292
코르네유(Pierre Corneille)　236, 244, 249, 256
콜리지(Samuel Taylor Coleridge)　260, 295
키츠(John Keats)　260

ㅌ

테렌티우스(Publius Terentius Afer)　248
텐(Hippolyte Adolphe Taine)　265
토마쳅스키(Boris Tomachevsky)　163, 164, 165
톨스토이(Lev Nikolaevich Tolstoi)　42, 264, 292, 294

ㅍ

포(Edgar Allan Poe)　315
포스터(Edward Morgan Forster)　144, 146, 161, 162, 163
포크너(William Faulkner)　154
포프(Alexander Pope)　257
푸시킨(Aleksandr Sergeevich Pushkin)　264
프로이트(Sigmund Freud)　154, 272, 274, 275, 307, 308, 309, 310, 311, 312
프롭(Vladimir Propp)　140, 141, 142
플라우투스(Titus Maccius Plautus)　248
플라톤(Platon)　290, 291, 319
플로베르(Gustave Flaubert)　263, 264, 290

인명 찾아보기

ㅎ

하디(Thomas Hardy) 264
하우스만(Raoul Hausmann) 274
하웁트만(Gerhart Hauptmann) 249
한설야 354
한용운 87, 112, 116, 117, 120, 122, 297, 354
한하운 98
함세덕 356
허균 342, 343
현진건 152, 169, 265, 300, 353
호라티우스(Horatius) 294
호머(Homer) 70
호프만(Ernst Theodor Amadeus Hoffmann) 259
홍명희 356
홍사용 261
홍성원 359
홍순학 342
황동규 361
황석영 360, 361
황순원 196, 358
황지우 362
황진이 79
휠젠베크(Richard Huelsenbeck) 273
흄(Thomas Ernst Hulme) 276

용어 찾아보기

ㄱ

가면극 344, 345
가사 56, 77, 78, 80, 81, 82, 335, 340, 342, 350
가짜 영웅(false hero) 142
각운(脚韻) 75
감염설 294
감정의 오류(affective fallacy) 41
갑오개혁 349
강약률 77
개성적 인물 146, 147
개연성 160, 184
개인적 상징 113, 114
개화 계몽 시대 11, 13, 20, 138, 333, 335, 347, 348, 349, 350, 351, 352
개화 가사 350
객관론적 관점 292, 316
거세 콤플렉스(castration complex) 310, 314
건국 신화 337, 338
결말 155, 160, 168, 169, 170, 181, 205, 238, 240, 241, 242, 243, 246, 247
경기체가 339, 340
경험적 공간 179, 180
고려가요 52, 55, 70, 78, 80, 338, 339
고저율 77
고전문학 49, 55, 56, 330, 332, 334, 335, 336, 347
고전주의(Classicism) 244, 248, 253, 254, 256, 257, 258, 259, 263
공산주의(communism) 319
과거제도(科擧制度) 332, 338, 347

과학소설 135
구비문학 49, 53, 54, 55, 56, 329, 330, 331, 332, 334, 338
구성 25, 26, 43, 51, 68, 69, 70, 73, 74, 80, 82, 83, 134, 135, 136, 140, 143, 158, 159, 160, 161, 163, 164, 165, 167, 168, 169, 170, 171, 172, 173, 176, 185, 214, 223, 227, 236, 238, 240, 242, 268, 276, 291, 349, 351, 355, 359
구속 모티프 165, 166
구조 7, 25, 26, 27, 28, 37, 42, 51, 65, 80, 86, 88, 101, 115, 134, 140, 141, 142, 158, 160, 161, 167, 170, 176, 181, 207, 214, 283, 286, 291, 192, 293, 296, 298, 301, 304, 305, 306, 311, 317, 341, 342, 343, 349, 355, 359
국문 글쓰기 332, 333, 340, 346, 347, 348
국문 문학 53, 54, 55, 330, 333, 334, 335, 340
국어 국문 운동 11, 333, 347, 348, 349
극시 70, 71
극예술연구회 355, 356
극적 공간 234, 235
극적 관습 220
극적 대화 225
극적 상황 221, 235
극적 성격(dramatic character) 145, 217
극적 행동 214, 215, 223, 227, 230, 231, 238, 239, 240
기능(function) 141, 142
기록문학 53, 54, 55, 330, 331, 334, 348
기의(記意) 44, 110
기증자(donor) 142
기질 희극(comedy of humours) 248

용어 찾아보기

기표(記標) 44, 110
기행 가사 56
꼭두각시놀음 344, 345

ㄴ

남근 숭배 246, 248
낭만주의(Romanticism) 38, 247, 256, 258, 259, 260, 261, 262, 263, 264, 269, 276, 291, 292
내적 초점화(internal focalization) 202, 203
내포적인 의미(connotative meaning) 32
농촌소설 135

ㄷ

다다(dada) 273, 274
단군 신화 337
단순 구성 136, 169, 170
단편소설 135, 136, 137, 150, 155, 167, 169, 170, 182, 184, 188, 191, 196, 300, 352, 353, 355
대사 213, 217, 220, 222, 224, 226, 345
대중소설 135
도시소설 135
독백(獨白) 222, 226
독서 행위 18
독자 16, 18, 19, 22, 26, 28, 33, 35, 36, 37, 40, 41, 42, 43, 44, 49, 74, 88, 118, 120, 127, 132, 133, 134, 144, 145, 146, 148, 150, 151, 153, 156, 158, 163, 167, 173, 179, 187, 188, 189, 194, 196, 197, 203, 205, 206, 208, 209, 213, 221, 283, 288, 289, 291, 293, 294, 300, 303, 304, 307, 316, 317, 318, 322, 342, 346, 351
독자의 사회학 317, 318
동기 설정(motivation) 166
동기화(motivated) 166
동맹(東盟) 335
동적 모티프 165, 166
두운(頭韻) 75
드라마 214
등장인물 43, 50, 71, 132, 133, 135, 137, 138, 139, 140, 142, 143, 144, 146, 147, 149, 150, 151, 153, 154, 167, 168, 169, 170, 172, 177, 178, 179, 186, 187, 189, 192, 194, 197, 202, 205, 206, 209, 214, 215, 217, 220, 221, 222, 225, 226, 227, 230, 231, 235, 238, 239, 250, 264, 277
디오니소스 축제 246, 248

ㄹ

러시아 형식주의 163, 293, 301
러시아 형식주의자 140, 164
리듬 16, 18, 26, 27, 65, 66, 68, 69, 70, 72, 73, 74, 75, 76, 77, 80, 81, 83, 91, 291, 305, 358
리비도(libido) 309

ㅁ

마르크스주의 318, 319, 320, 321, 322
막과 장 223
멜로드라마 245
모더니즘(Modernism) 39, 270, 271, 272, 273, 274, 276, 277, 278, 356, 359

모방   140, 159, 160, 236, 248, 290, 291, 295
모방론적 관점   290, 295
모티프(motif)   140, 164, 165, 166, 180
몽유록   55, 351
무가   55
무언극(無言劇)   215
무의식(the unconscious)   157, 274, 275, 306, 307, 308, 309, 310, 311, 312, 315, 321
무천(舞天)   336
문(文)   11, 12, 55
문자문학   49
문재도지기(文載道之器)   11
문체   16, 207, 208, 209, 335, 343, 355
문학사회학   317
문학비평   283, 284, 285, 286, 287, 288, 292, 293, 299, 301, 303, 310, 316, 317, 318, 322
문학성(literariness)   213, 292, 302
문학 연구   15, 16, 17, 39, 50, 51, 56, 285, 288, 296, 297, 298, 299, 300, 301, 306, 322, 323
문학적 상징   110, 113
문화 연구(cultural studies)   322, 323, 324, 325
미래주의   274
미토스(mythos)   159
민요   20, 53, 55, 78, 80, 331, 335, 337, 353

ㅂ

바로크 예술   255
반동자(antagonist)   139
반상 제도(班常制度)   334
반전   238, 240, 241

발단   136, 167, 168, 169, 238, 239, 240, 241
발전적 성격(developing character)   145
방백(傍白)   222, 226, 227
배경   26, 43, 49, 52, 132, 133, 135, 136, 137, 139, 145, 152, 159, 167, 169, 170, 173, 178, 179, 180, 181, 182, 184, 186, 206, 209, 213, 214, 221, 222, 231, 234, 238, 277, 287, 297, 300, 304, 307, 316
벌레스크   250
베스트셀러의 사회학   318
변증법적 유물론(Dialectical Materialism)   319
보드빌   250
보조관념   34, 84, 86, 92, 112, 113
본격소설   135
복합 구성   137, 170, 171
부수적 인물(minor character)   139, 140
부조리극   250
블랙코미디   250
비극(tragedy)   24, 42, 102, 123, 159, 160, 235, 236, 242, 243, 244, 245, 247, 248, 249, 250, 255, 256, 310
비극적 결함(harmartia, tragic flow)   242, 246
비유적 언어(figurative language)   33, 84, 91, 99
비유적 이미지(figurative image)   99, 100, 101
비유적 표현   34, 111, 113
빈도(frequency)   175, 177

ㅅ

사설시조   22, 23, 341, 342
사실주의(Realism)   262, 263, 264, 265, 267,

용어 찾아보기

272, 291, 356
사육제극(謝肉祭劇) 248
사전 제시(prolepsis) 175, 176
사회 윤리주의 비평 316, 317
산문 정신 132
산문문학 49, 245
산문시 65, 70
삼인칭 소설 187, 196, 202, 203
삼인칭 서술 192, 198
삼일치법칙 235, 236, 237, 243, 244, 254
상부 구조 320, 321
상상계(the imaginary) 312, 313, 314, 315
상징 6, 27, 33, 63, 101, 110, 111, 113, 114, 115, 116, 226, 305, 313
상징계(the symbolic) 312, 313, 314
상징주의(Symbolism) 267, 268, 269, 271, 292
상호텍스트적 관계 44
생명파 356
생산자 38, 40
서사(narrative) 50, 51, 54, 55, 56, 133, 134, 163, 174, 175, 176, 178, 181, 182, 273, 313, 338, 348, 349, 351
서사시 70, 71, 338, 354
서사적 50
서술시 70
서술의 초점(focus of narration) 182, 187
서정시 70, 71, 357, 361
서정적 50, 52, 54, 56, 70, 269, 337, 338
선인형 143
설화 331, 335, 337, 348
성격 창조(characterization) 143, 148, 150, 169

성격비극 245
성격의 초점(focus of character) 187
성격희극 250
성적 정체성(gender identity) 314
성조 77
섹슈얼리티(sexuality) 314
센티멘털드라마 245
소극(笑劇, farce) 250
소급 제시(analepsis) 175, 176, 178
수사적 표현 35
수용자 18, 40, 43
순서(order) 35, 36, 142, 160, 161, 162, 163, 165, 173, 174, 175, 194, 312
순수소설 135
슈젯(syuzhet) 163, 164, 165, 166
스토리(story) 161, 162, 163, 165, 166
시간 모순(anachrony) 175, 176
시의 짜임새 65, 66
시점(point of view) 185, 186, 187, 189, 192, 196, 197, 198, 202
시조 22, 52, 55, 69, 70, 77, 78, 80, 81, 82, 335, 340, 341, 349, 350, 356
신건설사 355
신비평(New Criticism) 39, 293, 303, 304, 305, 306
신소설 21, 138, 149, 351, 352
신체시 350, 351
신파극 352, 354
신화 55, 70, 113, 180, 335, 337, 338, 347
신화적 상상력 180, 347
실재계(the real) 312, 315

실재성에 대한 환상(illusion of reality)　187
실재의 원리(the reality principle)　308, 309, 311
실존주의　271
실험소설　266
실험파　358
심리 소설　169
심리주의적 방법　297, 306, 307
심상　75, 91, 98, 99, 107
심적 이미지(mental image)　95

ㅇ

아방가르드　270, 273
아상블뢰즈(assambleuse)　274
악인형　143, 250
악한(villain)　142
암시　63, 207, 269
압운(押韻)　75, 76
애국 계몽 운동　349
액자형 소설　203
야담　55
양식론　50
어조　76, 119, 120, 123, 125, 126, 191, 200, 205, 206, 207, 226, 228, 306
언문(諺文)　332
엘렉트라 콤플렉스(electra complex)　311
엠비규어티(ambiguity)　306
여주인공(heroine)　138, 139, 146
역동성　27, 109
역사소설　135
역사적 공간　180

역사주의적 방법　296, 297, 298
연극성　213
연상　63, 86, 87
영고(迎鼓)　336
영웅(hero)　24, 70, 140, 142, 232, 244, 255, 336, 343, 351
예술소설　135
예술을 위한 예술　292
예술적인 형상화(artistic embodiment)　302
오브제 프티 아(objet petit a)　313, 315
오이디푸스 콤플렉스　309, 310, 311
오페라코미크　250
외연적인 의미(denotative meaning)　32
외적 초점화(external focalization)　202, 203
우화　163, 343, 351
운명비극　245
운문문학　49, 342
원관념　34, 84, 86, 112, 113
원시 종합 예술　336
원전(原典)　43, 286, 296, 298, 299
원전 비평　296, 298, 299
원천으로 돌아가기　180
원형적 성격(round character)　144
위임자(dispatcher)　142
유미주의(唯美主義)　292
은유　34, 84, 86, 87, 89, 100, 101, 112, 248
음보(foot)　77, 78, 80, 83
음보율　78
음수율　77, 78
의도의 오류(intentional fallacy)　39, 41, 304
의성법　88, 89

용어 찾아보기

의식(the conscious)   154, 156, 180, 278, 307, 308, 311, 312, 319, 321,
의식의 흐름(stream of consciousness)   153, 154, 156, 278
의유   34, 88
의인법   88
의인화   89, 100, 107, 338
의태법   88, 89
이드(the id)   309, 312
이미지   26, 27, 65, 69, 84, 85, 86, 91, 93, 95, 97, 99, 100, 101, 103, 104, 105, 106, 107, 108, 109, 111, 154, 268, 274, 276, 305, 312, 313, 315, 356
이야기 시간(story-time)   173, 174, 175, 176, 177
이채롭게 하기(defamiliarization)   302
인물 초점자(character-focalizer)   202
인습적 상징   113, 114, 115
인형극   344, 345
일물일어설(一物一語說)   263
일인칭 관찰자 시점   186, 189, 191, 198
일인칭 서술   187, 188
일인칭 소설   186, 203
일인칭 주관적 서술   187
일인칭 주인공 시점   186, 187, 188, 189
입체적 성격   144, 145, 146
입체파   271, 273, 274

ㅈ

자동기술(自動記述)   275, 278

자아(the ego)   117, 148, 301, 309, 312, 314, 315, 351, 353
자연주의   245, 249, 265, 266, 267
자유 모티프   165, 166
자유시   69, 70, 83, 269, 270, 350, 353
자율성   273, 285, 292, 318
작가   12, 14, 16, 18, 25, 33, 37, 38, 39, 40, 41, 43, 44, 49, 50, 52, 56, 127, 131, 133, 134, 138, 148, 149, 153, 154, 158, 163, 169, 171, 173, 179, 185, 186, 187, 191, 192, 194, 195, 196, 197, 204, 207, 208, 213, 243, 244, 253, 255, 256, 260, 263, 264, 265, 273, 283, 286, 287, 188, 289, 291, 293, 294, 295, 297, 298, 299, 300, 301, 303, 306, 307, 316, 317, 318, 322, 337, 338, 340, 341, 343, 344, 346, 350, 351, 358, 359
작가 관찰자 시점   187, 192, 195
작가/독자   134
작가의 사회학   318, 318
작은 갈래   51, 52, 55, 56
작품 내적 화자   134
작품 외적 화자   134
작품의 사회학   317, 318
장단율   77, 317
장편소설   135, 136, 137, 147, 169, 170, 171, 179, 206, 297, 344, 352, 355, 358, 361
전개   136, 167, 168, 169, 238, 239, 240, 241
전기   131, 297, 300, 303, 304, 307, 343, 351
전승 방식   53, 54, 330
전쟁소설   135
전지적 작가 시점   187, 192, 194, 201, 202
전체성   26, 27, 313, 314, 315

전통파 358
전형적 인물   146, 147, 248
절정   168, 169, 238, 239, 240, 241
정신분석   154, 272, 274, 306, 307, 309, 311
정적 모티프   165, 166
정적 성격(static character)   145
정치소설   135
정형시   70, 80
제유(提喩)   87, 88
젠더(gender)   314
조력자(helper)   142
조선어 말살 정책   40
조선프롤레타리아예술동맹   354
주동자(protagonist)   139
주동적 인물(main character)   139, 188, 189, 246, 247
주인공(hero)   24, 39, 132, 136, 138, 139, 145, 146, 148, 149, 151, 156, 161, 167. 168, 169, 171, 180, 181, 182, 183, 184, 185, 186, 187, 188, 189, 191, 196, 206, 208, 221, 242, 243, 244, 246, 248, 249, 250, 261, 264, 301, 310, 343, 352
주제   23, 39, 41, 61, 65, 99, 105, 132, 135, 137, 138, 143, 158, 159, 163, 164, 165, 167, 168, 169, 170, 179, 182, 184, 194, 197, 204, 205, 206, 208, 213, 216, 230, 239, 242, 248, 255, 260, 277, 330, 341
지속(duration)   72, 73, 174, 176, 177, 202
지시적 의미   32, 33, 63, 110
직유   34, 84, 86, 87, 100
진서(眞書)   332

ㅊ

창가   350
초자아(the superego)   309, 312
초점자(focalizer, 보는 자)   202, 203
초점화(focalization)   198, 199, 201, 202, 203
초점화 대상(focalized, 보이는 것)   202
초현실주의   39, 271, 273, 274, 275

ㅋ

카타르시스(katharsis)   24, 242, 246
컨벤션(convention)   220, 221, 222, 227
코미디(comedy)   247
쾌락의 원리(the pleasure principle)   308, 309, 311
큰 갈래   51, 52, 53, 54, 56

ㅌ

탈마법화(脫魔法化)의 과정   347
탈춤   56, 344
탐색자(seeker)   142
탐정소설   135
텍스트 시간(text-time)   173, 174, 175, 176, 177
텍스트(text)   27, 42, 43, 44, 65, 66, 68, 73, 82, 93, 103, 105, 118, 121, 125, 127, 133, 134, 173, 174, 175, 176, 177, 178, 198, 217, 220, 221, 283, 284, 286, 292, 293, 303, 304, 305, 306, 315, 316, 319, 322, 323, 324, 325
토대   320, 321

용어 찾아보기

토월회　354
통속소설　135
트라고이디아(tragoidia)　242

ㅍ

파불라(fabula)　163, 164, 165
판소리　55, 331, 335, 342, 343
패러독스(paradox)　306
퍼스나(persona)　127
평시조　22, 23, 341, 342
평면적 성격　144, 145, 146
평측(平仄)　77
평판적 성격(flat character)　144
포스트모더니즘　278, 279
표현론적 관점　60, 295
표현주의　271
풍속희극　250
풍유　34
풍자희극　250
플래시백(flashback)　176
플롯(plot)　144, 159, 161, 162, 163, 164, 165, 169, 215, 310

ㅎ

한문 문학　53, 54, 55, 71, 330, 332, 333, 334, 335, 338, 346, 349, 351
한문 소설　55, 342, 343
해양소설　135
행과 연　69, 70, 74, 75, 82
행동　136, 138, 139, 140, 141, 143, 144, 145, 148, 149, 151, 153, 164, 169, 171, 179, 184, 186, 192, 194, 205, 213, 214, 215, 216, 217, 221, 223, 224, 227, 230, 231, 232, 235, 236, 238, 240, 245, 246, 250, 256, 307, 308, 311, 312
행위의 모방　160
향가　52, 55, 70, 333, 337, 338, 339
향찰 문자(鄕札文字)　331, 333
향찰 문학(鄕札文學)　331
허구　15, 115, 127, 131, 132, 134, 180, 187, 290, 322, 359
혁신단　352
현대문학　13, 49, 55, 56, 265, 267, 275, 292, 330, 333, 334, 335, 346, 347, 348, 349
현대시　52, 56, 59, 66, 70, 76, 80, 81, 127, 331, 362
현실적 공간　180
형식주의　140, 163, 164, 292, 293, 300, 302, 303
형식주의적 방법　297, 300, 301, 324
화소(話素)　140
화자 초점자(narrator-focalizer)　202
화자/청자　134
환상적 공간　179, 180, 181
환유(換喩)　87, 88
활유법　88
활유　89, 100
효용론적 관점　293, 294
훈민정음(訓民正音)　333, 340, 343
훼방꾼(blocking character)　139
희곡　7, 49, 50, 56, 71, 132, 213, 214, 215, 216,

217, 220, 221, 222, 223, 224, 225, 226, 227, 230, 231, 234, 235, 236, 238, 240, 256, 260, 354, 355, 359, 360

권영민

1948년 충남 보령에서 태어났다. 서울대 국문과를 졸업하고 동 대학원에서 박사학위를 받았다. 미국 하버드대 객원교수, 캘리포니아주립대(버클리) 한국 문학 초빙교수, 일본 도쿄대 한국 문학 객원교수 등을 역임했으며, 현재 서울대 명예교수, 단국대 석좌교수로 재직 중이다. 주요 저서로 『한국 현대문학사』, 『우리문장강의』, 『서사 양식과 담론의 근대성』, 『한국 계급문학 운동사』, 『한국 근대문학과 시대 정신』, 『월북 문인 연구』, 『한국 문학 50년』, 『윤동주 연구』, 『정지용 시 126편 다시 읽기』, 『작은 기쁨』 등이 있다. 현대문학상, 김환태평론문학상, 만해대상 학술상, 서울문화예술상 등을 수상했다.

문학의 이해

1판 1쇄 펴냄 2009년 8월 7일
1판 23쇄 펴냄 2025년 3월 12일

지은이 | 권영민
발행인 | 박근섭, 박상준
펴낸곳 | (주)민음사

출판등록 | 1966. 5. 19 제16-490호
주소 | 서울특별시 강남구 도산대로1길 62(신사동) 강남출판문화센터 5층 (우편번호 06027)
대표전화 | 02-515-2000 팩시밀리 | 02-515-2007
홈페이지 | www.minumsa.com

ⓒ 권영민, 2009. Printed in Seoul, Korea
ISBN 978-89-374-2665-0 (03810)

* 잘못 만들어진 책은 구입처에서 교환해 드립니다.